U0165029

明治维新史再考

由公议、王政走向集权、去身份化

[日]三谷博　著
张宪生　译

上海人民出版社

維新史再考

公議・王政から集権・脱身分化へ

关于书中书名、人名表述问题

本书中出典的略称与正式书名的对应关系如下：

岩仓:《岩仓具视关系文书》/大久保日记:《大久保利通日记》/

大久保文书:《大久保利通文书》/忠义:《鹿儿岛县史料 忠义公史料》/

玉里:《鹿儿岛县史料　玉里岛津家史料》/大久保传：胜田孙弥《大久保利通》/

木户传：木户公传记编纂所《松菊木户公传》/木户:《木户孝允日记》/

西乡:《西乡隆盛全集》/昨梦:《昨梦纪事》/佐佐木:《保古飞吕比》/

庆喜公传：涩泽荣一《德川庆喜公传》/续再梦:《续再梦纪事》/

丁卯:(《再梦纪事·丁卯日记》中)《丁卯日记》/

伊达日记:《伊达宗成在京日记》/谷干城:《谷干城遗稿》/

寺村:《寺村左膳手记》/桥本:《桥本景岳全集》/

法令全书:《明治年间法令全书》/春岳书简:《松平春岳未公开书简集》

略称后面的数字为卷数。

本书中的人名，除一部分外，均采用使用至晚年的名称统一称呼。

例如：毛利敬亲、永井尚志

目 录

序言

对明治维新我们究竟了解多少？对西洋的开国、尊皇攘夷运动、王政复古、戊辰内乱、废藩置县、文明开化、殖产兴业等一系列事件与变革的连续，这是大多数学者的看法。主导这些变革的是萨摩与长州藩，他们打倒了德川幕府，而会津与东北诸藩则对此进行了抵抗。过去大多是以这一模式对明治维新进行解读的。

然而，明治维新真的仅仅如此吗？首先，近世[①]的统治者武士阶级消失了，这一事实是把明治维新与世界各国的革命进行比较时的一个重要论据，在过去对明治维新的解释中包含这一点了吗？其次，一般来说，统治者身份的解体都是不易实现的，或者通常都伴随着巨大牺牲。而在明治维新中，因政治冲突而死亡的大约为 3 万人，这与之前的法国革命相比较，少了两位数。这些显著的特征，依靠原有的学说能够解释清楚吗？

本书写作的目的，就是聚焦于这些尚未被关注的问题点。笔者过去为了便于与其他近代革命进行比较，使用通用的用语与原则进行解释。而在本书中将回到传统的方法，详细记述维新过程中发生的众多政治事件，重新审视这一历史过程。

---

① 日本史分期概念。通常是指自德川家康 1603 年在江户设立政权起，至 1867 年德川庆喜奉还政权为止的时期，又称为“江户时代”。——译者注

要使这一为人熟知的课题研究不落窠臼翻出新意，就需要新的方法。本书将摈弃过去以历史主体为中心的叙事模式，采用划分出问题、并逐一尝试解答问题的模式。一提到维新，通常的做法是关注活跃于历史舞台的特定的藩与个人，或者关注与其对立的集团或者人物。然而，这一选择其实是后世形成并影响后来的人为之举。具体地说，大致形成于明治时代后期，由文部省编纂的《维新史》全五卷（1939—1942 年）为其集大成。这一认识框架被政治上处于相反立场的战后维新史学继承，现在仍然有很多人被这一认识框架束缚。大概就是因为这一点，世袭身份制的解体与牺牲者不多这一基本事实一直被忽视。

本书将首先再现 19 世纪中叶日本人所意识到的问题状况，接着厘清当时的人们设定课题并尝试解决的轨迹，在摸索中课题被修正，接着又发现了新的课题。与此同时，政治上的联结与对抗关系也在发生变化。这样处理，将更容易把握变化。虽然维新各个时间节点上的变化微小，但是自安政五年（1858 年）政变起，至西南内乱为止的二十年间却发生了巨大的变化，因此针对这一段历史采用这一做法尤为合适。另外，采用这一视角，还可以公平地评价登上政坛的各个人物。

安政五年（1858 年），与美国之间的修好通商条约的缔结与选定德川将军养嗣子的问题复合交错，引发了近世未曾有过的政变，由此近世国家政治体制开始走向崩溃。当时，集中反映了人们关注的政治课题的象征，就是“公议”与“公论”，以及“王政”，幕府末期十年的政治动乱就是围绕这两点展开的。这两点被集中吸纳于两个王政复古方案中，在全面否定德川幕府统治的方案胜利后，新的课题出现了，这就是集权化与去身份化。近世日本原本是由两个君主和二百几十个小国家构成的双头—联邦型政治体制，现在要转变成以天皇为中心的单一国家，这就是集权化。另外，录用政府成员时，不再问其出身，除皇族、大名、四百余家公卿以外，包括被歧视的贱民在内都获得了平等的身份，这就是去身份化。新政府在成立三年后发布了废藩令与身份解放令，建立了新的社会体制。这是一个相当激进的政策。

去身份化的政策在实施过程中历经了漫长的岁月，废藩也进行得不顺利。发生了戊辰内乱，取得胜利的长州、萨摩、土佐等藩的士兵开始计划夺取东京的政府。政府试图调和矛盾，这一努力失败后，又爆发了西南内乱。结果反政府运动放弃了武装，转而单纯依靠言论谋求参与政治。由这时起直至今天，仅就国内而言，因为政治理由而被杀害的不到千人。本书的末尾部分将考察幕府末期同时存在的言论与暴力是怎样分道扬镳的这一问题。

本书还将重点讨论“公议”“公论”这两个关键概念。《五条誓文书》以其第一条“广兴会议，万机决于公论”而闻名，其起源可以追溯到幕末安政五年的政变。这一年，越前福井藩藩主松平庆永向幕府大老井伊直弼举荐一桥庆喜为德川将军养嗣子时说到，推戴庆喜是“天下的公论”所向。“公议”“公论”经常也表述为“舆论公论”“公议舆论”，与“舆论”组合使用，含有多数人的意见以及具有普遍公认的妥当性两层含义。这两层含义何者优先，则因时而异。广而言之，这也是政府吸引社会广泛参与政治的口号，在本书中也包含选用人才并直接参与政权运作的含义。政治口号通常涵盖内容广泛而模糊，这样才能获得广泛的支持。而“公议”“公论”则始终被作为鼓励市民参与政治、批评专制的概念使用。幕府末期发现的这一课题，经过明治时代的立宪君主制，一直延续至今天的自由民主主义。期待读者能认真了解这一起源。

本书还重视考察明治维新更广阔的时代背景。在序章与终章中，概观了明治维新的世界背景，以及明治维新对世界产生的影响。这一方面对理解维新也是不可或缺的，期待读者予以关注。本书篇幅远超写作之初的构想，对一些希望尽快了解维新核心内容的读者，建议他们从第九至第十一章开始阅读。

明治维新并非已经完全明了的历史，也不仅仅属于日本人。本书如能为重新审视与思考明治维新起到抛砖引玉的作用，则笔者感到不胜荣幸。

中文版序言

我比较看重的一部著作《明治维新史再考》在中国翻译出版了，这对我来说是一件十分光荣的事情。谨向负责出版的上海人民出版社和翻译者张宪生表示衷心的感谢。

本书是我四十余年从事历史研究的集大成，其主题就是彻底改写迄今为止有关明治维新的原有学说。具体地讲，我的课题有如下几点。

第一点，就是如何把十九世纪发生的明治维新置于更广的全球史的背景中加以定位。过去，这一革命大多被视为一个孤立现象，同时代的日本人试图从王政复古中探索其核心所在。然而，十九世纪以后的外国人把“革命”等同于打倒王政，这样维新就很难理解，也无法解释王政复古之后发生的废除身份制以及引入西洋思想与制度等一系列措施了。明治维新中的死亡者约为 3.2 万人，而在拥有同样规模人口的法国发生的法国革命中的死亡人口为 155 万人，明治维新中的死亡人数尚不及其零头。为何明治维新能以比较小的牺牲废除了处于统治阶级的武士的地位？这不仅对于理解明治维新，对于理解外国的革命也具有十分重要的意义。

第二个问题是，十九世纪的日本人是怎样处理与外界的关系的。在原有学说中，大多认为德川公仪（指德川将军）是在毫无准备的情况下，于1853年迎来了美国使节，结果被迫屈辱性地打开国门。然而，在解读十八世纪末以后的对外关系史料时可以发现，德川政权的首脑们在美国使节来到日本的六十余年之前，就开始思考如何与西洋建立关系，并以“锁国”“避战”与“海防”的三个主轴处理与外国的关系。正因为有了这些准备，当危机到来时，德川政权一方面回避战争，另一方面使“锁国”向“开国”转变。如果要对这一过程蕴含的普遍意义加以概括，可以提炼出“对长时段危机的预测与应对”这一命题。我们应该如何去应对经过人一辈子那么长的时间才会显现的问题？今天，人类面对着地球气候变暖、自然资源枯竭等长期性重大问题。历史上存在着与这些问题同类型的实例，十九世纪的日本就可以视为这样的例子。①

第三个问题是，体制的变革是如何实现的，本书提出了与原有学说不同的解释。日本的历史教科书在叙述明治维新时，通常是按照由外部压力引发的“开国”，到“尊皇攘夷”运动的兴起，再到“倒幕”、“王政复古”、废藩置县，直至“文明开化”这一叙事模式展开的，并认为主导了这一变革过程的是萨摩与长州的下级武士。对这一叙事模式后半部分的王政复古，笔者没有太大异议。不过，前半部分的幕府时代则另当别论。过去，人们大多以“尊王攘夷”导致“尊王倒幕”的单线发展关系解释这一段历史，认为以长州为首的几个藩的下级武士则是其中的主角。然而，史实并非如此。真实情况是，大大名介入将军继嗣问题，点燃了幕府末期动乱的导火索，其主角是水户（将军家的亲

① 详见《黑船来航》（社会科学文献出版社，2013、2017）一书。

族）与萨摩（外样大名），其中既无长州势力也无下级武士。在江户时代的制度中，德川政权内部的当权者仅限于中小规模的大名，大大名则被排除于政权之外。大大名们对这一状况的不满在这个时候开始爆发，在不到半年时间里，引发了德川政权与大名、德川政权与禁里（即京都的朝廷）、德川政权与知识阶层之间的对立，这一对立不断扩大蔓延，最后导致德川政权无法复原直至崩溃。而长州等势力以及下级武士以“尊攘”为旗号进入政界，则是这之后的事。欲真正认识幕末的政治，不能仅仅看“尊攘”，还必须考察这一时期以“公议、公论”为共识参与政治的运动。

第四个问题是，实现王政复古之后，如何处置军队？明治时代初期通常被视为以建设“文明开化”为目标的时代。然而，王政复古之后的头十年，直至1887年发生的萨摩内乱被镇压时为止，日本充满着滑向暴力的诱惑。戊辰内乱（1868年）结束之后，各大名的军队基本上已经被解散了。不过，其中也有反倒被加以维持并强化的，这就是参与镇压了戊辰内乱的长州、萨摩、土佐以及佐贺的军队。政府不仅没有任用这些有功之臣担任中央政府的官员，反倒试图缩编军队。面对这一状况，军人们期待再次发生内乱，希望有机会夺取天下。政府好不容易镇压了萨摩的叛乱，之后，才正式开始进入建设的时代。完成革命之后，应当如何对待建立功勋的军队，这也是一个具有普遍意义的问题。

本书着重概述了德川日本的不同政治主体之间的互动，为了便于读者理解本书内容，下面对日本近世的政治制度与官职制度作一解说。[①]

德川国家是由二百余个大名领国构成的联邦型国家，位于国家中心的，是连同将军的直属家臣“旗本”领地在内共占全国粮食总收获量四分之一的德川将军家系。德川将军家系由姓氏为德川的直系三个家系的“大大名”（御三家），和不拥有领地、居住在江户城中，但拥有推举将军继位人资格的另外三个支系（御三卿）构成。御三家依其所在领国名称分别称为尾张家、水户家和纪伊家；御三卿则依其所居住的宅邸地名分别称为一桥家、田安家和清水家。此外还有以松平为姓氏的德川一族的大名，以福井藩的松平家为首，共有 17 个家系。不过，上述的德川家系不能担任德川幕府决策核心集团首班的“老中”一职，发生紧急事态时，只有御三家有资格直接向将军陈述意见。德川政权内阁成员中，“若年寄”一级官员的权限比老中要小，只从小规模的大名中选拔任用。构成幕府政策决定中心的是老中，主要是从中小规模的大名中选拔任用。

这是一个通过制约与均衡达到稳定的制度安排。德川直系的几个家系构成了德川政权的核心集团，但同时也可能成为争夺将军继位权的篡权者。一方面，第三代将军之后逐渐确立了长子继位制，但某一家系无直系长子的情况时有发生。这时依据的规则只是以德川直系的六个家系为候补者，并尽可能考虑血缘的亲疏程度。因此，将军家与德川家系之间、德川直系各家系之间

① 这里作一专题说明，希望能够帮助读者理解本书所描绘的幕末时期的复杂政治过程。以下文字摘自《黑船来航》中文版序言，略有修改，经三谷博老师许可后载于此处。感谢社会科学文献出版社欣然同意转载。本书正文第二章也有关于近世日本的政治组织和决策过程的内容，请读者对照阅读。——编者

始终处于一种紧张状态之中。另一方面，只能从中小规模的大名中选拔任用掌握政策决定权的老中。近世初期也曾有过领国规模比较大的谱代大名掌握政策决定权的例子，但因为担心他们篡夺权力，之后就逐渐演变成从没有反抗能力的中小规模大名中选拔任用了。这一做法的原理可以概括为“享禄者不掌权，掌权者不享禄”。

领国规模最大的“大大名”们拥有古代被称为“国”的广阔领地，他们是拥有领国的“国持大名”。他们大多不属于亲藩大名或谱代大名，而属于外样大名，像幕府末期打倒了德川幕府、建立新政府的萨摩藩或者长州藩那样，他们的领国大多位于远离江户的偏远地域。幕府末期，这些大名已经拥有了单独发起军事行动的能力，同时对国际关系也显示出强烈关心并熟知外国事务，但被排除于有关日本整体的政策决定过程之外，因而逐渐产生强烈的不满。

近世国家以德川将军与规模大小不同的大名们结成主从关系的联合国家为主干，有关日本整体的决定由数名老中作出，老中们来自中小规模的谱代大名。发生内乱或对外危机时，老中们可以向大名们发出出兵命令，以大名联合力量应对。

以天皇为首脑的朝廷自九世纪迁都至京都以来，象征性地居于将军之上，并向将军颁发各类称号与官职，但从未有过参与内政外交决策的发言权。朝廷虽然也拥有规模不大的领地，不过与大名不同，这些领地被交给将军管理。京都的朝廷遵守着由将军为其特别制定的法规，违反了这一法规的朝廷官员将受到将军的处罚。近世日本的王权由这样错综的上下关系构成，不过生活在那个时代的日本人却习以为常。至十八世纪末，知识阶层中的一部分人认为应该只有一个王权，随着对日本古代历史与神话研究的深入发展，开始有人认为自古以来就存在于京都的朝廷才是真正的王权，有关王权的想象力再进一步向前延伸扩大。佩里来访的五年之后发生的以朝廷为中心力量的宫廷政变，以及作为其结果的王政复古，都与有关王权的这一想象力的深入人心有关。

至于德川幕府，处于顶端的是征夷大将军，将军下面是四至五名阁僚"老中"，他们在被称为"御用部屋"的办公地点按照每月轮值制度轮流担任主持者召集会议，集体讨论处理政务，决策全国性问题以及与将军家系内部有关的事务。老中还负责监督京都的公家以及各地大名，具体任务由监察官"大目付"执行。老中们的席位座次依其任职时间先后排列，实权掌握在一至二名专门负责财政与民政的"胜手挂"老中手中。"胜手挂"是下面要叙述的"胜手方勘定奉行"的上司。老中次官"若年寄"则在另一地点办公，他们时常参与议事，但意见大多不被采用。若年寄通过监察官"目付"监督直属将军的家臣"旗本"。老中下面有"三奉行"与"远国奉行"等，他们均为各个官厅的首长，负责领导处理实际事务。"三奉行"中包括负责管理寺院与神社等宗教团体的"寺社奉行"（五人），负责管辖德川政权所在地江户治安的"町奉行"（二人），以及勘定奉行（四人）。以在江户城大厅中的席位座次体现出来的形式上的地位而论，由大名中选拔任用的寺社奉行的地位最高，由高级旗本担任的江户町奉行位于其后，但掌握最高实际权力的是勘定奉行。这里也体现了"掌权者不享禄"的惯例。勘定奉行的职责不仅限于财政方面，还通过派驻地方的代官管辖德川将军的领地，或处理与外国的事务等，总之除了一些琐碎或特殊事务外，几乎涵盖所有政务。

勘定奉行分为“胜手方”和“公事方”二人。公事方专门负责诉讼仲裁，除此以外的事务均由胜手方勘定奉行管辖。幕府的决策中枢由处理实际政务的官厅，以及胜手挂老中统辖的胜手方勘定奉行所组成。勘定奉行的下属包括“勘定组头”（十二名），其下属分为勘定（全部约为二百五十名）、“支配奉行”（全部约为九十名），分别掌管各自事务。这些官员的身份在直接由将军过目任命的“御目见”（即拥有直接谒见将军的资格）一级家臣中也属于比较低的。但勘定奉行一职工作难度大，为争取担任这一官职的竞争也十分激烈。勘定奉行处理政务的办公处被称为勘定所，在江户城内与城外各有一处。在勘定奉行下面另外设有监察官“勘定吟味役”，负责对勘定所工作的监察。勘定吟味役的地位比勘定奉行低，但拥有向老中直接陈述意见的较大权限，共为六名，三名负责接受诉讼，另外三名负责对财务支出情况的监察。

在江户的中央官厅，设于政务次官若年寄下面的监察官“目付”（十名）为重要官职。目付负责监督在江户城中的官厅里官员的行为是否符合礼法规范，弹劾行为不轨者，并拥有直接向老中乃至向将军上报的权限。目付下面设有高级监察员“徒目付”（约五十名），由身份为“御目见”之下的武士担任，此外还有监察员“小人目付”（约一百名）。目付负责审查各个部门送来的文件，至幕府末期，幕府家臣中的有能力者被任命为这一官职，监察管理旗本的工作渐渐退于次要，制定政策或上报成为主要工作，并开始主导改革。

构成幕府中枢的官职大致如此。当遇到重大问题时，官员们常常分为几组接受老中的咨询，分组的方式不确定，大致有如下几种情况。第一，上述各官厅逐一分别接受咨询；第二，寺社奉行与町奉行各为一组，勘定奉行与勘定吟味役为一组（略称为勘定方），大目付与目付为一组（称为监察方）；第三，在芙蓉间（江户城大厅里绘有芙蓉图案的房间）拥有工作间的官员（胜手方勘定奉行、勘定吟味役、胜手方的大目付与目付、远国奉行）为一组，属于评定所的几个部门的官员（寺社奉行、町奉行、公事方的勘定奉行与勘定吟味役、公事方的大目付与目付）为另一组。至幕府末期，芙蓉间的官员提出过不少符合实际情况的改革意见，而评定所方面的官员则倾向于保守。

幕府还有被称为“三番”的军事官员，即“大番”“御小性组”以及“书院番”，不过，这些官员只是担任将军以及各地城堡的警戒任务，不是战斗部队。德川国家的战斗部队始终由大名们负责组织。大番主要负责前往京都和大阪担任二条城以及大阪城的警戒任务，后二者则负责江户城以及将军外出时的警戒任务。这些部门的长官地位很高，但没有实权。例如，当时普遍认为由胜手方勘定奉行转而担任大番长官“大番头”实际上是降级任用。

此外，在幕府派往各地的官员中，有由大名担任的大阪城代和京都所司代，还有由旗本级武士担任的远国奉行，例如京都町奉行、大阪町奉行、长崎奉行以及浦贺奉行等。这些职位通常是任命两名官员，派往京都和大阪等大城市的官员两人一起前往当地任职，派往长崎、浦贺时，则一人前往当地任职，另一人留在江户负责与江户中央政府的联系工作，每年轮换一次。在德川幕府的直辖领地还安排有代官，负责行政与征收租税工作。

明治维新之后的日本走了一条与中国不同的发展道路。不过，对于日中两国国民来说，认识这其中的差异并互相学习，是一个重要课题。本书对此若能尽微薄之力，作者此生也就圆满了。

三谷　博

2023 年 5 月

序　章　明治维新的前提 17

——全球化的第四波

十九世纪日本的明治维新产生于人类历史上多次发生过的全球化浪潮的第四波当中。全球化的第四波发生于十八世纪的西洋，进入十九世纪后进一步加速，一直持续至今。这一浪潮把孤立于欧亚大陆东方海中的日本也卷入世界网络，并促使其发生剧变。不仅如此，因明治维新而发生了剧变的日本与邻国也进入了新的关系，东亚整体随之发生变化。

一　全球化的第一波——人类的移居 18

今天我们体验到的全球化具体体现为瞬间联结全球的因特网与金融市场，以及依靠航空交通网络开展的贸易与观光旅游等。正如2008年发生于美国的金融危机瞬间席卷全球那样，我们的日常生活已经不再局限于身边的世界，而与地球背面发生的事态紧密相关，几乎无人能够免受其影响。

这种人与人之间的联系实际上自古以来就存在着。不过，联结地球各地的网络加速成长，是进入十九世纪以后，技术与科学紧密联系、交通通讯技术飞跃发展以后的事情。在这之前也有全球网络，人类移居的历史证明了这一点。从遗传学观点来看，人类从现在猿猴的祖先演化出来，是数百万年前发生于非洲大陆的事。之后人类数次离开非洲，迁徙至欧亚大陆。不同于热带，欧亚大陆的温带地区较少寄生虫与病菌，于是人类便在各地繁衍生息（麦克尼尔，2007）。到创造了语言、之后又发明了狩猎技术以及服装制造技术的现代人阶段，追逐着对狩猎尚无警戒心的动物，人类到达寒带，跨过当时联结美洲大陆的大陆桥来到美洲
19 大陆，一万数千年前直达美洲南部。诞生于20万年前的现代人，作为一个种群一直延续至今。

现代人居住于非洲大陆时，其体型与生活方式已经发生变异，随着移居，这一差异逐渐扩大。作为现生人类最重要特征的语言产生出众多种类，据说延续至今的语言就有六千余种。结果正如巴别塔的传说所显示的那样，虽然在生物学上同属于一个种群，人类至今仍被语言分隔着。今天想去地球各地旅游，无论多么偏僻的地方，三天之内就能到达。然而在试图与当地居民说话时，立刻就面临困难。见面寒暄或者一同进餐这样程度的交际或许没有问题，要准确理解对方意思却不是一件容易的事。能够掌握多种语言，或者能够熟练使用事实上的世界通用语言英语的人，在世界人口中仍然属于少数派。

二 第二波——接力式贸易与军事远征

这一早期的全球化，人类的移居，维持了人类在生物学意义上的同一性，却无力联结散布在世界各地的人们。人类史的时间

几乎就是在这样的条件下延续的。不过，即使是处于这样的环境 20
中，人类仍然保持着接力式的联系。以狩猎、采集为生活方式不断移居的人们，定居农耕或者游牧的人们，都互相进行着交易。能够独立获取粮食或者工具的人并不多。从日本的绳文时代遗址中，不时发掘出以产自相当遥远地方的黑曜石为材料制作的石器（堤，2004）。这样的以物易物的交易时常还伴随着技术的传播，进而某一特定的物品被选作与多种物品进行交易时的媒介物，这就是货币（黑田，2003）。在东亚，布匹与大米是常常被选作货币使用的代表性物品。这样，物品与货币的交换以接力的方式使人们相互联系起来。太平洋上某一群岛上的居民以某种贝类为珍宝互相交换，形成一个世界。然而，群岛两端的居民一生中或许永远不会见面（马林诺夫斯基，2010）。各个共同体相互孤立存在，人们互相无法直接见面，虽然存在相当大的时差，但交换仍然使这些共同体相互联结着。如丝绸之路那样的交通道路发达之后，欧亚大陆的最远两端也逐渐被联结起来了。

不过，交易的物品并不都是品质优良的，人与人接触后还会传染疾病，传染病也是全球化的产物，现在的流感就是代表性例子。过去的年代里，天花、鼠疫、伤寒、梅毒、结核、霍乱以及疟疾等，给世界各地的人们带来了无尽的烦恼。世界史上最有名的例子，是西洋人出现于美洲大陆时，当地的原住民感染上了天花，还没等西洋人征服与殖民，人口已经急剧减少（戴蒙德，
2000）。生活于欧亚大陆上的人们在漫长的历史中经历了各种各 21
样的传染病，因此带有免疫力的人口不断增加。然而，古代移居到美洲大陆的人类子孙携带的免疫力作用范围有限。因此，西洋人带来的天花病毒传播开后，至哥伦布来到美洲时，原住民人口

总数急剧减少至最高峰时的5%。随着贸易量的扩大，传染病也成正比增加。十九世纪的日本也曾经数次遭受霍乱流行之害（饭岛，2009），之后随着公共卫生事业不断完善，霍乱至明治末期才基本消失。结核病也随着抗生素的发明逐步减少。现在的流感病毒变异与疫苗开发之间呈现一种互相追赶的现象。

接力式的全球化也体现在宗教传播方面。佛教、基督教、伊斯兰教等很大程度上就是这样传播开来的。不过，如玄奘为寻求佛教经典而长途跋涉、基督教的传教士来到东亚传教布道那样，在世界规模的大宗教中能看到有计划的远距离传教，这在促进全球化方面也发挥了不小的作用。

接力式的全球化现象从古代一直延续至今天，军事在其中也
发挥了很大作用。距今2300年前的希腊亚历山大在征服了地中
海东部地区后又一路向东进军，在波斯、中亚直至印度河流域都
留下了他的足迹，是最早的大规模远征（森谷，2007）。他的帝
国在很短时间里就瓦解了，但对所经之处的居民文化产生了巨大
影响。借助交易网络，这一影响又向更远的地域传播。正如犍陀
罗的释迦牟尼像显示的那样，佛教徒开始建造佛像加以膜拜，佛
22 教经由中国传播至日本，这是宗教传播的一个典型事例。十三世
纪蒙古帝国征服了欧亚大陆除印度和大陆西端之外的几乎全部地
域，这无疑是人类历史上最大规模的征服（杉山，2010）。这一
过程中，蒙古帝国并未传播自己民族的文化，不过，与亚历山大
远征一样，只要当地居民接受蒙古帝国的统治，蒙古人就尊重当
地的习惯。蒙古帝国重视远距离交易网络，将其视为巩固少数人
集团统治的财政来源与正统性的来源，因此联结大陆东西部的文
化交流十分活跃。不过，这种军事远征与频繁的交易，如前所

述，也伴随着传染病的流行。蒙古军队的远征把原本是喜马拉雅山脉地区风土病的腺鼠疫与老鼠和虱子一道带往北方，造成了十四世纪中国人口的急剧减少，这些病原体又从蒙古高原向中亚一带扩散。蒙古远征最终到达欧洲，引起了黑死病的恐慌（见前引麦克尼尔）。

此外，七世纪穆斯林开始形成覆盖欧亚大陆西南部至非洲北部的帝国（小杉，2006）、伊斯兰教借助交易向欧亚大陆与印度洋一带普及，以及十六世纪欧亚大陆西端各国对非洲大陆的征服，都对全球化产生了影响。

三　第三、第四波——起源于西洋的地球一体化 23

十六世纪以来，西洋各国向世界各地扩张，西班牙、葡萄牙、英国以及法国建构起在世界各地拥有殖民地与领属地的世界性帝国。这可以视为全球化的第三波。不过，这些扩张并不都是单纯依靠武力实现的。西洋各国不断提高航海技术，并尝试开展覆盖全球的交易与基督教传教，随之西洋的霸权由点至面逐步扩展。例如，英国与西印度（美洲）的关系由殖民转变为领域统治最早始于十七世纪。与东印度（印度以东直至日本）的关系直到很晚都还是以贸易为主。[①] 十八世纪英国的茶叶消费量急剧增加，位于东印度的中国生产的茶叶的进口、在领属地西印度开设的种

① 原文如此。一般认为，欧洲殖民者所说的西印度（West Indies）指的是南、北美大陆间的群岛；东印度（East Indies）是与前者相对的地区名，指的是亚洲的印度和马来群岛。——编者

植园生产的砂糖的交易，与英国人的茶叶消费浪潮同步出现（角山，1980；川北，1983）。

全球化的第三波从十八世纪末起开始加速，一直延续至今。这一波全球化与科学技术相结合，以此为基础迅速展开，同时伴随着“主权”“国民”“民主”等新秩序范式的传播，真正地使地球进入一体化时代，因此也可以视为第四波。

人类的祖先自诞生之日起就从事狩猎、食物加工、农耕与畜牧业，依靠语言与集团生活方式发明了众多技术，积累至今。在十九世纪，积累的技术与十七世纪开始发展的科学相结合，并开
24 始对人类社会产生了持久的影响（村上，1986）。在技术与科学的结合当中，对全球化的加速产生直接影响的，是交通与通讯技术的飞跃发展。蒸汽机在十八世纪原本用于矿山抽水，参照科学方法进行改良后，十九世纪时被装载于火车和轮船上，于是地球上的时间距离急剧缩短。后面将详细叙述这一点。

电的发明开启了今天的因特网瞬间连接世界的可能性。电是依靠科学才能被利用的能源，集中体现了十九世纪产生的技术与科学相结合的特征。电最初仅仅被视为通讯手段而并非能源。利用电磁波进行通讯，能以光速联结世界各地。电讯技术开发出来后，1850 年在英法海峡敷设了电缆。之后又经过多次失败与尝试，于 1866 年实现了横跨大西洋的两大陆之间的通讯，联结地球主要地域的电信网络开始爆发式地扩张。由欧洲经由西伯利亚延伸至中国，以及经由印度洋联结中国的两条电缆成功敷设，六年后的 1871 年，这两条电缆在长崎汇合了（大野，2012；有山，2013）。北方线路的终点符拉迪沃斯托克（海参崴）与南方线路的终点上海均与长崎联结，由此日本获得了与欧美高速通讯的手

段。同年出访美国与欧洲的岩仓使节团于1873年归国时，一部分人就是使用这个世界电讯网络与本国联系的。

四 十九世纪中叶的交通革命与太平洋世界 25

1848年2月，美国与墨西哥发生战争，结果美国夺取了加利福尼亚。当时那里只不过居住着1.4万余人。不久，发现砂金的信息迅速传播开来，1849年来自美国各地与欧洲的船只蜂拥而至，一年之间人口猛增至近10万人。

这一淘金热成了美利坚合众国作为大陆国家发展的划时代事件，但其意义不仅限于此。这一事件把太平洋沿岸也纳入了原本北大西洋两岸形成的贸易与移居网络，还以此为契机把太平洋沿岸各个地域连接起来，形成了新的地域网络（霍布斯鲍姆，1981、1982、1993、1998）。加利福尼亚州的人口剧增，造成了对粮食的需求，为了运送智利的谷物、墨西哥的咖啡和可可、澳大利亚的马铃薯以及中国的砂糖与大米，太平洋上出现了交易网络。加利福尼亚州不仅引起了白人、墨西哥人的兴趣，航行于太平洋的捕鲸船和商船上的水手也由此在心中产生了摆脱沉重劳动的梦想。此外，加利福尼亚州还吸引了来自太平洋彼岸中国的大 26
量贫苦劳工，这就是近代太平洋地域极具特色的华人大量移民。

日本1854年的开国也与这一事件有着紧密联系。淘金热给美国政府在那之前考虑已久的开通横跨北太平洋航线计划赋予了具有现实意义的根据。这一计划以进入鸦片战争后向西洋开放的中国市场为目的，使用蒸汽船联结纽约与广州，这比由伦敦至广州的英国商船用时更短，因此可以在价格上击败英国。受美国众议院委托的海军专家制作了航海规划图，上面描绘了由北美西海岸前往中国的两条航线。呈弓形的北方大圈航线实际上是最短航
27 线，但中途缺乏可以停泊的港口，气象条件也很恶劣，最后获选的是更远的经由夏威夷的南方航线。蒸汽船需要装载大量的淡水和煤炭，如果要运输大量商品，就必须寻找中途补给港，能补充煤炭的日本南部港口就是设想中的补给港之一。这就是佩里将军对日本的要求之所在（佩里，1998；莫里森，1968）。

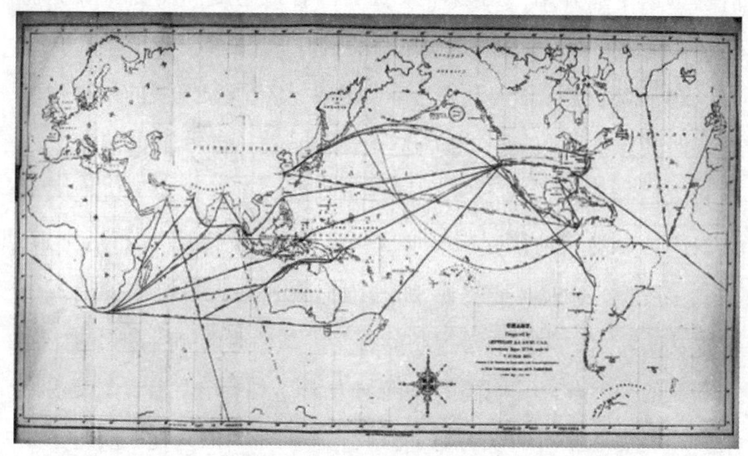

图序-1　1848 年美国议会制作的太平洋图与蒸汽船航线。CHART, Prepared by LIEUTENANT M. E. MAURY, U.S.N. to accompany Report No. 596, to House of Representatives , First Session, May 4, 1848.

由美国东海岸的港口和工业城市出发前往中国，当初必须绕过南美大陆最南端的合恩海角，但是这里气象条件极为恶劣，费时过长。于是美国政府把目光转向连接北美与南美的地峡，在巴拿马建设了铁路。这发生于《日美亲善条约》缔结后的翌年。使

用这条航线时，蒸汽船从东海岸出发前往巴拿马，利用铁路横跨地峡，然后再通过蒸汽船前往加利福尼亚州。1868 年交换修好通商条约批准书的日本使节团就是利用这条航线最后到达美国首都华盛顿的。不过，大约十年后岩仓使节团访问欧美时，则选择了另外一条航线。使节们在旧金山登陆后，搭乘三年前开通的横贯大陆的铁路前往东海岸（久米，2008）。人类最早的科幻小说作者儒勒·凡尔纳的《八十天环游地球》就是写作于这一年。岩仓具视等欧美访问团成员选择了与环绕东部同样的航线，按照预定将以十个半月环游地球一周后，返回日本。

如上所述，起源于西洋的长期而不可逆转的变化已经波及太
平洋地域。这一变化冲击了欧亚大陆东侧海中的岛国日本，引发 28
了明治维新这一剧烈变化，改变了十九世纪末至二十世纪的东亚
整体，进而改变了世界。

面对由西洋主导的全球化这一新的秩序原理，受到冲击的一方是如何反应的？下一章将考察东亚整体的国际秩序，也顺带概观“近世”日本。

29
第一章　近世东亚的世界秩序

有史以来在东亚形成了以中华帝国为轴心的世界秩序。这里首先简单考察一下西洋的强大影响开始波及东亚之前夜，即十八世纪后半叶的状况。

包含日本列岛在内的弧形列岛分布于太平洋西岸，列岛与大陆之间存在着比较宽阔的海洋，联结沿海各地的贸易网络在这里发展起来。然而，其南部和北部情况大不相同。东北部是中国、朝鲜半岛、日本列岛，这里存在着强有力的农业国家，对国境实行严格的管理。而在南部，有众多依靠贸易的国家，对国境管理不甚用心。因此，东南亚各国有众多（来自中国的）华人移民，而并无多少华人移居至东北亚的朝鲜半岛与日本列岛。在交易方
30 面，太平洋西岸各地域彼此连接，但是在政治秩序方面，北部与南部之间存在相当大的差异（羽田，2013；桃木，2008）。下面以东北亚各国为对象，概观其国际关系。

一　东亚的世界秩序构图

今天我们称为东亚的地域，是十九世纪西洋把地球联结为一体之前存在的多个文明圈中的一个，在人们的观念中，是一

个自成一体的世界。这一世界位于欧亚大陆的东端，是以距今2000余年前诞生的中华帝国为中心形成的世界，蒙古人种与使用表意文字汉字是这个世界的共通点，直至今日仍然与世界其他地域之间存在着明显不同的特性。这个地域中存在着大小各异的几个国家，政治、经济、文化等各个方面均处于优势的大帝国就是“中国”，中国与周边各个国家结成的关系总和，构成了这个地域的国际关系。今天人们把这一关系称为“中华世界秩序”。

这一国际秩序与今天处于主导地位的主权国家秩序具有完全不同的结构。后者是一种多个主权国家之间以对等关系为基础的多极秩序，而中华国际秩序是单极的，是由中心向周边展开的阶 31
层关系。清代末期的政治家康有为称之为“一统垂裳”，即在一个皇帝之下形成的尊卑关系（见图1-1）。这一秩序的规则是由“中心”规定的。不过周边各国虽然接受这一秩序，但仍然各自作出独自的解释。这里的世界秩序并非处于同一平面，是由中心

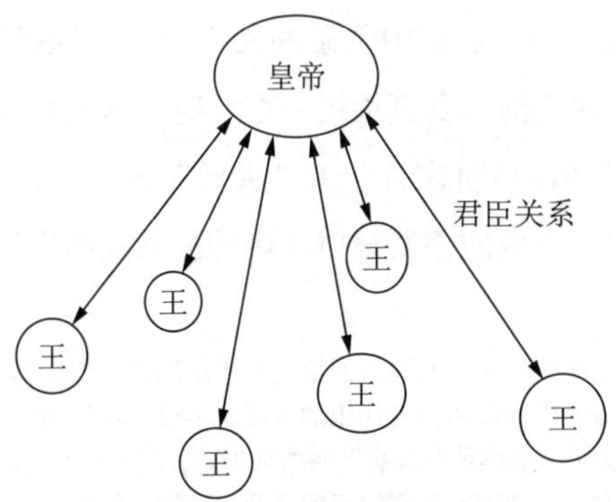

图1-1　中国的世界秩序模式

康有为所说的“一统垂裳”的形象。诸国国王是皇帝的臣下

与周边各自作出的两种解释重合而成的①。

中华的世界规定

规定中国式世界秩序的原理被称为“华夷”观。在世界的中心建构起来的文明中心就是“天朝”，支配宇宙的至高无上的“天”承认具有德行的君主，君主被授予“天命”，即具有向地上的人们传授“道”的使命，君主以此实施统治。根据是否经过教化，人类被划分为“华”与“夷”两类。不过，这一分类不
32 是一成不变的。离皇帝越远，接受教化的人会逐渐减少，因此越向“周边”移动，“华”的程度就越低，“夷”的色彩则愈浓。这一世界观不同于今天的主权国家，不会简单地划线严格区分内与外，而是一种从中心向外扩展的同心圆关系，越向外扩展，与中心的关系就越弱（岸本，1998a；茂木，1997）②。

不过，与近世日本同一时期的清朝统治者，则与汉民族的王朝不尽相同，拥有稍微复杂的秩序构图（杉山，2010）。清朝是由居住于今中国东北地域的女真族建立的王朝，十七世纪中叶进入中国北部的中原（黄河中下游的文明中心），统治居住在那里的汉民族。在这之前，女真族统一东北时，从蒙古族首领那里接受了自成吉思汗以后首次授予的“大汗”称号，依靠这一资格，获得了蒙古族、西域的穆斯林以及南部的藏族的臣服。之后把部

---

① 下面是对那个时代的人们所描绘的规范的秩序图景，即认为秩序该如此或者该那样的一些具体意向加以概括后作出的解说。不过，具体到受当时形势左右的实际行动，或者关于国家强弱与利害关系的认识时，时常会有与此出入的地方。

② 中华帝国也有与周边国家划定国界的条约，例如与俄国之间签订的《尼布楚条约》（1689）。不过，那只是与邻国发生冲突时，仅限于与对象国之间签订的条约，这个时代还没有划定所有国界的普遍认识（吉田，1974）。

族的名称也改为“满洲”。马克·马尔科注意到这一点，把清朝的统治分为“大汗”统治的半月形西北部和由“皇帝”统治的半月形东南部（见图 1-2）。清朝以满族为主体并吸收其他民族构成的“八旗”为中心，实施其统治。而对东南的半月形，政治组织则沿袭了明朝的制度。以北京为中心向外扩展，呈现出以下的关系。

第一是地方，即汉民族占多数的地区，派遣经过全民均有资格参加的科举选拔并由皇帝任命的官员实施统治的省—府—县的范围；第二是土司、土官，即各少数民族居住的地区（四川、云南的西南部），朝廷向其首领授予文官或者武官称号实施间接统 33
治；第三是册封国，皇帝向远方的国家发出派遣使节的邀请，使节进献象征对皇帝表示臣服的贡品（朝贡），作为回报，皇帝授予“王”的称号（册封），这一范围包括朝鲜、琉球、越南、缅甸等；第四是朝贡国，仅允许朝贡，并不寻求册封的国家（泰国等）；第五是互市关系，即：既不对其册封也不要求朝贡的国家，仅允许民间商人进行贸易，例如日本、西洋各国。

在这当中，册封与朝贡相当于今天的外交关系。但在当时，这种关系被视为皇帝与周边国王之间的君臣关系，因此使节来访时，由礼部的官员负责接待。与西北半月形部分之间的关系则由“理藩院”管辖。理藩院负责掌管与满族以外的西北其他各民族即“藩部”① 的关系。

---

① “藩”或者“蕃”，是环绕宅邸的围墙的意思。藩也被用于指代远离中心的周边地域，但并非如“蛮”那样是带有明显贬义的蔑称。把近世日本的大名领国称为“藩”时，也是如此。

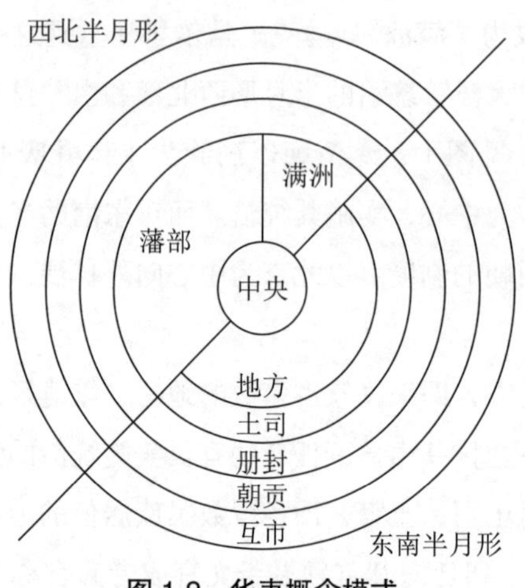

图 1-2 华夷概念模式

“天朝”与周边国家之间的关系依据华夷观念构成。周边国家的首领接受“天子”派遣的使节发出的邀请，仰慕中华之德而派出使节，呈上作为臣下表示臣服的文书（称为“表”）与各种特产，这就是朝贡。使节回国时，皇帝为了表彰臣下的忠诚，则
34 下赐（回赐）代表文明的名贵物品（高级丝织品、陶瓷器等）。这是以君臣的上下关系为前提的互赠交换关系。当“天朝”希望维持与朝贡国之间的紧密关系时，会特别授予历法（正朔），将其纳入“天”的秩序，或者再授予文书（即“册”）和国王的印（国玺），宣布将其首领列入“王”的序列。这就是册封。接受册封的国家把中华称为“上国”或者“宗主”，中华则把册封国称为“藩属”，二者之间的关系被称为“宗属关系”。这一君臣关系由三跪九叩（在皇帝面前下跪三次，每次下跪时叩头三次）等表示臣服的严密礼仪约束着。从周边国家角度来看，或许只是表面上服从之，但是经济方面与文化方面的回报却是十分丰厚的。

不过，像近世日本那样，仅仅依靠民间商人的交易、即“互市”也并非不可能。与明朝时期不同，清朝时代中国与周边国家之间的关系中，互市占有很大比例（岩井，2010）。

这一秩序在运用时实际上是十分灵活的。但在观念上，上下关系被视为绝对，天朝绝不承认与自己对等的“他者”。这是因为依据“德”的教化是由皇帝独占的。反言之，人之所以为人，就意味着人人均可与道有缘，因此在理论上，人人均需服从皇帝的德治。这里不存在排斥的逻辑，倒是包容的逻辑更为凸显。对于仰慕德行者，无论何人均可以接受，并授予与之相符的地位。世界是多样的，对于自认为是全世界统治者的皇帝，的确需要
这样的逻辑。在西洋强力介入前的十九世纪东亚世界，存在着与 35
近代国民国家严格区分自己与他者、排斥他者的原理完全迥异的原理。

周边国家的世界图景

此外，中华帝国规定的世界秩序并未被周边国家原样接受，接受的过程中也伴随着抵抗（三谷、李、桃木，2016）。当十七世纪发生了“华夷变态”，即原本为“夷”的满洲攻入北京后建立起被称为大清的王朝，夷狄与汉民族的中华之间的关系颠倒时，这一问题显得尤为突出[1]。

华夷观念中包含着汉族的优越地位与中国文明的卓越这两个方面。在明朝那样二者并行不悖的时代，不会发生问题。而在少数民族成为统治者的清朝，二者之间就产生了背离。清王朝为了

① 中华帝国的王朝如大明、大清那样，一定冠以“大”字，对周边国家的首领，则无此惯例。

证明原本属于“夷狄”的统治者的正统性，将区分中华与夷狄的标准切换为是否通晓文明的原理、是否通晓普遍性的人之“道”与伦理，以及是否遵从体现道的“礼”，以此为判断基准（岸本，1998b）。提到“礼”，满族的风俗与汉族的风俗迥异这一点
36 必然成为问题。“身体发肤受之父母，不敢毁伤，孝之始也”(《孝经》)，汉族将不剃发视为守孝的标准。而满族人则有剃去头发前半部分，把后面的头发编成辫子，即“辫发”的习俗，并强制要求中原所有汉人均剃发。但看发型一点，就可知满族的习俗与汉族之间存在巨大差异。满族剃发的要求必将引起汉民族的抵抗。

在周边国家，清朝的正统性也成为问题。何以将原本为夷狄的满族人统治的国家称为中华？为何要向其表示尊敬与臣服？在这一问题上，朝鲜的反应饶有兴味（桑野，1996）。朝鲜的国号是明王朝授予的，因此朝鲜是与汉民族的中华保持着最密切关系的国家。从这一立场出发，朝鲜过去一直把生活于临近地区的女真族视为夷狄，朝鲜曾先后两次被夷狄女真人蹂躏。女真人改称满洲人后，强行要求朝鲜接受宗属关系，在朝鲜内部引发了种种抵抗运动。朝鲜儒学者当中有人提出征讨清国（北伐论）。政府方面虽然在正式文书中使用清朝的年号，但在国内举行祭祀活动时，仍然使用明朝的年号，十八世纪时还在王宫中设立了大报坛，以此特意感谢明朝的恩义，或者举行否定清朝统治正统性的祭祀典礼。他们认为，中华原有的文明随着明朝的灭亡，已经远离了中原，现在只保留于朝鲜这里。“小中华”思想由此诞生了。朝鲜不仅对清朝采取了阳奉阴违的态度，在国内甚至出现了视本国文明为中心的思想。

同为周边国家，越南则采取更为大胆的态度。越南的君主接受了册封，被授予“越南国王”的印玺，却对国内和周边国家自
称“皇帝”“天子”，把清朝称为“北国”，把自己称为“南国”。与 37
面对中国时不同，当面对国内和周边国家时，越南不承认与中国的关系是宗属关系，公开宣称仅仅是地理位置各处于南方与北方的国家间的对等“邦交”。他们还对邻国以“中华”自居。越南把金边、磅堪、万象、清迈、琅勃拉邦、毛淡棉、仰光、曼德勒，以及法国、英国等派遣使节前来访问的宫廷与国家统统视为前来朝贡的封臣。

这些事实表明，越南与朝鲜一样把自己视为“小中华”，这种态度显示，这也是中华帝国周边各个国家的共同倾向。不过，只有越南接受自身规定的“小中华”。十九世纪初期，柬埔寨的宫廷同时向越南和泰国朝贡（小泉，2011）。当时，柬埔寨的双重朝贡获得了越南与泰国双方的承认，但是从旁人的立场来看，越南和泰国同时处于柬埔寨的上位，就这一点而言，双方应该是对等的。这一双重朝贡体系在后面考察的琉球那里也可以看到，是一种常见的现象，其结果就是在位于大国周边的小国家群中形成了一种对等的国际秩序。

如上所述，在中华与周边产生的世界图景中，存在双重交错的视点。其中，虽然有程度上的差异，周边国家都采取了臣服于“中华”的态度，并利用这一关系，再进一步建构或者复制自己的世界秩序，将自己定位为“小中华”。这一结构依靠下面的
惯例得以存在：根据外部与内部，或者对手为谁来选择用语，对 38
方的解释与自己的解释之间即使存在出入，也不予理睬（三谷，2010；渡边，2012）。

二　近世日本的世界秩序构图

与越南和朝鲜一样，近世日本的世界秩序图景和中华帝国周边国家之间具有共通的特征。不过，日本与中华帝国的关系较为疏远。古代日本的首领里，有“倭五王”以及中世后期的足利将军等少数获得中国册封的例子。进入近世后，产生了无法忽视的特征，这与十九世纪的命运紧密关联。在下节中，将逐个考察近世日本与外部的关系。

近世日本的国际关系

过去人们大多以“锁国”一词来描述近世日本的国际关系。
39 锁国令在严厉取缔天主教徒的同时，禁止日本人出国，也禁止外国人进入日本，这一限制造成日本近世是“闭关锁国的国家”的印象。近年来，学术界对锁国的说法提出了批评，指出这一时期日本与朝鲜保持着交流，还以朝鲜、琉球为中介，与中国进行贸易；另外，北方领土疆界模糊（荒野，1988；托比，1990）。

一些学者也认为，锁国说的提出，是因为过于关注与西洋的关系，而忽视了与周边邻国的关系。不过，研究进展至今日，仍有必要重新审视近世日本的闭锁性。近世日本的国际关系与其他时代其他地域相比较，就像最近的缅甸一样，仍然属于极度的闭关自锁。问题是，这一闭锁具有哪些特征？如果置于长时段中观察，它是怎样变化的？

近代日本的国际关系是由中央政府独自管辖的，而近世日本外交的特征，是把外交委托给一些地方团体或者某些个人。例如，对马岛的宗家负责与朝鲜进行交流，萨摩的大名岛津家负责与琉球交流，虾夷岛南端的大名松前家负责与虾夷岛的居民交流，而德川公仪直接管辖长崎町以及其他所有对外交流，今天学者们把这种情况称为“四个窗口”与“异国”“异域”的关系（加藤、北岛、深谷，1989）。这些大名与长崎町，作为公仪的代理负责处理与对方的关系，而贸易收入则是公仪给这些大名与长崎町的回报。

在这当中，与朝鲜的关系大致是对等的国家间关系（田代，1981；鹤田，2006）。整个近世，朝鲜前后共派出12次使节来访，朝鲜国王与日本大君（德川将军）之间交换了对等格式的国书。不过，仔细考察这一关系，可以发现其内涵是复杂且不对 40
等的。例如，对马的宗家并非仅仅臣服于德川将军，同时还臣服于朝鲜。对马宗家每年都派遣船只前往釜山，在那里的倭馆进行贸易。派出正式使节时，一定会参拜宗庙，向朝鲜国王的牌位行拜礼。宗家也和其他大名一样在江户设有官邸，大名定期亲自前往江户谒见将军，已经被完全纳入日本的政治秩序。然而，与琉球王国或者东南亚的其他小国一样，对马宗家也具有双重从属关系。

再仔细考察朝鲜王国与日本的关系，朝鲜每当日本大君换代，一定派出使节前来祝贺，而大君从未派出回礼使节前往朝鲜祝贺朝鲜国王换代。在人际关系中，主动交往的一方处于下位，而接受一方处于上位。所以日本方面把这些通信使视为朝贡使节。然而，朝鲜方面却不这样认为。出于有关倭乱（丰臣秀吉出兵朝鲜）的记忆，朝鲜不让日本来人观察国内情况，所以拒绝接受日本使节。而朝鲜派出通信使前往日本，则是观察曾经的侵略者国家实际情况的好时机，所以朝鲜通信使举着写有“巡视”二字的旗帜列队巡游。另外，“大君”这一称呼在朝鲜是授予国王的王子即臣下的称号。朝鲜方面使用这一称号，把自身置于高于日本的位置。然而，日本方面则认为，“大君”是仅次于天皇的称号，“大君”与“国王”交换了对等格式的国书，故日本作为国家的地位是高于朝鲜的。

这样，近世的日朝关系，是一种双方均明白对方蔑视己方，
41 却互相默认这一结果的关系，即不是对等号，而是一种逆向的不等号的重叠关系，结果形成了对等关系。这种关系维持了近百年。如在第四章中看到的那样，当时间来到十八世纪的后半叶，双方国内对这一关系的不满情绪日益高涨。

琉球则是接受清朝册封的王国，同时也接受岛津家的统治。琉球每隔两年向福州派出朝贡船，同时在德川将军换代时派出庆贺使，琉球国王换代时则派出谢恩使，跟随岛津家前往江户（称为“江户立”）。琉球向日、清两国的双重朝贡，即两属这一姿态，在形式上与对马宗家的做法相似。但琉球国王自己不去江户谒见德川将军，因此对日本的独立性更强，官僚们的教养也以中国文化为基础（丰见山，2004；赤岭，2004）。日本方面在十八世纪初期还要求琉球使节穿上清国的服饰。琉球虽被日本统治，却不是日本。是否从属于日本，这完全取决于萨摩藩的意向。当幕末出现西洋有可能控制琉球的情况时，这一模糊的地位被日本政府巧妙利用。

上述这两处被日本政府视为与异国交往的边界领域，特别是在获取中国的情报与进行贸易方面具有重要地位。而虾夷地则与此情况迥异，阿依努人等异民族居住于此，是联结桦太与千岛的广阔地域。公仪在虾夷地南端划出大名的统治领域，由松前家管

辖。对虾夷地的北方，则规定仅限松前家人员有权出入，负责管理与阿依努人的关系。有关十九世纪虾夷地地位的变化，将在第四章中叙述。

最后考察一下长崎与外国的关系。长崎不仅管辖对中国与荷兰的关系，也负责处理与其他所有国家的关系（见前引加藤、北 42
岛、深谷）。与中国的关系方面，仅在初期曾经尝试与明建立国家关系，但未成功。日本人的出国被全面禁止后，只有中国商人单方面来到日本。与西洋关系方面，西班牙与葡萄牙这些天主教国家的人员被禁止进入日本后，只有荷兰船只可以继续进入长崎港（板泽，1959）。十八世纪以前没有全面禁止外国船只到来的制度，“唐船”上也有携带着东南亚国家国王的书信来到日本的使者，公仪也认真接待了他们并回礼。不过，定期来到长崎进行贸易的，最后只剩下中国人与荷兰人，他们都居住于长崎的一隅。与贸易额成正比，中国人最多，并受到优待。不过，居住于长崎出岛的荷兰商馆长受到了与中国人不同的礼遇。他们每年前往江户谒见德川将军。相比中国人，荷兰人在政治关系方面更受到重视（博达尔特·佩里，1994）。

长崎负责处理对马、琉球等处担负的对外关系以外的所有对外关系。按照规定，外国船只无论来到日本的何处海岸，均被命令驶往长崎，遭遇海难漂流到日本海岸的外国人，或者漂流到外国、再被外国船只带回日本的日本人，也都必须在长崎出入国。德川公仪在长崎设置了长崎奉行这一官职，统一管理对外关系事务，贸易事务则交给由町人组织的长崎会所管理，德川公仪分给町人一部分利益。海岸的警备则由佐贺、福冈和大村这些近邻的大名负责。长崎是容易获得海外情报之地，也是繁华的商业城市，所以与江户、大阪和京都一样，有不少西日本的大名都在这里设置了官邸。

43 **近世日本的世界秩序图景**

近世日本人眼中的世界是怎样的？第一个特征，就是认为日本离中华帝国相当遥远，日本是一个孤立于其外的国家。

近世初期，德川家康打算恢复与明朝的关系，以此确保与明朝的贸易关系，对周边其他国家，则以“小中华”君临之。1610年，家康让近臣本多正纯向福建总督发出书信，试图修复因丰臣秀吉出兵而被破坏的国家关系。一方面，家康在书信中未请求给予册封，但使用了中国方面希望看到的表示谦恭的词语。自己国家虽然处于“日出之处”，书信中却称之为“蕞尔小国”，把中华称为“贵重”，希望能将其博爱之谊恩泽远方。另一方面，家康为了显示自己拥有恢复国家关系的资格，不仅提到自己已经完成了国内统一，还列举接受临近小国前来朝贡之事，写道：“化之所及之处，朝鲜入贡，琉球称臣，安南、交趾、占城、暹罗、吕松、西洋以及柬埔寨等蛮夷之国、酋师各无不奉书献宝。”（纸屋，1997）这一立场，与越南虽承认中国的世界秩序、却试图君临于周边各小国之上的小中华主义十分相似。

德川家康没有收到中国方面的回信。上一年，家康批准了岛
44 津家进攻琉球，明朝方面自然没理由与入侵自己藩属国的日本恢复国交。之后，明朝被清朝灭亡，统治了中原的清朝对外海关系持消极态度。由此，近世日本与中国的关系维持在最低限度，两国在二百余年中没有国家关系，政治上处于十分疏远的状态。

在这一环境中，日本内部出现了把日本放在与中国对等位

置的看法也是很自然。更进一步，甚至出现了认为日本才是世界中心的主张。一个早期的例子，就是山鹿素行的《中朝事实》（1969）。素行认为，日本从未发生过易姓革命，因此以“忠”这一德行为尺度来衡量的话，日本比频繁发生王朝更迭的中国要优越，因而更符合“中朝”这一称呼。十八世纪，日本“国学”诞生了，这一思想被进一步深化也更加普及。不过，当近世日本人谈到日本中华主义时，却始终意识到大陆的中华帝国。著名的本居宣长的《古事记传》（1790年卷之一刊行）就是一个最典型的例子。宣长为了研究日本国家的创成神话，不是选择正史《日本书纪》，而选择了《古事记》。其理由之一，就是《日本书纪》被冠以日本这一国号。中国的史书，例如《汉书》《宋书》等都被冠以王朝名称，这是中国存在王朝更迭所导致的，而太阳神的子孙永远统治的日本不会发生革命，所以史书不应该被冠以国号。另外，日本这一国号是为了对抗中国而创造的，这与日本作为世界中心的地位不相符。然而，宣长反复否定“汉意”即中国式的思维习惯，当他强调日本的中心性时，无意识地犯了不断提及中国 45
这一自我矛盾的错误。这样的矛盾，在中国那里是不可能发生的。当主张自己为“华”时，必然需要“夷狄”作为否定的对象，而无必要把某一国家视为超出对等关系以上的存在。

这一现象可以被称为“无法忘却的他者”综合征（三谷，2006、2012）。在席卷近代世界的民族主义出现之处，就存在这一现象。在强调自己的优越性的反面，就存在着自卑感，由这一自卑感更进一步唤起了一种渴望，需要与特定的他者——在本居宣长那里，中国就是这一他者——比较，由此获得优越感。不过，这里无意讨论民族主义的一般特征，而是关注另外一个侧面。这就是，周边国家无论如何主张自己为中华，却无法忘记自己处于周边这一点，这样越发刺激了对他者的持久敏感性。当十九世纪西洋各国向世界扩张的浪潮波及东亚时，中国最先与西洋相遇并发生了大规模战争，却未能予以十分的重视，而邻国日本则认真对待这一变化。产生这一差异的原因，也许就在于是否具备这一敏感性。

不过，这一分析无法解释日本与朝鲜的差异。朝鲜其实比日本更早、更深切地体验到“无法忘却的他者”，即中国的存在，结果却未出现类似日本的反应。要解释这一差异，需要注意另一侧面，即需要注意区分“华夷”的根据（见前引渡边）。

近世日本视自己为小中华主义的根据与朝鲜不同。朝鲜把自己视为“中华”时，是自认为自己才是穷尽了代表道德最高境界的朱子学的正统继承者，在这一点上甚至比清朝的皇帝更为
46 优越。而日本，例如要求琉球使节行“九拜”之礼那样，在对内时，把前来朝贡的使节称为“夷狄”，要求其遵守严格的礼仪，这一点与朝鲜一样。不过，规定这一上下尊卑关系的身体礼仪所需的依据是“武威”，而不是“人伦”，即朝贡者是摄于德川公仪的军事力量才表示恭顺的，军事是决定秩序的原理。不过，经过漫长的和平时光，支撑德川将军的“御威光”的军事力量已经名存实亡了，近世的人们明白这一点，但仍然遵循着“御威光”所支撑的礼仪惯习。然而人们心里也明白，十八世纪末来到日本的西洋各国来访者完全不了解日本的这一现实。区分“华夷”的根据就这样消失了。其结果就是，幕府末期的日本人虽然口头上仍然把西洋人蔑称为“夷狄”“外夷”等，但在实际交往中已经形成对等的规则。朝鲜和中国则以人伦作为区分“华夷”的根据，所

以很难出现类似日本的“礼”的改变。至十九世纪中叶，对东亚各国而言，是否接受近代西洋建立的主权国家体制所规定的对等外交规则，成为决定国家命运的问题。这时，从中国的立场来看日本的这一周边性格，却发挥了极为积极的作用。

最后还需指出，日本此时比较顺利地形成了对西洋的关心。十八世纪后半叶兰学（翻译、研究来自荷兰的自然科学的学问）的发展，是众所周知的事实。不过，在同时期的中国，乾隆皇帝也在北京北郊的广大庭院圆明园的一角用石头建造了西洋风格的宫殿群。在朝鲜，一部分学者从中国引进了基督教等西洋思想加以学习研究。然而，中国的知识分子出身的官僚并未研究西洋学问，朝鲜甚至于十九世纪初期严厉取缔了西洋的思想学问，并 47
由此完全根绝。这是因为，中国或者朝鲜的政治体制都是以科举官僚制为基础的。科举通过对朱子学知识的考查，选拔皇帝的官僚，这在当时是最公平的政治制度，为了维护这一体制，就不能侵犯朱子学的正统性。而在日本，统治阶层是根据世袭身份选拔的，与学问并无关系，这样就有可能产生各种各样的学派与学问。天主教的确被严格禁止，但知识分子仍在尝试对儒学作出不同于朱子学的解释，同时还开始转向学习西洋的思想学问。人们避开了宗教与抽象的思想等学问，专注于学习研究医学、地理学与天文学等实用性学问。著有《海国兵谈》的林子平和高野长英等人，是因为触犯了幕府禁止出版军学著作的禁忌以及批评政府之事败露而被处罚的，并非是学习研究了兰学的缘故。从各地村庄里研究兰学的医生不断增加这一点，也可以看出兰学发展顺利。当十八世纪末西洋各国再次来到日本时，近世日本人的研究对象已经扩展至整个世界。这一时期出版了一批可信度很高的地理书籍，最具代表性的有山村才助的《订正增补　采览异言》（1804年进献给德川公仪）、箕作省吾的《坤舆图识》（1847年刊行）等。学习西洋的活动与这些书籍的出版，为开国后全面学习西洋思想文化打下了知识基础和人才基础。

作为考察十九世纪日本的前提条件，上面概观了十八世纪至十九世纪初期的东亚国际环境，以及身处其中的日本的特征。具体就是：日本处于相对孤立的状态，虽然追求成为“小中华”，但同时也强烈意识到自己处于东亚的周边，对军事态势的优劣极
48 为敏感，对西洋以及东亚世界外部保持强烈的关心，等等。不过，在考察十九世纪的日本的行动时，还需要留意其他侧面，即西洋各国与东亚相处的方式发生了变化，在这一变化了的形势下，日本开始明确地追求“锁国”。对这一点将在第四章中叙述。

第二章　近世日本的双头—联邦国家 49

复合国家结构

近世日本国家与明治以降不同，是由“禁里”与“公仪”两个中心以及二百几十个小国家形成的复合国家结构。统治者身份与被统治者身份按照出身划分，不同身份之间有着严格区分。首先看一看近世国家的结构。

过去人们时常把近世国家称为“幕藩制国家”“幕藩国家”，本书不使用这一称呼。正如渡边浩曾指出的那样，生活
于近世的人们几乎都不使用“幕府”“藩”以及“朝廷”这一类
称呼（渡边，1997）。“幕府”与“藩”等称呼是幕末才开始频 50
繁使用的，至明治初期才成为常用语，这当中反映了明治时期的人们对近世的褒贬。“幕府”是武士政权，其正统性不如朝廷，“藩”是指护卫中央政府的存在，有缺乏自主性的含义。同时，要理解明治维新，除了“幕府”与“藩”以外，还要把朝廷也纳入考察的视野。本书将使用比“藩”涵盖面更广，并且可以与外国进行比较的名称，把近世日本称为“双头—联邦”国家。对其中包含的各个要素，则采用近世人使用的词语，把大名领国称为“国家”，江户的王权称为“公仪”，京都的王权称为“禁里”。

近世日本国家的整体结构见图 2-1。图 2-1 中的圆圈（○）表示 51

人员，线表示人与人之间的关系，大三角形则表示大名的“国家”。

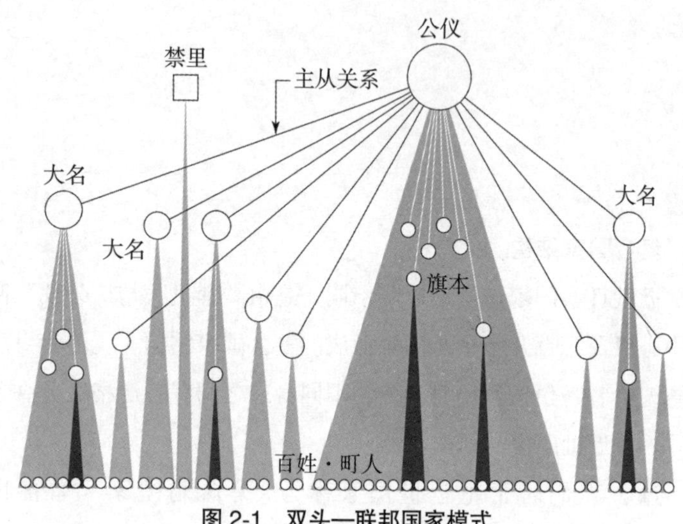

图 2-1 双头—联邦国家模式

一 大名的“国家”

大名（大领主）的“国家”是近世国家中最重要的单位。大名国家领域的收成占全国粮食收成总量的四分之三，剩余部分则由德川“公仪”直接统治。大名受“公仪”的全面委托统治各自的领国，在领国内组织家臣团，立法、征税、司法以及民政权力全面交给大名“自分仕置”，即独自处理。不同于日本中世时代，近世的日本领国不存在独立于大名以外的权力，寺院和神社只要接受大名的统治，就被允许存在。领国的臣民则根据身份大致划分为大名的“家中”即家臣，以及被统治者“地下”即庶民。

基本结构——官僚化与身份制

大名与“家中”根据主从制原理结成主人与从属者的关系。一旦发生战争，身为“家中”的武士就有义务出征，平时则作为 52
领国的政务人员掌管统治事务，对大名“奉公”，作为报酬从大名那里获得“御恩”，即从大名授予的封地上领取收成或者直接领取俸银。大名与家臣之间的从属关系通过“御目见”，即家臣谒见君主的仪式加以确认。

大名给家臣的俸禄大致可以分为两类，一种是赐予家臣领地，家臣从领地上征收租税、处理诉讼，这种方式叫作“地方知行”。另外一种是大名把直接管辖的领地缴纳至大名粮仓（“藏”）的租税分配给家臣，诉讼则由专业的官员负责处理，这种方式叫作“藏米知行”。这两者所占比率在各个大名领国各有不同，仙台藩的伊达家和鹿儿岛藩的岛津家主要采取赐予家臣领地由其直接管辖的方式。在大多数大名领国，采用直接支给俸禄米方式的占一大半。不过，在所有大名领国，对高级家臣均采用赐予领地、由其手下的家臣直接统治的方式，这一方式更能显示高级家臣的身份与地位。不过，虽然称为直接管辖，但并非如中世日本那样统治某一完整村庄。家臣的领地常常以零散地块形式分散安排在领国各处，或者几名家臣在一个村庄的不同地块上收取贡米。领地上的征税与诉讼等需要紧密依靠村庄的自治组织或者大名任命的官员。直接管辖领地的高级家臣也不是中世日本那样的独立领主，他们和下级家臣一样，是完全官僚化了的官员。

进入十八世纪，大名与家臣的关系一般都采用世袭形式。家臣把大名赐予自己的俸禄和待遇视为自己家门的“家禄”与“家格”，对家臣们来说，维持这一“身份”成为人生的最重要课题。

分析大大名（食禄在 20 万石以上的大名）的“分限账”即家臣信息台账时，发现享有 1000 石以上俸禄的家臣约占家臣总数的
53 3% 至 5%，他们拥有大型官邸以及由优秀武士组成的、可以独自参战的武装组织。其他大部分家臣手下则有若干随从，依靠领取的俸禄米生活，与今天的公司职员身份相似。

家臣的身份地位极少有变化。以德川将军的直属家臣“旗本”为例，山村幸三分析了《宽政重修诸家谱》，把家臣身份分为八个阶层进行调查，发现其中 55% 的家臣都未经历过身份变动，即使有变动者，超过父辈的地位的也只有 6%。在“家中”即大名家臣团内部，身份的差异也十分显著，只有长子才有资格继承家长地位，次子以下的儿子，如果长子或者长子的儿子没有发生身故等意外情况，就只能成为“厄介”即多余的存在。不过，次子以及以下的儿子也有可能作为养子过继到其他无嗣子的家臣家中。据统计，近世旗本身份的家臣里，平均 4 人中有 1 人为养子（山村，1976）。总之，近世的武士被细分为多个等级，在严格的束缚中度过一生。与维新以后完全不同的这一特征，应予以充分留意。

“国家”至上主义

官僚化的家臣对大名处于从属地位。中世日本的武士对大名不满意时，可以不再为其效力，或者行使武力对抗，或者转而投向其他大名，而进入近世以后，这已经成为不可能。不过，大名并非因此就以专制的做法对待家臣，甚至可以说，大名经常完全
54 批准家臣们提出的政策方案，仅仅是扮演给予背书的角色。在英国，有一句有关代议制的君主的格言——国王统而不治，近世日

本的大名通常也是与此近似的存在，或者与天皇一样，是一种近似于国家象征的角色。这是因为当时的人们认为，“国家”即大名领国是至高无上的组织，家臣自不必说，就连大名也是国家的从属物。

在十八世纪的日本，人们已经充分认识了儒教的“忠”这一德行，以主从关系的固定化为背景，视家臣对君主的“忠”为统治秩序之核心的学说已经相当普及。不过，家臣们对君主的“忠”也绝非仅仅意味着一味服从君主的命令。可以说，重臣们向大名陈诉意见、对年幼君主的监护以及对君主的谏诤（规劝君主的错误），都被认为是“忠”的不可缺少的要素。

正如笠谷和比谷的研究揭示的那样，当大名因生活放荡而疏于政务，或者过于理想化、企图强行实施脱离当时实情的过激改革时，重臣就团结起来进行谏诤（笠谷，1988）。大名如不接受谏诤，重臣则强制君主退位甚至“押込”（即关进牢房），而实施谏诤的重臣很少面临受到处罚的结局，把君主关进牢房的做法绝非不法行为。德川公仪极其重视“天下静谧”，但除非有其他重大原因，一般都不会介入这样的大名“御家骚动”（即大名核心集团的内部纷争），只是为了避免发生此类事态，在规范大名与家臣行为的《武家诸法度》中要求选拔“器用之人”，即有能力的人担任大名。

重臣对君主的抗议行动被认为是合法行为，这不是反抗，而 55
是对大名和家臣双方共同归属的国家的忠诚行为。“忠”的目标不是指向君主个人，而是指向以君主为象征的领国。这实际上是中世后期出现的传统，而十八世纪的特征是大名自己接受了这一点，并公开宣示之。著名的上杉鹰山的《传国之词》就是一个典型例子（横山，1968）。

> 一、国家是先祖传给子孙的国家，不是吾人之私有物。
>
> 一、人民是属于国家的人民，不是吾人之私有物。
>
> 一、君主是为了国家与人民之君主，国家人民不是为了君主之国家人民。

即使贵为君主，“国家”也不是其私有物，而是具有超越历史之永久存续价值的实体。国家不是满足个人私欲的手段，无论君主或者家臣，都应当无条件地忠诚于国家。位居统治之身份者，一生都应当以为了国家、以“御家大事”（即大名国家）为行为规范。这里既无出于某一个人的意志的统治，即依据个人的创意或者肆意统治，也不是依据一般原则实施统治的“法治”，“国家”主义在这里被完整地凸显。换一个角度看，这也可以视为民族主义诞生的前夜。到国家至上主义的单位从大名国家向“日
56 本”转变，并且连“人民”也被列入忠诚的主体时，民族主义就确立了。

家格与决定权的分离

此外，另外一个重要的变化也在“国家”与家臣团之间出现了——身份较低的下级武士掌握实际决策权的制度诞生了。近世初期，也有一些下级武士因为在参与统治方面建立了显著功绩而增加俸禄，或者获赐封地，以及被列为重臣。不过进入十八世纪后，家格（门第等级制度）与官职的对应关系趋于固定，就几乎再未出现此类现象。当时治安稳定，需处理的行政事务不多，一

些职务十日当中只需执勤二三日即可，整个社会安稳悠闲。不过，也有一些官职需要熟练的业务能力，并且工作任务繁重，例如掌管财政、各地家臣统治以及诉讼裁判的勘定奉行一职就是这样的官职。既不能打破家格的制约，又要确保官员具有合格的行政技能，这是一个两难的课题。一个解决办法是，当任用家格低的人才为职位高的官职时，就向其支付与官职相对应的职务津贴（称为役料），或者在其在职期间增加俸禄（足高），以及对任职者限其一代提高封地贡米数量（石高）。

与此同时，更常见的做法是授予下级官员掌管实质性事务的决策权。发现行政方面存在的问题并提出处理方案，成为下级官员的主要工作。行政官邸的长官或者重臣对属下提交的方案进行 57
合议并作出实质性决定，大名的角色就是批准这些方案。例如在长州藩，掌握实质性决策权的是家老的秘书官，即从年俸禄二百石的下级武士中选拔任用的“手元役”，或者“右笔”（文书官）。在水户藩，同样级别的“奥右笔”也是与此相当的官职。不过，重臣与大名并未因此被无视，重要事宜一定要提交至重臣会议讨论，有时还要召开大名亲自出席的“御前会议”。重臣会议与大名有时也会否决下属提交的方案，或者退回再议，但自己很少提出具体的政策方案。他们如今天的政府内阁会议一样，只是扮演给原方案赋予权威的角色。

家格与决定权的这一分离，政策决定时重臣与中下级身份官员的分工，可以概括为“对有禄者不授予权，对掌权者不授予禄”。从大名立场来看，中下级家臣可以抑制重臣的权力，从下级家臣立场来看，这可以充分发挥自己的才能，可以形成不易维持的对“国家”的归属感，同时也满足了自己的荣誉感。

这一制度成为中下级武士在幕末发挥重要作用的前提。中下级武士的政治经验与行政知识超过了上层武士，在某种程度上减少了重臣、大名对他们以低微身份登上政治舞台的反感。

此外，虽然基本可以把近世日本的政治组织看作大名国家构
58 成的联邦，但在江户和大阪的近郊还存在着与此不同的广域统治组织。那里不存在大大名的领国，小大名的领地和公仪的直辖领地交错混杂，而且经济发达、人们频繁往来。为此，有必要建立起超越领地分界线的组织以维持治安。例如，德川公仪就设立了关东取缔出役等可以跨越地域行使警察权的组织（高桥，2000）。

二 中心一："公仪"

近世日本在人类历史上罕见地存在两个政治中心。首先看看江户的德川"公仪"。所谓"公仪"，相当于今天的国家政府组织，其首领被称为"公方"。德川公仪自己拥有广大领地，同时与大名（享有1万石以上采邑的领主）以及旗本（采邑未满1万石的家臣）结成主从关系。公仪的主要任务就是以其全国军事指挥权为背景，与领主一同维护日本国内以及对"异国"的和平，为此设立了各种行政机构。另一个中心就是"禁里"，与公仪相反，"禁里"不掌管实务处理，也没有行政决定权与执行机构。

59 **内部组织**

从江户城这一空间看公仪的组织结构，可分为表、奥和大奥三部分（深井，1997）。所谓表是指外围空间，是处理政务与举行

仪式典礼的地方，奥是江户城中心处，是公方日常生活起居的处所。大奥则是指后宫，大奥原则上仅由女性构成，是王统再生产的地方，但实际上，依靠姻亲关系干预政务决策的事情也时有发生。与此不同，作为公方亲信的小纳户或者小性（也称小姓，即将军身边的贴身侍卫及生活秘书）等负责打理公方日常事务的官员，则被要求严格遵守不介入政治的规矩。“表”这一空间里有几类房间，其中有旗本级的官员每天来到江户城作出各种决定的房间，有大名在节庆之日来到江户城举行仪式的房间，以及作为大名们中途歇息以及交际场所的“诘间”。

公仪的官员由大名、旗本以及家人这三种或者两种身份组成。相当于大名的重臣会议的，是由四至五人组成的老中（相当于内阁成员）集体领导组织，下面设置了各种行政机构，由旗本（御目见以上身份，即被允许谒见将军的家臣）与家人（御目见以下身份，即不能谒见将军的家臣）负责掌管运营这些机构①。最重要的行政机构就是勘定奉行，包含负责掌管诉讼裁判的公事方，以及掌管此外的所有业务，即德川公仪直辖领地的统治与诉讼裁判、公仪的全部财政事务和对外事务的“胜手挂”。

这个组织中的决策采取由下至上的流程（见图 2-2）。以对外政策为例，在长崎的长崎奉行向在江户的同事递交报告，通报事件发生过程与解决问题的方案（长崎奉行有两人，轮流前往江户
执行勤务）。在江户执勤的长崎奉行则把报告呈送至胜手挂的勘 60
定奉行，勘定奉行经过仔细研究后，再上呈至“月番”即当月轮

① 江户时代，德川家的直属家臣被称为“御旗本”“御家人”。御字一般被用于称呼构成政府的所有官员与行政人员。所以，删除“御”字，就自然应该称为“旗本”或者“家人”。

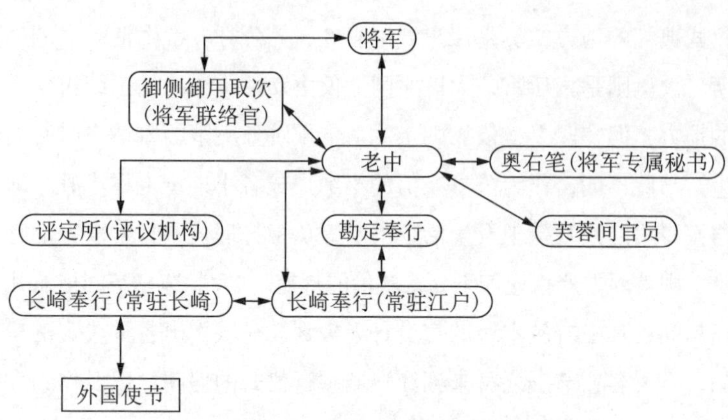

图 2-2 公仪内部的决策过程

值老中。如果轮值老中判断为一般情况，就独自作出决定。如果为重大情况，就交由老中内阁会议讨论，再交由秘书官奥右笔查阅文书档案，看看是否有先例，或者向数名官员咨询。老中收到官员的答复意见后，进行讨论，讨论的结果上呈公方即将军，请求其裁决批准。公方和老中大多情况下会在官员提交的意见方案中选出一个。如果实在无法解决，就反复咨询讨论。这一决策机制与前面叙述的大名国家的做法一样，是由家格为中级的旗本作出实质性决定。不过，负责起草对策方案的下级官员事实上也具有相当大的发言权。例如，据说勘定奉行的评议时常受到其下属勘定头等下级官员的意见左右。

61 另外，公仪的官职中还有“大番”与“小性组”等“番方”（即值勤近卫军），这些官职属于武官，实际上是负责掌管警备或者仪式的职务，因为其官职比文官的坐席位次要高而被看重。不过，由“役方”调往“番方”时，即使新职位的职务津贴提高了，仍然被视为降级。这里也可以看到这一系统严格遵守家格序列以确保决策效率的机制。

公仪和大名

德川公仪把大名分为几类，并规定了与之相对应的详细家格，公仪以身份与家格的认定者角色来维系自己的权威。这一身份秩序以在江户城里举行的仪式典礼、行进在江户市里以及主要交通要道上的大名队列等可视形式具体表现出来。公仪对内阁成员老中的选任，在支撑其权力制度上也起到了重要作用。

大名的家格级别原本并非出自一个评价标准或者完整成体系，而是随着过往事件的积累重叠以及各个时期的解释变化而形成的。主要区分标准，有以与公仪的血缘关系而形成的亲缘一族“家门”（德川氏的亲属，也叫亲藩）、谱代（关原之战以前就已效忠德川家康的家臣）以及外样（关原之战之后表示效忠的家臣）。此外，还有“武家诸法度”所规定的国主（相当于日本古代的令所规定的“国”的领地上的家臣）、城主（拥有城堡的家臣）、领有采邑 1 万石以上的家臣的划分法。还有按照官位（禁里授予的 62
官职与位阶的组合）的区分法。综合体现这一家格的，就是江户城里大名的“诘间”，即大名的歇息场所。诘间是大名在节庆仪式典礼时会面碰头的地方，在这里传达法令、交换信息，与大名的姻亲关系一样，在政治上发挥重要作用。把这些区分标准加以简单整理，分为家门、谱代和外样，再根据官职划分为大大名和小大名，然后将二者组合，于是，官职人事与仪式上的席次区分的对应关系就比较清楚地呈现出来。表 2-1 是十八世纪以降被任命为老中者的家格与官职的关系。

表 2-1 大名的家格规模以及是否被任命为老中（十八世纪）

	家门	谱代	外样
大大名（官位四位以上）	×	△	×
小大名（官位五位以下）	×	○	△

说明：○意为常常存在，△意为极其稀少但确实存在，× 意为不存在相关事例。大名的规模（石高）和官位并无直接联系，但大致是相关的。

在这里，一个重要的现象是不存在大大名被任命为老中的例子。外样与家门中的大大名被称为“国主”或者“国持”，即拥有领国的大名，这一集团中完全没有人被任命为老中。德川直系一族的三个分支自不用说，采用“松平”姓的旁系家门里，也无人被任命为老中。谱代大名中，十八世纪以降，拥有进入“溜间”的家格的井伊家曾有 5 人，酒井家则只有 1 人，而且并非担任老中，仅为荣誉官职的大老①。相反，小大名中，即使原本是外
63 样身份，在帝鉴间改变为“诘间”后，也产生了好几位老中，例如天保改革时的真田家（信州上由），幕末的松前家（虾夷地）等（笠谷，1993）。

权力不授予大大名，只授予小大名，这也是把“权”与“禄”分离的例子，这在思考明治维新的起因时，具有十分重要的意义。如在第六章中所述，幕末最早要求实行政治体制改革的集团不是下级武士，而是处于相反位置的大大名联合体。而且主导这一集团的不是外样等拥有领国的大名，而是以德川直系“御

① 幕末的井伊直弼受将军的特别任命，负责主持内阁会议。他的兄长也曾任大老，不过只是荣誉职位。

三家”中的水户藩与越前藩为首的德川直系家门。家门也好，或者是萨摩藩那样的拥有领国的大名也好，大约有 30 余家大大名已经心怀相同的不满情绪。他们具有独立开展政治或者军事行动的实力与身份，也已经开始思考应对来自西洋的危机的战略，并抓紧加强海防（海岸防卫的略称，当时这样称呼针对西洋的防卫措施），却没有作出有关日本整体政策之决定的发言权。

三　中心二：“禁里”

近世日本除了公仪之外，还有另外一个中心“禁里”。十八
世纪的越南，在河内与顺化同时各存在一个皇宫。不过这与十二 64
世纪至十四世纪的镰仓时代的日本一样，经过一段时间的对立
后，很快就合并为一个王朝。长期稳定地存在两个宫廷，并且二
者的关系和平地维持了二百余年，这在世界史上也是罕见的。

内部组织

禁里是自古代起一直维系下来的日本王朝家系在进入近世后经过重新整理而形成的组织（近世的禁里制度的概略，参见李，2005）。禁里廷臣的领地收成总额为 10 万石，相当于一个中等大名的规模。除了天皇、皇族之外，至幕末还有“公家”（即朝廷官员）137 家（官位三位以上的称为“公卿”，四、五位的称为“殿上人”），没有资格登上内廷的“地下”官人负责处理实际事务。位于公卿顶点的是五个摄关家，持有最大规模领地收成的是九条家，但也只有 3043 石，相当于德川公仪的旗本规模。他们独占

很高的官位，但在政治上没有发言权，经济地位也相当低下。不过，他们通过与大名联姻或者颁发朝廷的官位，获得可观的副业收入，所以生活并非很困难。

禁里在日本扮演的主要角色，是举行从古代继承下来的国家祭祀与宫廷典礼仪式，以及通过颁发官位授予相应的身份①。因此禁里是代表“日本”这一国家的统合与延续的象征性组织。江户
65 的公仪所祭祀的祖神为东照大权现（即德川家康），各大名也加以效仿，然而这并非意味着人们接受其为日本的祭神。

这里以天皇的继位典礼仪式为例来看公家扮演的角色。参与决定仪式的实施、日期、角色分担的，除了天皇家，还有关白和
66 两役（议奏［受天皇敕命处理事务并转达奏章的官员］5人，武家传奏［由公仪任命，负责向武家传递消息的公卿］2人）。这两种官职均为令外官（即日本古代在制定了令以后设立的官职），被称为“当职”（意为现在的负责人）。有时也咨询由五摄家组成的“敕问御人数”顾问小组，由此可知摄家的地位非常高。没有皇族（被称为“宫”）参与其中，这一点也值得注意。“当职”进行共同商议时，议奏与传奏发挥重要作用，此官职由比摄家地位低的公卿（身份低于清华、大臣家［皆为摄家以下的公卿门第］，直至纳言［太政次等官，为三公提供协助及参议政事，也是天皇的近侍］、参议［次于纳言的太政官官职］）担任。这里也存在着一定程度的家格与权限的分离。

仪式的执行以八世纪制定的令所规定的官职为核心，司仪官作为“职事”辅佐和天皇的联系与仪式的进行。左右大臣作为

① 禁里对武家授予官位实际上受到公仪控制，对其他阶层授予官位则比较自由。

“上卿”位列公卿的首席并举行“阵之议”（合议），近卫等武官则盛装打扮列队于重要位置上。天皇居所“御所”的正殿紫宸殿的殿上以及南侧的南廷为举行仪式的主要场所。仪式进行时，“当职”的中心人物关白护卫于天皇左右，两役则担任仪式整体的后台指挥。

由令外官决定仪式事宜，令所指定的官员则依照平安中期祖先留下的记录举行仪式，就是禁里的实际情况。禁里关注的是圆满地举行这些仪式，并尽可能地“复古”，即复原久远过去的宫中盛大仪式（藤田，1994）。制定令以来，宫中仪式越是重要，就越接近中国风，因此他们的“复古”并非恢复日本古代原本样貌，也不是试图变革一直延续下来的秩序。幕末这一旨趣发生了变化，是因为外部的介入。

禁里与公仪 67

不易简单断言近世的公仪与禁里的关系中何者为上。禁里授予公方官职，公仪则对禁里发布法度禁令。禁里不仅对公仪，还对武家上层授予官位，以此产生有关日本统治秩序想象力的最具权威的一元性框架。而公仪则统一掌管日本整体的公共事务，承担着处理对外关系的最终责任。公仪还对禁里发布了“禁中方御条目”，规定天皇以及公家的行为规范，确定了违反规定时的处罚办法，并实际执行。在今天看来，这样的二重王权是不可思议的。然而自镰仓幕府时代起，人们在很长的历史年月里一直视为理所当然的这个现象中，包含着重要的意义。

禁里更多地依存于公仪。禁里的财政由旗本家格担任的“禁里付”，即公仪派至禁里处掌管财政事务的官员领导朝廷的官员实施运营管理。临时支出、继位典礼以及灾害复旧等所需的费用，是通过公仪设在京都的京都所司代（德川公仪在京都的代表，一般由谱代大名担任）向公仪的老中申请后获得批准的。京都的治安维持也与禁里无关，由公仪的京都町奉行全权掌管。获得了公仪的支持，京都的宫廷才得以存在和运营。此外，禁里的关白与两役官职必须经公仪同意后方可任命，某种程度上他们是代替公仪履行职责，所以这两个官职的俸禄由公仪直接支给。

不过，宫廷方面对这种依存并不满意，有名的如近世初期发
68 生的德川秀忠与后水尾天皇之间的紧张关系。自古代以来，间隔了漫长年月之后，又产生了女性天皇。近世的宫廷人为了使朝廷成为真正的朝廷，不断向公仪提出要求，试图恢复仪式的原本状态。德川纲吉复兴大尝祭（由日本古代庆祝水稻丰收的“尝新节”演变而来），松平定信按照古代样式重建天皇居所，其继任者承认的贺茂、石清水两处神社的临时祭祀的复兴等，同类事例不胜枚举。不过，二者之间偶尔也发生对立，公仪因此处罚禁里的重要官员。例如，光格天皇（1779—1817 年在位）与近臣中山爱亲商量，打算赠与自己未担任过天皇的父亲太上皇尊号，并不顾公仪的反对试图一意孤行，于是公仪严厉处罚了中山（见前引藤田）。

不过，这样的紧张关系并未直接导致产生“王政复古”。起因实际上来自宫廷之外，即形成于十八世纪的国学（渡边，2010）。国学产生了有关“皇国”= 日本的秩序的永远性与纯粹性，以及作为其象征的天皇（スメラミコト）这一想象力。国学还创造出一套理论，认为与现存的政治秩序不同的另一个理想秩序，即“真正的王权”在京都，而公仪只不过是暂时受到“委任”以统治日本，并使这一理论广泛传播。今天人们把这一理论称为“大政

委任论”。这一理论如松平定信在写给德川家齐的书信中所写到的那样，“六十余州均为朝廷交与公仪之物，故须臾不可以此为自身之物”，这一新的秩序规范甚至已经渗透至公仪的统治中枢。定信完全未感觉到这一说法中存在危险，然而这一秩序规范使公仪的统治资格成为受到条件限制之物，同时也为无法再拒绝禁里对“日本”发表意见提供了条件。这与水户德川家创造的名分论和尊 69
皇攘夷论起到了同样作用（尾藤，2014）。近世后期日益扩展的知识阶层人际网络以及出版物，使这一新的规范想象力进一步广泛扩散至武士与庶民阶层中，为十九世纪的大变革作了准备。

最后提一下禁里与大名的关系。公仪禁止大名未经许可进入京都。不过，如萨摩岛津家与近卫家、土佐山内家与三条家的关系那样，不少大名世代与公家存在姻亲关系，在京都拥有官邸，通过家臣与公家保持往来。姻亲关系在大名之间的相互往来上也发挥了重要作用。进入幕末，大名与公家、大名之间的这些联谊均被充分利用于建立政治关系。

如上所述，近世日本国家可以被概括地称为“双头—联邦”国家，有着分权并阶层式的组织方式。与邻国清朝和朝鲜那样以科举和朱子学为核心建立的一元式国家相比，日本近世国家更容易解体。随着近世出现的种种问题、“权”与“禄”之间的不匹配，再加上出现了偏离原有制度与传统惯习的新秩序构想，这一特性被越发增幅放大。十九世纪几乎不存在否定和破坏现存秩序的教义，大盐平八郎为罕见的例外。然而，以天皇为中心的新秩序构想未受到权力制约而扩散蔓延，以至于被视为超越大名国家的至高无上的秩序，禁里成为不容置疑的中心。近世国家迅速解体又立即走向统合的背景，与这一条件的存在有关。 70

71 # 第三章 近世的日本社会
——结构、动态与社会结合的变化

以登记确定身份与以职能确定身份

近世日本社会建立在身份制基础上，人们出生在有着不同权利与义务的家和集团当中，始终意识着上下关系度过一生，出身在当时远比今天具有更重要的意义。

近世的身份除了统治者与被统治者以外，还有另外几种划分法。一种是根据政府的登记造册划分，武家由分限账（即身份登记簿）、庶民由人别账决定身份归属。庶民身份分为两种，如果是在农村的“在”（即乡村）登记，身份为“百姓”；如果在
72 “町”（即城镇）登记，身份则为“町人”，这两种身份之间没有太大区别。另外还有一种根据职业划分的方法，分为公家、武士、商人与手工艺人，还有渔民、僧侣与神道系统的神职人员、山伏（即“深山修行者”），医者、学者与艺人等各种职业。非人与秽多等被歧视的贱民集团的身份，也带有按职能划分的色彩。政府登记造册划分的身份基本是世袭的，很难转变为其他身份。按照职能划分的身份则有可能转变。僧侣是超出世俗身份的“世外”存在，原本是下级武士或者庶民身份者，剃发出家后根据修行情况，有可能在寺院组织系统中实现地位上升。后面详细介绍的盲人集团也近于这种情况。另外，修习武艺者、僧侣神

官、医者与学者等需要专门知识的职能，每个人的“业前”（技术技能）受到重视，有时被称为“职业”。获得武艺修行、学习医学与儒学等机会的人，即使是庶民身份，也时常有被大名延揽任用的机会。从事这些职业的人常常戴着与武士或者庶民不同的帽子，身着特殊服装，成为辨识其职业的标记。艺人与被歧视集团也一样，只是他们与专门职能群体不同，更受到主流社会的歧视。

将上面叙述的情况概括列入图中（见图 3-1）。大体上根据出 73
身原籍划分的武家、百姓与町人的下面，就是被歧视身份。其他身份则划为“制外”，在图的右侧。制外这一用语并不多见，但比较适合表示可移动的身份与固定的身份之间的差异。图中的虚线为可移动身份的界限。

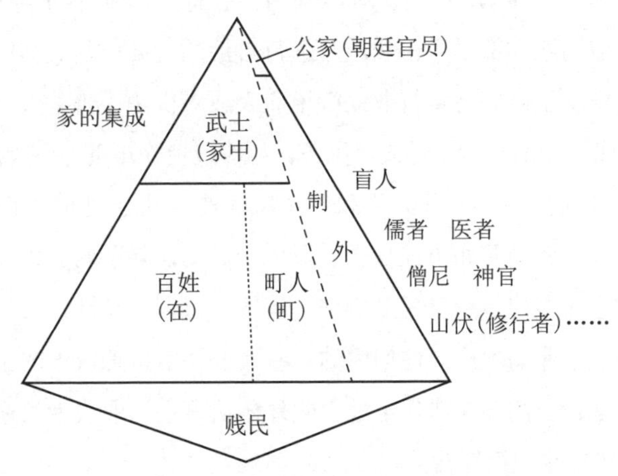

图 3-1　近世日本身份区分模式

一 “地下”的社会

上一章中叙述了大名的“国家”由“家中”和“地下”组成。这当中的“地下”，是指不属于大名的“家中”的“国家”的统治对象，是被统治者身份。“地下”与大名和武士之间没有从属关系，因而不需要负担“军役”，即出征，但需要缴纳年贡或者服劳役（称夫役，即政府要求的无偿劳动），也相应获得政府的保护与安全保证。在之前时代原本是武士身份的土豪，在近世初期实施土地丈量造册时未选择服军役者，也被视为“地下”身份。

在“地下”当中，获得领主认可、事实上拥有土地并有买卖权的，无论居住在乡村还是城市，都需要缴纳租税承担夫役。他们在乡村为“本百姓”，在城市则为“家持”（即拥有土地房产）身份，他们原本都是乡村和城镇进行自治的主要成员。其中，被
74 领主安排从事某些特定行业的御用商人或者御用手工艺人，要为领主提供一定时日的劳动或者服务，相应地免除年贡等一般税赋。

乡村社会由“本百姓”和“水吞百姓”（无土地的农民）组成，不过二者均并非单纯从事农业生产活动。除了农业以外，一般他们还从事建筑、日用品制作、运输、行商、纺纱、染色、织布等各个行业的生产。他们中的一些人兼并了抵押流失的土地后成为地主，雇佣佃农耕作土地，此外还从事手工业或者长途贩运的商业等中小规模经营。

与乡村不同，在城镇中拥有土地房产的“家持”人数不多，大多数居民靠租赁土地从事各种职业。其中，有当街开设店铺的大商人，也有居住在背街的平房里从事日工挣取收入维持生活

者；有受“家持”委托管理街道事务的“家主”，还有从乡村流入城镇的小商人与手工业者，以及流浪艺人等各种人群。在大名城堡“城下町”的武士居住区里还居住着帮工。

庶民常常离开出生地，前往其他城镇或者乡村工作谋生。他们大多数人把户籍（“人别账”）留在原籍，外出务工生活。也有人在外地结婚或者生意成功后，就要求故乡把户籍送到居住地，变更籍贯。大名当中有不少人禁止庶民变更户籍，不过事实上各地之间的移居与户籍变更频繁发生。其中还有一些人因为在原籍的户籍已经不存在，而成为无户籍者。

二　身份的动态——根据职能划分的身份 75

近世人的身份基本上是世袭的。不过，各个身份集团内部仍然可以看到不少社会流动的例子，各个身份集团也不断设法改善自身集团的社会地位。近世的身份集团一方面是地域集团与同业集团表达自身的诉求，另一方面，国家也在尝试加强对这些集团的组织，近世的身份集团在这两者的作用中形成和发展。近世后期，随着市场持续发展与技术传播，利用这一点试图从事与自己出身家庭不同的职业的人也在增加，出现了组织起排他性的同业团体“仲间”以维护自身利益的动向（吉田，2009）。下节介绍加藤康昭的研究成果，从中找出理解近世身份制特征的线索。

以盲人团体为例

盲人的身份并非来自世袭，他们大多是出生后才变成盲人

的。因此，盲人不分武士与庶民，是与出身阶层的身份无关的存
76 在，与僧侣或者医师属于同类身份。他们大多依靠家族抚养，其中一部分人离家出走加入盲人集团，过着相互扶助的生活。在本州中部地区，盲人结成名为“座”的集团，男性被称为“座头”、女性被称为“瞽女”。座头在于京都设有总部的集团中自称“当道”，集团被纳入德川公仪的法制体系，具有十分强大的凝聚力。

失明百姓申请加入座头时，如得到批准，就可以脱离百姓身份，被纳入座头的管理之下。他们被免除缴纳年贡，但必须遵守根据中世以来形成的惯习制定的“当道式目”等，依照集团组织的习惯法约束自己的行动。象征座头职能的职业是手持琵琶在街头演唱《平家物语》。进入近世后，他们赖以生存的技艺扩展至演唱曲艺净琉璃与民间小曲，弹奏古琴与三弦，或者从事针灸按摩等，种类繁多。其中一些人以通过这些行业积蓄的财产为本金，开始从事金融业，进一步积蓄了财富。公仪对他们的金融业给予了特别保护。幕末的幕府家臣胜海舟的祖父就是出生于日本东北越后农村的盲人，他积蓄了大笔财富，并以此为背景，为他的九个孩子中的六人买下了御家人资格，成为了武士（德川公仪的家臣中，最下级家臣的地位是可以买卖的，这一资格称为“株”，即股份），还以高额彩礼将女儿嫁给了武家。

座头组织中有高度发达的“官位”即阶层组织，从“初心”开始，直至座头、勾当、检校为止。这一级别阶梯制度与医师的级别阶梯制相同，均以中世寺院的制度为原型。这一制度与禁里无关，只是借助德川公仪的威光私自制定的。加入座头后，盲人
77 均朝着检校的地位展开竞争，决定竞争结果的不仅仅是技艺，还有向集团缴纳金额的多少。随着地位不同，座头伙伴的服装、手

杖、随从以及用语也发生改变。地位达到检校后，发生诉讼时在公仪的奉行所（法庭）上的席位可以与武士同列。官位高的盲人可以获得分配的缴纳金，这些收入被用作高利贷的资金。另外，有婚礼贺礼与佛教法事时，盲人集团还向各个地方的领主与民间收取礼金，礼金被分配给集团伙伴中的“下官”。他们在盲人的世界里追求荣华与出人头地，同时发展相互扶助的组织。

座头伙伴集团从十八世纪后半叶起逐渐衰落。集团之外的盲人学习了古琴三弦或者针灸后获得成功，收取弟子，或者成为为武家服务的专属人员。此外还出现了一些视力正常者也开始教授这些技艺的现象。“当道”为了压制这些动向，维护座头集团的独占，向公仪提出诉讼，主张从业盲人均应被置于检校的统治之下。此举虽然获得了公仪的赞同，但未能阻止集团伙伴以外人员进入该领域。同时，各个地方的乡村与城镇对征收各种礼金的反感日益高涨，甚至有人不缴纳礼金。明治维新后的明治四年（1871 年），政府发布法令废除了秽多、非人等称呼，给予他们与平民同等的地位。之后又发布了有关盲人的法令，规定废除“官职”，禁止乞讨，允许自由营业，将盲人编入平民。至此，一直持续至近世的盲人身份隔离措施以及行业特权被完全否定，盲人不得不面对自由营业浪潮的冲击。

“仲间”与市场、公仪 78

十七世纪后半叶，盲人的座头集团作为身份集团获得了德川公仪的认定。这是因为公方把在自己身边担任侍医的盲人任命为总检校，直接介入了盲人集团的管理，而其他同业集团，则并未获得公仪的认定。然而，至十八世纪，各种职能开始结成同业伙伴集团“仲间”，企图以此获得排他性的权益。这是因为原本属于其他行业的人们开始进入之前被独占的市场，于是就有必要采取措施应对这一事态。

这里以笹本正治研究的铸物师组织为例作一考察。铸物师是指铸造锅釜、寺院用梵灯以及铁灯塔等物的手工艺者。日本中世时期，他们行走于各地制作产品。进入近世，他们逐渐定居，经营规模各不相同。其中一些主张自己为“职人”身份的人把小规模同业者纳入自己伞下，当中甚至有组织规模超过千人的。在组织中工作的主要为“百姓”即农民身份者，他们掌握了铸造与经营技术后，以旺盛的需求为背景，不断寻求独立经营。

面对这一动向，成为铸物师本所即首脑部（朝廷方面的组织，为授予权威的最终根源）的禁里下级官员真继家向铸物师
79 颁发从业许可证“免许状”，试图以此管辖全国性的铸物师组织，排斥后来的铸物师，保护自身利益，同时充当调停组织内部纠纷的仲裁者。起源于十八世纪的这一组织活动得到了各地铸物师的支持，因而获得成功。从业许可证“免许状”作为从业资格被买卖，在提高铸物师权威与声誉方面发挥了重要作用。

真继家于安永三年（1774 年）向公仪提出申请，要求公仪禁止未获得真继家颁发从业许可证者营业，并命令将全国的铸物师纳入真继家的管辖。然而，公仪拒绝将公仪与大名属下的铸物师纳入真继家的管辖，因而拒绝了真继家的申请，仅仅承认现有组织的存在。之后真继家开始强调与禁里的关系。十八世纪末，京都皇宫内廷发生火灾，灾后重建时，真继家令属下的铸物师向禁里进献铁灯塔，还颁发刻有禁里纹章的招牌，试图以此向铸物师注入直属于禁里的意识。

在十八世纪的日本，随处可见这种同业团体的形成，以此排斥其他同行进入市场或者把其他集团纳入自己组织伞下，以及试图抬高自身集团伙伴权威的动向。他们常常伪造集团的古代传承、编造集团成员的系谱，或者通过与禁里的关系获得“职人”的官位，以这些为根据向公仪提出请愿，或者发起与其他集团的论争，达到维护自己团体利益的目的。面对这些动向，公仪只是消极地应对，扮演各集团调停者的角色。不过也有例外，这就是积极利用首都江户与中央批发市场大阪的批发商团体。这样做是为了管控公仪直接管辖的大城市的物价。十八世纪前半叶，为了保护以大米年贡为生活来源的巨大武士人口，就有必要使米价居于高位，而抑制其他商品的价格。为此，公仪就把流通环节的各个阶段已经存在的各种批发商组织起来。十八世纪后半叶，公仪 80
承认各个行业的批发商各自设立的特许经营组织“株仲间”，准许他们垄断营业。不过作为代价，商家要向公仪缴纳经营许可费。

公仪官方承认了特许经营组织“株仲间”的垄断经营，对于消费者自不必说，对于试图参与生产、流通各个阶段的后到商家都是不利的，其结果是多次发生了要求排除垄断的请愿运动，其中十九世纪初期大阪近郊发生的“国诉”，即覆盖广域的请愿运动最为著名。

三　由“地下”向“国民”转变

“地下”即一般民众与“国家”的关系在近世后期逐渐发生变化。作为“地下”的庶民原本除被领主课以一定的税赋以外，并不会与积极参与“国家”活动。然而，“地下”与公仪之间的关系不同于主从之间的契约关系。当时的人们认为，庶民负担公仪课以的年贡与夫役，而公仪则有义务保护庶民。因此，大名领主如果未认真保护庶民（严重的饥荒就是这类情况）、随意增加租税，就被认为是违反了契约，地下的庶民就以“逃散”（即逃往其他领国）、“愁诉”（即选出代表向官员提出减免年贡的要求），
81 或者“强诉”（聚众围攻官厅施加压力，也称为百姓一揆，即农民请愿）的形式提出自己的诉求。这虽然不是好事，但也并未被认为是非法行为。当异常事态解除后，一般是处罚当事双方的首领，之后又恢复正常秩序。十八世纪后半叶农民请愿事件次数逐渐增加，但这一点仍未改变。

此外，十八世纪中叶，出现了一部分庶民积极参与“国家”经济发展的动向。平川新与鲁克·罗伯特的研究表明，在大大名的领国中这一动向尤为明显。例如，在土佐藩，早期设有“目安箱”（意见箱）制度，即无论武家或者庶民，均可把要求领主解决问题的建议信投入密封的信箱里。十八世纪，土佐的城镇居民与乡村农民频繁地提交要求增加土佐领国之“国益”的建议信。建议信要求领主限制其他领国销售至本领国的商品，相反则希望把自己领国的特产销售至其他领国，为领国创造财富。这可以称为大名领国单位的“富国论”或者重商主义。投书者自称为“御国民”。他们虽然没有领受大名的恩惠，即没有领取俸禄，但也是生活于领国的“国民”，因此他们强调是为了领国的利益而提出建议的。

在土佐的邻国阿波藩，出现了有关改革用于染织棉布的染料蓝靛交易方式的大胆方案（平川，1996）。明和三年（1766年），根据某村长的献策，决定把销往近畿市场的蓝靛交给设立在德岛

城下的官办交易所独占销售。之前，阿波的蓝靛商人为了向大阪 82
推销自家产品而竞相压价出售，或者事先从大阪商人那里获取贷款，因此大部分利益都被大阪商人赚取了。这一方案建议改为在德岛一处销售，以此抑制竞争，保证较高的销售价格。这样蓝靛销售的大部分利益就从大阪商人手中转向阿波领国，所获利益则由大名分配给直至蓝靛生产者的各方。

提出这一建议的前提条件是其他领国无法供应品质优良的蓝靛，阿波藩的蓝靛生产技术也不能外传至其他领国。这一方案获得了成功。这一事例需要极其特殊的条件，其他领国很难模仿。不过，在牺牲外部的利益去追求包含大名与领国民众在内的“国家”的“国益”这一点上，其他大名领国也是一样的。可以说，近世后期出现的各个集团之间具有共通特征的经济竞争，就是从大名“国家”这一单位中发现的。

而且，这一追求“国益”的运动也成为庶民通过参与经济活动形成对国家的心理认同，进而转变为积极参与国事的国家成员的起点。“国民”自发地献策与“国家”向下征集建议，形成了双向沟通的渠道。如在阿波藩看到的那样，在实行改革时遵守一定程序，首先公示了改革方案，得到相关庶民的赞同后，再付诸实施。可以说，在经济政策方面，已经产生了政府与民间进行“公议”（以公开形式讨论公共问题）的习惯。的确，“地下”直至很晚都在关心“国家安全”问题方面态度消极。例如，板垣退助在维新时期的戊辰内乱时，感叹庶民对会津武士抵抗政府的
行为态度冷淡，这成为他后来投身自由民权运动的背景（板垣， 83
1957）。不过，庶民在武家专门职业军事以外的领域，已经开始想象自己的生活与国家成为一体了，虽然这时的国家还并非“日

本”，庶民的关心也还未涉及国家的安全，但无疑已经具备形成民族主义的条件。

四　知识网络的形成——超越身份与地域

近世后期的日本已经逐步产生了形成以日本为单位的民族主义的基础条件，构成其核心的就是交换书信、书籍以及信息的知识网络。在庶民阶层中，这一网络是以商业网络为基础而形成的。各地的上层庶民在进行长途商业活动时，还与交易对象开展兴趣爱好与学问方面的交流，有时甚至结成姻亲关系。他们形成了当地的知识圈子，以此为基础召集云游全国的知识人举办书画会等，其中一些学者还开办私塾，从全国各地招揽学生，本居宣长在伊势松阪开办的铃屋就是这样的代表性例子。

在这一类私塾中，规模最大的是广濑淡窗在九州日田开办的咸宜园（海原，1983）。淡窗出身于当地的商家家庭，他的汉学
84 私塾在鼎盛时期曾招收过二百余名学生。学生半数出身于庶民家庭，学生中武士不多，这是因为当地是德川家的直辖领地，并非因为武士嫌弃与平民共同学习。武士子弟大多进入藩校学习。这个私塾以“三夺法”而闻名，即在私塾里，对学生不分年龄安排席次，不问其入学前的学问水平，不问其出身与家系，只根据学习者的学力制定规则。这一点在福泽谕吉在他的《福翁自传》中所描述的绪方洪庵的兰学私塾、大阪的适适斋塾那里也是一样。在大名开设的藩学中，一般都对学员身份作了种种严格限制，不过，藩学教师在自家开办的私塾里也不问出身。私塾是社会身份

消失的场所，在这里相遇的人跨越身份的差异进行交往。

私塾创造了跨地域的交易网与想象空间。近世时期，在以巡游各地为特点的传统技艺圈子里，要求谨尊一师的家元制度十分发达。而在学问世界里则相反，学生师从多人研习学问被视为理所当然之事，学生可以游历各地多处私塾。游学是跨越汉学、国学以及兰学等学问种类的学习旅行。这样，在某一私塾建立的跨越身份与地域的交际关系，会在其他私塾成为连接点，以此建立起新的网络，于是就创造出了跨越领国与身份壁垒的水平式广域知识网络。这一网络是由文字结成的关系，人们操着各自领国的口语交谈，而在文字世界里则使用着共通的汉字假名混合书写法，讨论着共通的话题（日本的古典与历史等）。不仅如此，在口语方面，人们除了仍操着自身领国口语外，还学会了京都与江户等“中央”的语言，开始使用双重语言。这一过程也是超越各个领国壁垒、形成“日本”这一想象空间的过程（三谷，2012）。

武士们也借着跟随大名来到江户谒见将军，或者被大名派出 85
游学的机会进入这一知识网络。幕府末期，这一网络被运用于政治方面。例如，作为幕末“公议”运动的主角活跃一时的横井小楠，在美国舰队司令官佩里来访之前，就曾两次离开出生地熊本藩（松浦，2010；山崎，2006）外出游学。第一次为天保十年（1839 年）至翌年前往江户游学，这次是熊本藩选派前往江户学习的学生，进入公仪的学问所头领林大学头门下学习。实际上小楠借此机会与各种学者会面，一方面检验自己的学问，同时也物色“人物”。这一过程中，留给小楠最深印象的是藤田东湖，小楠返回熊本后仍与藤田交换书信，保持着密切联系。水户藩的藩主德川齐昭此时也在留意从全国的大名和知识人当中物色将来能够担当日本未来的人物，他经常召集这一类人物在其官邸举办简略茶会。茶会是身份消失的场合。齐昭的茶会并非一般的品茶与社交场所，而是让平时无法相遇、也无法对等交谈的各方人士聚集在一起坦率地讨论问题的场所，这一做法中包含着他的政治目的（见藤田东湖《常陆带》）。小楠虽然未被邀请参加这一类聚会，但也与这一网络建立了联系。

小楠第二次外出游学是在佩里来到日本的两年之前，名义上是访问在名古屋的亲戚，但实际上是受到福井藩松平家的邀请，福井松平家一直在寻找能胜任福井藩学教师的人物。与之前的游学一样，小楠此行还兼带有观察各领国政治现状、联络同志的目的，当时日本笼罩在西洋船队到来的危机感之下，因而这一使命更为迫切。小楠在所到之处与当地的要人或者知识人会面，搜集
86 对各类人物的评价，与藏书家约定交换珍藏书籍的抄本等。小楠在福井藩受到隆重招待，这成为了后来小楠获福井藩招聘，并成为公议运动的领导人物的一个重要前提。

横井小楠的这一旅行并非单独例子。长州藩的吉田松阴也在同一时期多次周游了各领国。旅行游学不仅限于学问方面。在佩里来到日本的前一年，松阴的友人桂小五郎（即后来的木户孝允）为了修炼剑道而自费前往江户，进入斋藤弥九郎门下学习。这不仅仅是传统武术的修行，斋藤还担任着伊豆韭山之公仪代官江川太郎左卫门的手代（即在代官手下担当实际事务者。如为武士身份，就称为“手付”）。江川在幕末是掌管西洋军事技术的关键人物，平日里也与斋藤等人反复进行军事训练。斋藤道场是获取最新西洋军事信息与军事技术的最佳场所。

这样，近世日本后期，教授学问与武艺的私塾创造了超越地

域和身份的水平网络。这些网络最初还不具备政治意义，然而自鸦片战争以后，就被武士有意识地加以运用，最后成为把庶民上层卷入政治世界的媒介。民众的确少有直接参与政治抗争的。但正如宫地正人揭示的那样，他们运用这一系统，积极地搜集对外关系与内政的信息，留下了数量庞大的风说留（指当时的传闻记录）（宫地，1999）。明治十年代（指明治十年至明治十九年，1877—1886年）的自由民权运动，也与这个知识网络有着密切关系，“日本”民族主义、“公议”“公论”的制度，也是诞生于近世后期形成的这一系统的基础之上的。

87 第四章　十九世纪上半叶的国际环境与对外论的积累

预见到的长期危机

十八世纪后半叶至十九世纪初的东亚，日本、朝鲜、琉球、清朝等域内各国之间关系日益疏远。与此同时，在这之前逐步增强了经济与军事实力的欧洲各国重新登上历史舞台。结果，十九世纪，日本单独面对西洋的冲击。日本采取的对策不是如十九世纪后半叶那样走向开国，而是相反强化了“锁国”。本章将概观这一国际环境的变化、公仪对“锁国”政策的重新定义，以及知识分子描绘的新世界图景与国内改革论等问题。知识分子的摸索
88 预想了不久的将来与西洋之间发生的危机，其内容涉及面广泛，当十九世纪后半叶西洋强迫日本开国时，这些思考使日本的灵活应对成为可能。“已被预测到的长期性危机”与今天的世界并非无缘，无论是资源与环境的制约问题，还是大规模地震海啸等问题。虽说整个过程险象环生，但是十九世纪的日本人成功地解决了问题。重新审视这一过程，将为解决人类未来面临的问题提供有益启示。

一　东亚国际环境的变化

东北亚国际关系的淡薄化

十八世纪后半叶起的一段时期内，东北亚的海上交通关系趋于萎缩。清王朝之初，对内陆地区接连发动远征，并由此形成中华帝国历史上最大的版图。这些远征告一段落后的1757年，清政府把早期的四个贸易港削减为广州一港。不过贸易并未因此陷入衰退，原因是英国开始大量采购中国的茶叶。英国为了稳定并扩大茶叶贸易，于1792年派遣了乔治·马嘎尔尼使团，试图与清签订条约。然而，当时的乾隆皇帝断然拒绝了这一要求。清廷表示，中国地大物博，不需要外国的产品，对外国出口茶叶、瓷器 89
与生丝等产品是对贫国施以恩惠，而外国人向清提出要求，实属不可理喻。此时，英国尚无向中国挑起争端的理由，在东亚也缺少发展军事力量的基础，使节团便无功而返（并木、井上，1997）。

此外，这一时期朝鲜与日本的关系日渐淡薄。如在第一章中所述，日朝关系是双方均默认相互蔑视对方的关系，至这一时期，双方均已经开始不再忍耐。在这一事态中，日本掌握着主导权。十八世纪的日本在大力推进生丝与高丽参的国产化，对朝鲜的贸易量开始下降。为此，对马藩的宗家于1775年（安永四年）宣布断绝为对朝贸易主要部分的民间贸易，接着于十八世纪末，老中松平定信提出要把接待朝鲜通信使节的地点由江户改为对马，并通告朝鲜方面。朝鲜方面出于种种考虑，在漫长的交涉后接受了这一改变。结果于1811年（文化八年），在对马岛接待了前来庆贺德川家齐就任将军庆典的朝鲜通信使，以此为尾声，日朝互派使节与接待使节的交往完全断绝了（田保桥，1940）。此时，西洋各国重新开始不断关注东亚，而东北亚三国之间却互不关心，结果失去了采取共同行动应对西洋各国的基础。

90 **西洋重新进入东亚——英国·法国·俄国**

在同一时期，欧洲各国重新开始关注东亚。自十七世纪荷兰控制了东南亚的马六甲海峡和香料群岛（东印度群岛）以来，葡萄牙与西班牙在东亚海域的势力开始衰退。在南海上展开了以华人为主角，以中国的各个港口为一方的中心，以葡萄牙占领的澳门、西班牙占领的马尼拉等各个港口城市为连接点的转口贸易。然而，进入十八世纪后半叶，法国与英国以全球为舞台开始了霸权竞争，东亚与太平洋也被卷入其中。这期间发生了争夺印度的贸易据点与北美势力圈的七年战争（1756—1763 年，英文名称为法印战争）。法国战败后，转而支持英国殖民地居民反抗殖民宗主国，由此爆发了美国独立战争（1775—1783 年）。之后又爆发了法国革命与拿破仑战争，其间英法两国展开了殊死搏斗（1789—1815 年）。十八世纪七十年代至八十年代，詹姆斯·库克（英国人）以及拉彼鲁兹（法国人）的太平洋探险填补了西洋的海洋知识空白，这也构成了英法争霸世界的一环。如果没有他们制作的海图与地图，就不会产生欧美捕鲸船出现于太平洋并要求日本开国的结果。

另外，英法在东亚的战争停留在小规模上。不过，拿破仑战争时，英国从荷兰手中夺走了马六甲海峡的霸权，接着建设了位
91 于马来半岛末端的新加坡，战后掌握了从地中海至印度洋、经新加坡通往中国的亚洲交易大动脉。这一结果进一步助长了英国对中国的兴趣。英国原本购买中国茶叶时是支付白银的，这时新开

发了产于印度的鸦片，以此作为购买茶叶的交换产品，并使鸦片大量走私进入中国。英国还把本土生产的布匹出口至印度，这样就形成了东印度的三角贸易（秋田，2012）。

与此同时，东亚北方也出现了欧洲人的身影。俄罗斯哥萨克人追猎西伯利亚的毛皮兽，一直来到了太平洋沿岸。他们在中国东北部与清朝发生了冲突，之后中俄签订《尼布楚条约》(1689年），俄国人被挤压至北方，但同时也在北太平洋发现了产出优质皮毛的动物海獭，之后又跨越海洋前往美洲大陆。1739年（元文四年），作为太平洋探险的一环，白令进行了对日本沿海的探险。之后，还有人沿着千岛群岛南下至得抚岛，并定居于此。1778年（安永七年），受政府委托的商人访问虾夷地的厚岸，向松前藩的官员试探开展交易的可能性。1792年（宽正四年），亚当·拉库斯曼作为沙皇的使节访问了根室和松前。他们的目的是从日本获得粮食，供应给在美洲北部活动的皮毛猎人。以长期眼光来看，俄国人的到来完全改变了东北亚的国际环境。但在当时，只有日本对此事态保持强烈关注。俄国人来到地理位置上更近的朝鲜，是晚至十九世纪中叶，第二次鸦片战争后俄国从清朝手上夺走沿海地区以后的事。

二　选择锁国政策 92

十九世纪前半叶的日本人虽然已经知晓国际环境发生了变化，但并未将其视为巨大威胁。人们清楚意识到上一世纪走过的道路，更明确地沿袭着原有道路。面对外部的变化，则以把原有的惯例提高为原则，选择了一条以日本一国应对西洋各国的道路。

锁国·避战·海防

十八世纪末，主导了宽政改革的老中松平定信从长时段与军
事的观点出发，将日本的对外政策体系化，把锁国政策置于其
中心。这之前的对外政策只是依据原有的禁令与惯例加以处理，
“新仪”（新的规划与政策）则不受欢迎。没有禁令时，也并非无
法处置，这一点充分反映在前任老中田沼意次着手研究在虾夷地
与俄国人开展有限度的交易一事上。然而，定信将对外政策体系
化，把锁国提高为原则并列入禁令。他还加强了对长崎贸易的限
制，向朝鲜发出要把接待朝鲜通信使的地点改为对马岛的通告。
对异国船（西洋船只）的处置也更为严格，原先异国船可以不受
限制地自由来到日本，只限制个别国家，例如西班牙、葡萄牙以
93 及英国的船只。但由此时起禁止异国船来访，对于之前一直保持
来访关系的国家，则作例外处理。俄国的拉库斯曼的到访正值这
一政策变化之后。当时，公仪对俄国发出通告说：“迄今为止全
无通信（国交）之异国船来到日本之地时，或者抓捕或者驱赶至
海上，此自古以来已成国法，此番亦不应违背之。”然而，这实
际上是违背历史事实的“对历史的创造”。当时实际的做法是对
漂流至日本的外国船只的船员加以保护，然后经由长崎，中国人
交给中国船只、荷兰人则交给荷兰船只，送其回国。十九世纪的
第一年，兰学者志筑忠雄发明了“锁国”一词。幕府末期成为问
题的“锁国”政策与日本人出入国无关，只关注西洋人的来访，
对西洋人一般加以禁止的政策就是于这个时期登场的。

另外，定信基于长期的观点，也考虑到了重整军备，以及短

期内避免发生战争。他计划了有关虾夷地与江户湾的海岸防备（海防）计划，对后者构想了大规模方案，还亲自前往伊豆半岛进行实地考察。与此同时，表面上对俄国使节示以严格的锁国方针，但在背后则暗示为了避免冲突，有可能在虾夷地开展贸易，同时发给俄国船只进入长崎港的许可证，并安排其归国。

之后日本的对外政策在定信设定的锁国、避战、海防这三点构成的框架中推行（下面的历史事实依据横山，2013）。定信退任后，公仪认为俄国不可能入侵日本，于是将海防与避战政策压制于低水平，但继承了锁国政策，只是没有倒退回田沼时代。在有关虾夷地的问题上，公仪打算在俄国占为己有之前将其纳入日本版图，并将虾夷地的管理掌握于公仪手中，在色丹岛安排守备 94
队，把居住于此的阿依努人置于日本的统治之下。虽然对虾夷地采取的统治办法与日本三岛不同，但把虾夷地归入日本的排他性统治领域这点是不变的。这是近代西洋各国来到之后，在所有地域发生的划定国界运动的早期事例。

与俄国关系的紧张

俄国于1804年按照松平定信的暗示，派出沙皇侍从尼古拉·彼得洛维奇·雷萨诺夫参加环游世界的探险队并访问长崎，再次向日本提出建立国家关系。但公仪拒绝所有要求，命其回国。此时，原则上禁止陌生国家船只来访的方针进一步具体化，把“通信商”即原有保持通商与交往的国家限定为“唐山（清朝）、朝鲜、琉球、红毛（荷兰）”等几个国家，进一步加强了锁国政策。

然而，这一政策转变引起俄国的强烈不满。1806年（文化

三年）至翌年，雷萨诺夫的部下袭击了色丹岛与桦太南部，破坏
了守备设施与交易点，捣毁船只、掠夺财物、抓捕人员。面对此
形势，公仪动员了东北地方的大名加强虾夷地的守备，在江户湾
也首次安排了海防警备。与俄国的这一紧张关系在 1811 年（文
化八年）达到了顶点，这一年日本抓捕了以测绘目的来到国后岛
95 的瓦西里·米哈伊洛维奇·戈洛夫宁，俄国方面则抓捕了从事虾
夷地交易的御用商人高田屋嘉兵卫。日本方面不希望此时发生战
争，俄国方面也正处于遭遇拿破仑入侵的非常时期，于是这一争
端没有进一步扩大。1813 年（文化十年），双方交换被捕人员，
平息了这一场争端（生田，2008）。

此时，拿破仑战争的余波也影响到了长崎。1808 年（文化五年），英国军舰“费顿号”追踪因拿破仑战争而处于敌国关系的荷兰的船只来到长崎港，无视长崎港的入港规则闯入港口，抓捕了荷兰船员，还夺走燃料与粮食，然后离去。这一事件引起了日本方面对英国的强烈厌恶与警戒心。但对当时的日本而言，已经发生了武装冲突的俄国才是真正的大问题。

紧张缓和与异国船驱逐令

和平解决了戈洛夫宁事件后，俄国方面承诺不再靠近日本近海，俄方也的确信守了这一承诺，日本近海未再发现俄国船只。这一状态持续一段时间后，在公仪内部，认为先前的骚扰仅为海盗船所为、地球背面的西洋国家没有理由对日本挑起战争的看法逐渐占据了主导地位。

于是，由老中水野忠成主导的公仪把虾夷地返还给松前家，解除了对东北大名的海防动员令，转变为可持续的平时体制。此

外还于 1825 年（文政八年）公布了一旦发现异国船，无论何种 96
原因，均予以驱逐的“异国船驱逐令”（異国船打払令）。不过，
这一命令并不意味着公仪好战。相反，公仪希望即使发生冲突，
也不至于发展为国家之间的战争，因此要达到这个目的，就要以
强硬态度表示锁国的意志，迫使异国船不敢接近日本海岸。危
机解除后，海防与避战的考虑再度退居其次，锁国政策则更受重
视。邻国清朝发生鸦片战争、西洋各国在北太平洋占据优势地位
是这几十年以后的事。不过，俄国人离去之后，当时的日本人根
据这一实际经验认为世界并未发生太大的变化，确信锁国是维持
太平的最恰当政策。

三　知识界的世界认识

关心的转移——由近邻转向西洋

十八世纪以来，随着地理学的发展以及与俄国接触的经验，
日本的知识分子发表了各种各样的对外论（见前引井野边著作）。
十八世纪后半叶出现的对外论，如工藤球卿的《赤虾夷风说考》
（1783 年）与本多利明的《西域物语》（1798 年）等作品那样，从
经济观点出发主张扩大贸易与向海外发展的意见较为突出。林子 97
平的《海国兵谈》（1791 年）是一个例外，他在书中提出军事方
面的问题，强调了海防的重要性，主张采用西洋枪炮船舰。不
过，当日俄之间发生武力冲突时，知识分子虽然仍关心军事方
面，但议论的问题已经转变为具体的外交政策与内政改革。其中
包含各种意见，例如对俄国实行攘夷，与其开展临时通商，等

等。这些意见中的一个共同点是，承认西洋军事的优越性与重视重建国内体制，但几乎无人提及与邻近国家的关系。朝鲜基本不在这些知识分子的意识范围内，中国则作为因大国的自尊心而招致衰落的反面教材被提及。在日本知识分子心目中的世界图景中，以中国为中心已经明确转向以西洋为中心了。

不过，与俄国的紧张关系缓和后，一种看法蔓延开来，一部分人认为先前的危机似乎只不过一场由杞人忧天引发的骚动。于是，有意识的锁国论成了多数意见。戈洛夫宁还被关押在松前的牢房中时，他曾对日方翻译说道，为了国家的富裕，应当广泛地开展通商。日本人则回答说：西洋各国因为往来密切而不断爆发大规模战争，所以孤立才是维持和平的最好办法，虽然贫穷一点，但还是和平更重要（戈洛夫宁，1943—1946）。在当时的日本人心中已经开始形成一种看法，认为只要环境允许，为了和平与安稳，就要明确地追求锁国。

然而，和这种伴随与俄国关系的缓和而出现的对外部关系的遗忘相反，少部分人提出了强硬的反对意见，其代表就是水户藩
98 会泽正志斋的尊皇攘夷论，以及公仪儒学官古贺侗安的航海进出论。二者的结论中攘夷与开国的主张似乎是刚好相反的，但是在重视西洋试图称霸世界的趋势并认为应采取根本对策，并且是在鸦片战争引发东北亚国家关系急剧变化之前提出的这两点上，二者是一致的。

尊皇攘夷论

会泽正志斋的《新论》（1825 年完成）一书不仅对幕末，而且对近代日本的发展方向也产生了重大影响。在水户德川家完成

的这部著作，目的并非破坏乃至颠覆德川公仪的统治，却使催生了风靡幕末日本的尊皇攘夷运动的思想有了雏形，对明治新国家，则提供了意涵天皇制永久存续的“国体”观念。就一本书产生的影响而言，可以与后来福泽谕吉的《劝学篇》或者马克思、恩格斯的《共产党宣言》相提并论。

会泽的对外政策，是把公仪发布的异国船驱逐令解读为向西洋开战的攘夷令，利用攘夷产生的对外危机感，由此大胆实施国内改革，目标是把被划分为不同地域、不同身份的日本重建为高度统一的军事强国。当世人大多追求“以锁国求和平”时，他反而提出了“以战争求和平”这一激进建议。不过，他说的“攘夷”绝非意味着“锁国”。会泽指出，固守列岛就是自寻灭亡。 99
他认为俄国试图控制世界的举动是最危险的，为了牵制俄国，应当与邻国清朝以及远方的土耳其联合。

《新论》除论述了对外关系之外，还提到了引入西洋军事技术，以及通过安排武士还乡重建军备，这与其他海防论者大体相同。但是在把所有这一切均统合于以“国体”为轴心的这一独特的秩序构想、世界与历史的应有规范以及理想形态之中这一点上，会泽与其他论者大相径庭。《新论》开篇有下面一段文字。

> 谨按，神州者太阳之所处，元气之所始。天日之嗣，世御宸极，终古不易。固大地之元首，万国之纲纪也。诚宜照临宇内，皇化所暨，无有远迩矣。

他认为，太阳神的子孙永远统治的国家日本是世界的中心，其秩序将覆盖整个地球。然而，参照兰学者的地理研究观察世界形势，却发现世界的现实刚好相反。本为卑贱的西洋蛮夷正在稳步推进其控制世界的战略，身为“中国”（世界中心）的日本却已是奄奄一息，希望能有英雄出世，扭转这一偏离应有秩序的颓败现实。会泽这样高声呼吁道。

在当时的日本人眼中，会泽构想的这一秩序体系似乎有点
100 突兀离奇，无论是他的“攘夷”论还是“国体”论都显得极端激进，与现实严重脱节。然而，鸦片战争以后，更多的知识人开始意识到日本正处于严重的对外危机中，会泽的构想与主张逐渐成为极具吸引力的言说。日本原本就是担负着成为世界领导者使命的“中国”，现在只不过是一时陷入低谷而已。当人们意识到与西洋之间的差距、对未来的担忧日益深重时，会泽描绘的理想秩序与主张就愈发成为极具号召力的檄文。

航海进出论

鸦片战争之前，日本方面还出现了主张积极走向海外的论著，这就是在公仪的学问所担任教师的古贺侗安写作的《海防臆测》（1838 年以降执笔）。古贺在其著作中分析了世界形势，他指出，五大洲当中，欧洲、美洲、非洲与大洋洲已经被置于西洋的霸权之下，而且在曾经圣人与英雄辈出的亚洲，现在只剩下中国与“本邦”即日本还保持着自立。不过，大国大清已经远非其外表那样强大，“中华意识”阻碍着他们正确地认识世界，也阻碍他们抵抗目前已成为最大威胁的西洋的吞并。基于这一认识，古贺主张把日本置于世界地图中客观地认识。日本国力虽然不及中国、俄国以及英国，但也是可以与莫卧儿（印度北半部的国家）、波斯以及土耳其相提并论的强国，是“百王一姓”的优秀国家，

但不是世界的中心。对西洋企图征服世界的动向不可掉以轻心， 101
必须提前做好充分准备。为此，最重要的方法是创设海军，日本人依靠自己力量走向海外经受历练，锻炼自己。

> 顾水军之变动不可预测，必实际试之，方可磨炼其技艺。不可依赖于品海（指东京湾品川海面）之操练。应恢复宽永前（三代将军德川家光以前）之旧制，远赴天竺（印度）、暹罗（泰国）以及安南（越南）等地贸易。如能巧用其技艺，亦可为富国之资。

日本人如果能走向海外，必然会与基督教接触，会泽等尊皇攘夷论者担心的正是这一点。他们之所以提出天皇君临的“国体”论，就是为了防止基督教对日本国内的渗透，同时确保武士与民众双方对日本国家的忠诚。不过，古贺对这一点则是乐观的。他认为，与近世初期不同，忠君爱国意识已经植根于这时的日本人心中，无论武士还是庶民。西洋已经无法依靠基督教离间人民与政府，更无法把他们当做工具去制造骚乱夺取国家。

这样，古贺的海外进出论极为冷静与客观。他主张的走向海外主要是以贸易为主，对领土的控制仅限于南海的一些小岛，并尽量避免与西洋发生冲突。因此他严厉批评了丰臣秀吉出兵朝鲜
一事。然而，仅仅依靠创建海军就能在与西洋的竞争和对抗中取 102
胜吗？德川公仪在佩里舰队来到日本后，立即就转向开国政策，因而受到舆论的批评，导致失去了政权。同一时代的朝鲜政府实施攘夷政策并获得了成功，但后来的结局却十分惨淡。日本得以幸免于难，可谓幸运。古贺正确地把握了世界形势，提出了极为

合理的主张。但如果他按照的主张实施并取得全面成功的话，日本能够实施大规模变革吗？在这一点上，会泽有意识地操控人们情绪的策略似乎更为有效。幕末势力高涨的尊皇攘夷运动最后失去控制，发展到了会泽的价值观无法容忍的地步，但会泽提供了促使日本社会发生彻底改革的能量，这一点也是无疑的事实。

对外论的四种类型

本章最后一节整理一下佩里舰队来访前出现的各种对外论类型，并按照其相互关联与推移演变关系加以分类（见图 4-1）。首先应予以思考的，是愿意接受西洋船舰到来与否的“开国—锁国”的第一条轴线。其次应加以思考的，是应对外来危机时是否积极实施国内改革的“改革—保守”的第二条轴线。两条轴线组合后，就得出四个象限。

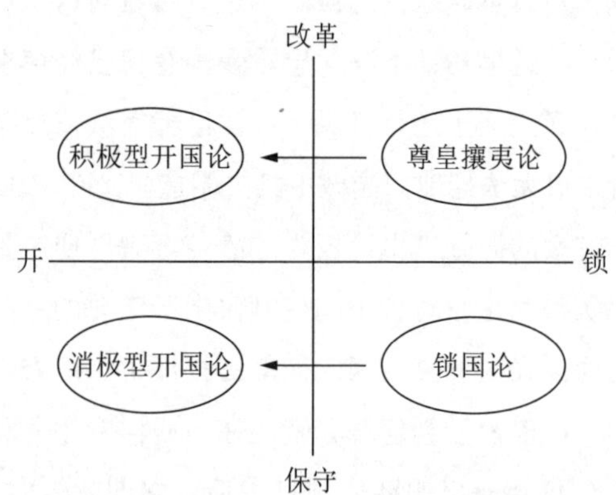

图 4-1　佩里舰队来航前对外论的四种类型

会泽主张的尊皇攘夷论位于“锁国”“改革”象限，古贺侗安的积极型开国论处于“开国”“改革”象限。“开国”“保守”相

交的象限中，稍偏向“锁国”位置的是消极型开国论。而位于 103
“锁国”“保守”相交象限中的维持现状论，称其为锁国论更为合
适。在这些立场中，与俄国的冲突发生之后直至佩里舰队到来时
为止，大多数意见是锁国论，即不愿意做任何改变的态度。其大
多数支持者受到佩里舰队的军事威胁后，为了避免发生战争而
转向主张消极型开国论。相反，佩里舰队到来前后攘夷论风靡一
时，但其中一部分人很快就转向了开国论。不过，如吉田松阴与
其门徒集中表现的那样，这一转变也并非十分稳定。他们时而回
到攘夷论，不久又倒向开国论，立场摇摆不定。这种摇摆不定并
非仅仅出于对外关系的原因。在攘夷论者与开国论者中，如后面
将分析的藤田东湖与桥本左内的关系那样，他们共同视为敌人
的，是锁国论者与消极型开国论者。围绕是否开国这一点，各方
的立场根据形势不断变化，但是在内政问题上，要么一贯主张政
治改革，要么坚持保守反对改革，各方态度始终如一。这一事实
表明，在考察幕末的对外论时，固然需要留意人们应对西洋的态 104
度，但更需要着重思考的，是围绕内政改革的意见对立。

邻国清朝在这期间发生了两次与英国之间的大规模战争，均战败了。但战败后，仍未着手大规模内政改革，虽然也加强了军备，但未改变政治体制。朝鲜也与西洋发生了两次战争（法国与美国）并取得了胜利，进一步强化了攘夷政策。与此相反，幕末日本没有发生大规模战争，把应对西洋的政策从锁国转变为开国，并更进一步实施了国内的内政改革，最后发动了明治维新。日本的这一成功应对，很大程度上是拜之前时代的经验所赐，日本人十九世纪初期的经验成了处理与西洋关系时的宝贵财产。

105 第五章　幕末：对外政策的转变

加入西洋主导的世界秩序

十九世纪中叶，日本受到来自西洋各国的压力，加入了西洋正在构筑的世界秩序，这最终引发了明治维新这一左右日本与东亚走向的大规模政治与社会变革。本章考察明治维新时期的对外关系，概述从改变东亚国际环境的鸦片战争开始，再到日本人对西洋各国的“开国”，最后日本人开始走向海外的令人目眩的变化过程。

106 一　鸦片战争与维持锁国的摸索

鸦片战争的意义

清朝与英国之间爆发的鸦片战争（1840—1842 年），是西洋各国首次向东亚大规模派遣军队、并战胜了自古以来君临东亚的大国的事件。其结果，西洋在东亚形成了军事、经济立足点，并彻底改变了东亚的国际环境。这意味着十九世纪前半叶日本实施的“锁国”政策的前提已经不复存在（主要依据三谷，2003）。

众所周知，鸦片战争始于清朝查禁英国的鸦片走私。此时鸦片走私大量发生，这造成了清朝的白银大量流失，引发了银价上升。银是用于纳税的货币，因此银价上升就相当于对民众增税，政府自然无法放任鸦片走私。英国的当地商人与贸易监督者强烈反对林则徐实施的查禁没收库存鸦片的措施，向英国政府陈情说他们的生命和财产受到了威胁，当地也发生了杀伤中国人与武力冲突事件（坂野，1973）。

英国政府受理了这一陈情，在国会以微弱多数票通过了派遣
军队的议案。1840 年远征军结集于中国海域，共派出帆船 16 艘，107
运输船 27 艘，蒸汽船 4 艘，陆军约 4000 人。从英国本土自然无法运送如此大规模的军队前往中国，其中大部分陆军是由印度人组成的，于是，英国推进的对印度的殖民统治带上了新的含义。

战争在中国沿海展开。英国舰队沿长江溯流而上直达与大运河的交汇点，并发出了进攻南京的通告，于是清政府投降了。在这一形势下签订了《南京条约》，规定清朝开放港口增加至 5 个，并允许英国租借香港，支付赔偿金，以对等方式交换外交文书。附属条款中，还规定了领事裁判权、协议关税以及最惠国待遇等后来被视为不平等的条款。之后，清朝与美国、法国等国也签订了类似内容的条约。

英国通过这场战争在中国南部获得了香港这一军事据点，在中南部的沿海地域获得了上海等经济据点，后来又吞并了印度，开始使用大英帝国称号。这一帝国不仅在西半球，而且在东半球也已经把势力从印度经由新加坡一直延伸至东亚的中央位置，成为名副其实的“日不落帝国”。

鸦片战争还使另一个主角在亚洲登上了历史舞台。这就是美利坚合众国。美国独立时，仅仅领有大西洋西岸的十三州，人口不过 530 万。之后依靠接收移民与奴隶，向内陆急剧膨胀，至

十九世纪末，已经拥有7600万人口。中国对西洋开港时，恰逢
108 美国对太平洋对岸产生兴趣。1848年，美国通过墨西哥战争获得了加利福尼亚。之后在这里发现了砂金，引发了所谓淘金热，实业家的目光被吸引至太平洋的对岸。他们为了与英国竞争开发中国市场，计划利用蒸汽船开辟北太平洋航线。蒸汽船与帆船不同，需要大量的淡水与煤炭，途中必须有补给港。他们派遣佩里舰队前往日本，目的就是确保至中国航线上的停靠港口。原本中国是目的，但是却产生了日本的急剧变化与迅速崛起这一出乎使节们意料的结果。

摸索维持锁国

德川公仪在鸦片战争之后国际环境急剧变化的前夜，已经开始重新审视对外政策。作为将军施政第一项工作，德川家齐的继任者家庆与老中水野忠邦一道制定了改革计划。其中的一环就是为了支撑锁国政策而加强海防的计划。为此，天保十年（1839年），公仪命令担任目付（德川公仪的监察官）的鸟居辉藏与代官江川英龙（太郎左卫门）一道巡视江户周边海岸，并各自提出海防方案。江户湾的入口狭窄但湾内宽阔，西洋舰船一旦进入湾内，就可以直接来到江户城附近。与俄国陷入紧张关系时，公仪曾在湾内两岸各安排一家大名承担警备任务。但随着紧张关系的解除就撤回了担任警备的大名，警备水平也随之下降。德川家庆
109 与水野忠邦的计划，就是出于长期考虑重建海防。①

这一海防计划的裁决迟迟未有结果，而这时鸦片战争爆发与

① 重新研究海防问题时发生的蛮社事件，见三谷，2018。

清朝战败的消息传到了日本。于是，对海防的重新审视转变为对对外政策的全面调整，为了避免与西洋各国发生战争而撤回异国船驱逐令，实施了各种海防对策。公仪在江户湾两岸重新布置了两家大名担任警备，同时要求全体大名向公仪报告海防现状并提交海岸防卫图，做好支援邻近海岸防卫的准备。此外新设立了作为公仪组织的大筒队（大型火枪队），还与荷兰联系，询问租赁两艘蒸汽军舰与船员一事。这些措施的目的并非改变锁国政策，而是在锁国政策的框架内做好充分准备，防止西洋各国强行要求开国。

要加强海防就必须增加收入，试图增加收入的势力引发了官员内部的权力斗争而最终失势，水野忠邦被罢免后，天保改革有关海防政策的计划几乎被放弃了。与西洋各国的距离是保持锁国有效性的前提条件，然而鸦片战争后，这一距离大幅缩小了。要维持锁国必须大幅度加强海防，天保改革的海防计划正是在这一关键时刻被放弃的。当时的日本，在公仪的内部和外部均有不少人注视着鸦片战争的结局与国际环境的急剧变化。然而，公仪由于改革的挫折而深受打击，对所有问题均采取消极态度。官僚的内部斗争迫使老中接二连三地辞职，最后竟然不得不由一个二十来岁的人（阿部正弘）来担任老中。在这一情势下，实在无法提出大规模转变政策的方案。

公仪在天保改革中的这一失败恰好与萨摩藩和长州藩等西南 110
雄藩形成了鲜明对照，人们也时常把这一结果与维新中的成败得失联系起来加以评判褒贬。然而，正如佩里舰队到来后的形势所显示的那样，公仪还有增发通货的最后一手，在财政方面并非已经陷入困境。问题的根源在于这之前的挫折留下的心理后遗症。阿部正弘就任老中后，被期待能够结束公仪内部的人事斗争。他试图给人一副实施更强硬的锁国政策的印象，以此打消西洋接近日本的念头。

弘化元年（1844 年），荷兰国王派出特使来到日本，劝说日本与西洋各国开展通商。翌年，公仪拒绝了这一请求。公仪在回绝书信中写道，过去与荷兰之间只有通商关系，而没有“通信”（外交）关系，因此今后也不要再提出“通信”的要求。公仪在这里特意把给雷萨诺夫的答复中并未加以区分的“通商”国家与“通信”国家加以明确区分，再次以“传统的创造”、即重新解释传统的手法将对方拒之门外。这的确是十分冷淡的应对。

顺带提一句，在佩里舰队到来之前，阿部曾前后三次在公仪内部提议恢复异国船驱逐令，同样是试图挫败西洋接近日本意图的措施。他还希望以此为机会，至少要实现提高江户湾口的海防警备水平的目的。弘化三年（1846 年），在琉球与浦贺同时接到西洋国家的通商要求时，实现这一目的的最初的机会出现了。在琉球，法国军舰要求实现通信通商以及基督教布道。几乎与此同时，
111 詹姆斯·彼得率领的两艘美国军舰来到了德川公仪居住地附近的江户湾口，美国军舰是完成了与中国交换条约批准书的任务后，顺路来到日本的。大概是急于归国，美国军舰在浦贺接到被拒绝进入江户湾的通知后立即离去了。法国军舰也由于受到琉球官员的严词拒绝，只得放弃签订条约的要求，留下传教士后便撤离。

然而，这实际上是佩里舰队到来之前出现的最大外交危机。正因为如此，对海防一直持怀疑态度的当时的勘定奉行，为了确保达到避免战争的目的，不得不批准在江户湾口增加四位大名担任警备。阿部在之后的嘉永元年（1848 年）与嘉永二年先后两度提出恢复异国船驱逐令。嘉永二年（1849 年）时，他还向公

仪的学问所的知识人咨询了此事。不过，公仪的官员与担任江户湾口警备任务的大名们认为恢复驱逐令一事甚为危险，因而表示反对。结果，公仪于当年年末向大名发布了今天被称为“御国恩海防令”的通告，当中提出要求说，为了以“日本阖国之力”抵御西洋，不仅是武家，百姓町人各身份阶层也都应各尽职责予以合作。与过去的解释相反，从这一事件可以看出佩里舰队到来之前，公仪抱有很深的危机感。不过，此后阿部再也未提出过恢复驱逐令。他还向江户湾口派出了调查团，进行了仔细研究，得出的含混结论是，应当建立足以抵御一两艘异国船到来的海防警备体系。为了维护锁国政策，就必须有足以威慑西洋国家的军备，但是对需要何种程度的军备却一无所知。可是另一方面，在当时形势下仍然很难向开国政策转变。

公仪的对外政策 112

在佩里舰队到来之前，公仪内部大致有三种对外政策的立场。将其分解为锁国、避战与海防的三个层次，再加以整理，就得出表 5-1 的结果。各个主体最重视的政策以◎表示，认为必要的项目以○表示，否定的项目以 × 表示，认为虽然有必要但不是优先事项的以△表示。

表 5-1　佩里舰队来航前夜公仪内部的对外政策立场

	锁国	避战	海防
阿部正弘	◎	○	◎
海防挂（勘定方）	△	◎	×
浦贺奉行	×	○	◎

位于幕府内阁中心的阿部把维持锁国视为最优先课题。他认为应当避免与西洋各国发生战争。他反复强调，要达到不屈服于西洋各国压力的目的，建设海防、加强军备是必不可少的条件。对此，海防挂（公仪负责海防的部门）的幕府官员（从胜手挂的勘定奉行、吟味役［独立监察官］以及大目付、目付等公仪官员当中选拔任命）表示强烈反对。理由是要实施海防就必须增税，这容易引发农民请愿的骚乱，海防挂成了事实上的“反海防”挂。他们的对策重点在避战上，主张依靠公仪的“御威
113 光”和平地说服异国船离去。他们的真实想法是，一旦情势紧张，就对西洋无底线地作出让步，即为了避免发生战争，即使放弃锁国也在所不惜。持第三种立场的是浦贺奉行中的一部分人，例如浅野长祚、户田氏荣等人的开始通商论。他们主张与未被列入禁止之列的俄国开始通商，把搜集海外情报的范围扩大至荷兰以外的国家，与此同时，将与其通商的收益用于海防建设。这样，佩里舰队到来之前公仪内部的对外政策立场处于分裂状态，因此无法制定出明确的政策。不过，之前各方面已经提出了多种选项并反复议论，当危机出现时，公仪根据状况作出了政策转变。

嘉永五年（1852 年），荷兰受美国的委托向公仪转达说：来年美国将派出舰队来访，其规模将远超出公仪预想的“一两艘”水平。此时正处于江户城西丸（即西城楼）失火后的重建初期，公仪无法中断这一重建工作转而加强海防。阿部正弘此时也不再主张恢复驱逐令，他督促加强琉球、长崎、江户湾口的警戒，并指示视来访使节的态度，决定应对方针。

二　公仪的政策转变——由有限开国转向积极开国 114

转向消极型开国

嘉永六年（1853 年），美国使节马修·C. 佩里率舰队来到浦贺，翌年再次来访时，缔结了《日美亲善条约》，这一条约规定了有限开国。佩里率领了九艘船到来，依靠军事力量的威慑成功缔结了条约。缔结条约时，还获得了对美国船只开放下田和箱根港，以及救助美国海难人员的承诺，美国对此结果很满意。本来如果再进一步向公仪提出通商要求，也有可能达到目的。但不知为何，这一任务被留给了下一任使节。公仪原本已经下决心允许通商，却遇到了这一意外侥幸，因而避免了最糟糕的结果。大概也是基于这一判断，日本国内的舆论虽说不满意，但似乎也认可了公仪的应对。

公仪于同年与俄国、英国也缔结了条约。俄国听说美国派遣使节的消息后，仿佛要与美国对抗，派出普查廷率舰前往长崎。此次日俄之间的谈判无果而终。但普查廷第二次来访时，终于缔结了条约，内容是与日美条约大致相同的开港条约[①]，不过其中还包含了划定领土疆界的条款。条约规定千岛群岛中，国后岛与色丹岛为日本领土，得抚岛以北为俄国领土，桦太则未划定国界，被定位为混居地。日俄两国围绕桦太划界问题进行了实地调查， 115
展开了艰难谈判。结果是以并未拘泥近代国家以一条国界划分领土的做法，解决了纠纷。与英国之间缔结条约则实属意外。当时

---

① 与俄国的条约规定了日美条约中没有的领事裁判权。与后来的各个条约不同，与俄国的条约中规定日本也将于俄国领土上实施领事裁判权，以此确保了权利的对等性。

英国正处于与俄国的克里米亚战争中，为此英国舰队来到长崎，偶然缔结了条约，条约仅规定了对英国舰船开放港口。之后的安政三年（1856年），与荷兰缔结了将传统的长崎贸易文本化的《日兰条约》。英国则未能获得荷兰拥有的通商权扩大适用权益。

《日美亲善条约》缔结不久，琉球也与西洋各国进入了条约关系。佩里舰队返航途中停靠琉球，与琉球缔结了条约，获得了自由进出港口与通商权。此时琉球被美国使节视为在国际条约秩序中拥有独立地位的国家，日本政府对此持默认态度。琉球之后于1855年与法国、1859年与荷兰缔结同类条约。琉球因此除了具有清的藩属国、岛津家的领地的身份之外，还拥有了西洋各国眼中的独立国家地位。

公仪在佩里舰队到来时，采取了尽可能维持锁国政策的方针。当时之所以启用了有名的攘夷论者、水户藩的德川齐昭担任海防参与，目的就是照顾对他寄予期望的大名和舆论，同时希望以此为维持锁国政策的支柱。然而，缔结条约后，公仪的外交政策转向消极的开国论。缔结条约虽非公仪的本意，但一旦缔结后就需遵守条约，转向避免激进的对外开放与内政混乱的政策。缔
116 结日美条约后的第三年，在高层官僚中出现了积极评价开国的意义，主张通过参与西洋主导的国际体制，从中寻求日本出路的意见。在这之前，浦贺奉行在公仪内部并未获得开国论者的支持。但佩里舰队到来后，开国论者在长崎开始传授海军技术，并以此为根据获得了主张积极型开国论的机会，其核心是要建立海防就必须引进西洋的技术，要筹集海防所需资金，就必须出口国内的物产，即“以通商富国强兵”的主张。之前曾主张恢复驱逐令并与德川齐昭联手的阿部正弘，至安政三年（1856年）时也同意

了这一意见，公仪内部开始讨论转变政策的问题。此外在大名中间，多数人的意见也开始由锁国论转向消极型开国论。再者，原先积极传播攘夷论的知识人当中，也有不少人在一夜间转向积极型开国论，福井藩的桥本左内、熊本藩的横井小楠以及萩藩的吉田松阴等人就是典型例子。

自主的开放政策

之后，公仪对西洋表明了坚持锁国政策的方针，在内部疏远德川齐昭等攘夷派，同时努力说服保守派。安政二年（1855年），堀田正睦再次被任命为老中，翌年被委任全权负责外交。安政四年（1857年）春，他发布了自主的日本开放政策，以开国为决定日本未来的基本方针，今后将逐步实施这一方针。首先，在长崎 117
与荷兰缔结追加条约，确立比传统方式更为广泛的通商关系。同时与此时来到长崎的俄国使节签订了以日荷条约为样板的条约。上一年来到长崎的美国总领事汤森德·哈里斯要求前往江户递交美国总统的信任状，但未获批准。日本与荷兰以及俄国缔结条约之后，哈里斯终于来到了江户城。公仪最初的预想是与他签订同样的条约，而负责与哈里斯谈判的岩濑忠震等积极改革派官员对哈里斯提出的更为广泛的开放要求产生了共鸣，于是缔结了《日美修好通商条约》。条约不仅包含通商，还规定将互派外交代表驻留于对方首都，增加江户、大阪两地以及六个港口作为开放地，交换条约批准书时日本代表将前往美国等事项。虽然日本民间人士出国一事仍然未被加以考虑，但早于预期确定了国际关系中最为重要的通商与建立外交关系这两条。

然而，修好通商条约的签订问题引发的安政五年政变，给堀田等人制定的开放计划踩了刹车。安政五年（1858 年）夏季，就任大老的井伊直弼与同一年中来到日本的荷兰、俄国、英国以及法国等国使节缔结了同样的条约，但在那之后则极力不再增加缔约国①，解除这一限制是 1866 年朝廷敕许（即天皇敕命批准）条约之后的事。

118

三　国内的抵抗与外交

公仪的这一政策转变遭到了国内的强烈反对。这并非出于社会上对开国的不安以及顽固坚持锁国旧习的缘故，更重要的原因是，公仪向朝廷申请敕许条约一事，给予了朝廷否定权，条约敕许问题与选择公仪继任者的将军继嗣问题重叠交错，在政界产生了猜疑与憎恶的恶性循环。相比外交政策的内容本身，各个派系在内政上的打算与派系之间的斗争对外交产生了更大的影响。

舆论急剧转向

安政五年春，首班老中堀田正睦打破先例前往京都，向天皇申请承认《日美修好通商条约》的敕许。此时的日本整体处于方向转变之时，因此应当顺应十九世纪前半叶流行的“日本”秩序构想，把原本仅仅被视为象征性首长的天皇看作类似于大名的裁决者，通过获得其裁决与批准，来作出有关日本全国的决定。公仪似乎是基于这一考虑，采取申请天皇敕许的举动的。

---

① 万延元年（1860 年）与葡萄牙签订了条约，这是因为在签订日荷追加条约时已有此约定（见福冈，2013）。

然而，朝廷拒绝了敕许修好条约。正如天皇与公家对开放京
都附近的兵库港态度迟疑所反映的那样，朝廷的这一态度与其说 119
是出于攘夷论立场，倒不如说是出于保守的排外感情。天皇的反
对与德川将军的继嗣问题重叠交错，把幕府、朝廷、大名，甚至
大名家臣以及民间知识分子都卷入其中，最后演变成为近世未曾
经历过的大政变（详见下一章的安政五年政变）。公仪的负责人
井伊直弼在未得敕许的情况下强行批准条约，接着又采取行动弹
压反对派。于是，原本已经转向消极型开国论立场的舆论出于对
幕府强硬政策的反对，又转向强烈支持锁国论与攘夷论。另外，
当时已经深感国内改革必要性的知识分子正处于从攘夷论转向积
极型开国论的过程之中，但如吉田松阴的门徒那样，一些人又倒
退回了攘夷论立场。不过他们的目的并非要回到锁国论，而是主张
废弃无视天皇意向的“非法”条约，再利用由此引发的攘夷战争危
机，唤起国内彻底改革的机运。他们的主张可以称为与战后日本向
欧美派出使节缔结“正确”条约相类似的“开国前攘夷论”。

危机与内政的隘路

与西洋各国建立了稳定关系的幕府[①]最初考虑到以一国之力
对抗西洋的危险性，构想了对抗西洋的外交战略，目的是与所有
的弱小国家一样分裂各个强国，与小国建立联合关系，以此规
避压力。此时被视为假想敌的国家是因鸦片战争而臭名昭著的
英国，以及在克里米亚战争以及第二次鸦片战争（“亚罗号”战 120

① 安政五年的政变以后，把公仪称为“幕府”的事例增多。同时，“朝廷”一词原来也用于称呼德川，这时开始被专门用于称呼京都的“天朝”。在这一组称呼中，“幕府”一词带有非正统政府的含义。

争）中与英国结盟的法国，而设想中的盟友则为独立以来一直与英国对抗的美国、缔结和亲条约以来对日本态度友善的俄国以及荷兰。幕府最初期待美国公使哈里斯提供援助，从荷兰方面招聘了之前因西博尔特事件而被驱逐的弗朗茨·冯·西博尔特担任顾问。然而不久之后，日本根据西洋列强的实际行动改变了政策。文久元年（1861 年）俄国军舰占领了对马岛的一部分之后，日本放弃了对俄国的期待，反而转向与自鸦片战争以来一直严加警惕的英国开始外交谈判。驻日英国公使卢瑟福·阿尔科克认为作为西洋最强国家，英国居然落在美国的下风，实属遗憾，因而开始对日本采取友善态度。另外，哈里斯于 1862 年归国离去，因美国国内的南北战争而退居幕后，荷兰也因为被视为弱小国家而退出竞争。之后在日本的外交舞台上，英国与法国成为主角。

外交政策的转变，在国内状况的恶化即舆论对幕府批准条约的批评，以及与朝廷的对立日益加深之中展开（下面叙述中的史实依据石井，1966；福冈，2013）。万延元年（1860 年）大老井伊直弼被暗杀后，幕府安排了一出与朝廷和解的大戏，德川将军迎娶了天皇的妹妹和宫，试图以此平息舆论的批评。当时朝廷提出的条件是七、八年乃至十年之后撤销条约，幕府明知不可行，但为了争取时间而接受了这个条件。朝廷与幕府之间的这一约定被严格保密，这对幕府形成了强力制约，如同绞索一般逐渐收
121 紧。最初的问题是，针对根据条约规定逐步开放的港口城市，向西洋各国提出推迟开放此时尚未开港的江户、大阪、新潟以及兵库等几个城市的要求。如果按照条约规定日期开放港口，就等于表示公仪无意履行与天皇的约定。最初西洋外交使团拒绝了这一要求。不过，同年普鲁士为缔结条约派来使节，哈里斯居中提出

了调停方案（见前引福冈氏研究），在与普鲁士的条约中去除了江户、大阪两地和新潟、兵库两个港口，这个条约成为对其他国家延期开港的范例，同时还宣示了公仪不再与后到国家签订条约的意志。就与朝廷的关系而言，与普鲁士签订条约并非理想结果。幕府希望以此条约为范例，压缩已签订的条约内容，于文久元年（1863年）签订了条约[①]。与普鲁士签订的条约果然如预测那样引起了朝廷与舆论的强烈反感。英国公使阿尔科克见此形势，承认幕府改变立场的必要性，同意延期开港，还斡旋向欧洲各国派出使节一事。以幕府承诺保证完全履行条约其他各项规定为条件，阿尔科克接受了压缩条约内容。他说服了本国后，还促成其他国家以此为范例修改了条约。

概观：从攘夷战争至条约敕许

然而，西洋各国的妥协政策并未能平息日本国内反对签订修好通商条约的声音。反对派否定安政五年以来的高压政治，要求解除对朝廷、大名以及志士的压制的运动日益高涨，不断发生针
对西洋人的暴力行为。文久二年（1862年），萨摩藩的岛津久光 122
进入京都发出号召，要求幕府实行改革。至此，幕府与朝廷之间的密约已经公之于众，幕府因此陷入困境。之后久光来到江户，以在京都的长州藩久坂玄瑞和土佐藩武市半平太（瑞山）等人为首领的攘夷派在京都扩大了势力，朝廷以这股势力的支持为背景，再次向江户派出使节，从幕府那里取得了将来履行攘夷的正

① 普鲁士本欲将德意志联邦的三十一国均包括在条约中，但幕府拒绝了这一要求。后来，幕府与瑞士、比利时也签订了条约，但这是基于与普鲁士签约之前的约定而来的。

式约定。接着翌年文久三年（1863 年），将军时隔二百二十余年后首次前往京都，朝廷终于成功实现了迫使幕府向全国发布攘夷布告的目的。

当时的京都笼罩在对西洋的厌恶与恐惧、同时担心国家被改变的困惑氛围之下，因此这一系列运动获得了广泛的支持。不过，长州的攘夷论并非主张倒退回锁国。当确定以“破约攘夷”为长州藩政策核心时，主导长州藩的周布政之助写下了这样几句话：所谓攘者即排，排者即开，攘夷之后应开国（见周布政之助传上卷扉页照片）。意思是说，攘夷之后开国是必然选择，不过在此之前如果不与西洋一战，就无法从根本开始日本的改革。事实上，他于文久三年在关门海峡炮击外国船只的同时，还派出了井上馨和伊藤博文前往英国留学。长州藩在那之后试图以天皇为旗帜，把全国卷入攘夷战争。他们认为，实现了全国性的攘夷战争之后，所有日本人都将下决心进行改革，这时自然就可以放弃战争转向开国了。

123 萨摩藩于同年稍晚些时候在鹿儿岛与英国发生炮战，但这并非因为执行了攘夷政策。上一年久光在返回领国途中行至神奈川的生麦地方时，英国人干扰了行进中的武士队列，于是武士杀伤了英国人，按日本当时习惯，这属于对无礼行为的惩罚。英国则认为这是不法行为，为了追究责任向鹿儿岛派出军舰，鹿儿岛方面对此不予理睬，于是双方之间发生了炮战。对武士而言，屈服于军事威胁是一种耻辱。当时恰逢台风来袭，英国军舰的炮击失准，但鹿儿岛街道建筑因大风被烧毁了一半，英国方面也有军官伤亡。双方随后立即进行谈判，之后关系急剧接近，这一点与和欧洲的关系也很相似。

同年即文久三年初秋，朝廷内部发生了宫廷政变，攘夷激进派撤离京都，孝明天皇一开始表面上接受了旨在攘夷亲征的大和神武陵行幸一事，但内心十分不满。作为幕府代表的会津藩得到了萨摩藩引荐，与苦闷中的天皇取得了联系，把长州藩的激进攘夷派从京都驱逐出去。此时，不仅长州，三条实美等七名公卿也一道离开了京都。天皇宣言说不希望激进的攘夷，并以恢复国内秩序为最优先课题，于是便命令早先就主张“公议”的萨摩、越前藩以及将军德川家茂和将军“后见”（即将军顾命大臣）一桥庆喜等人前来京都，共同商议此事。翌年元治元年（1864年）初夏，正式与德川将军实现和解，在排除公议派大名的基础上，以一桥、会津以及桑名藩为媒介，建立了“公武合体”体制。此时长州试图夺回京都，但最终归于失败（禁门之变）。

此时本应是幕府摆脱攘夷运动影响的绝好机会。然而，幕府
却选择了相反的政策（保谷，2010）。之前为了实现与天皇的和 124
解，幕府已经约定要封锁最大的贸易港口横滨港，幕府依照与天皇的约定向西洋方面通告此事，却遭到了西洋国家的严词拒绝。与此相反，长州藩则一反之前的主张，放弃了攘夷策略。长州试图夺回京都的行动遭到失败之后，受到了欧美四国舰队的报复性攻击，结果惨败。以此为契机，长州藩与西洋方面谈判讲和，并开始摸索友好相处之路，之前视长州藩为攘夷运动老巢的西洋方面在冲突现场体验了这惊天转折的一幕。西洋方面本来就以与日本保持贸易稳定并扩大规模为目的，自然把此机会视为重要开端，给予了高度评价。而此时，幕府方面与西洋围绕封锁横滨一事的交涉陷入僵局。

此时的幕府阁僚中，攘夷派暂时掌握了政权。西洋方面为了

阻止这一动向，从根底上铲除否定条约的根源，便制定了进攻京都的作战计划。同时，庆应元年（1865 年）秋，西洋方面为了获得条约敕许，向神奈川湾海面派出联合舰队，对当时正在大阪城的德川将军家茂施加压力（见前引保谷研究），这一行动还引发了将军家茂上奏请求归还政权的风波。最后天皇同意敕许条约，但条件是不允许开放兵库港，这在内政方面留下了问题，不过，大致解决了对外关系上的基本问题。翌年，平民获批准自由出国，日本国民手持西洋国家也才投入使用的护照开始走向海外。

至此，安政五年以来在国内引发无数混乱的对西洋开国问题在这一年终于走到了终点，近世初期以来禁止日本人出国的制度
125 也未遭阻力得以解禁。至此“锁国”体制解体，明治日本的国际关系框架也由此成立了[①]。

幕末日本的外交处于相当有利的环境之中。日本近邻没有可以结盟的对象，是一个弱点，但西洋各国在侵略其他地域时毫不犹豫，却把日本仅仅当作应加以确保的市场。文久三年时，攘夷论似乎已经压倒日本政府，英法下决心派小规模军队进驻横滨，与萨摩、长州发生了战争，但目的是维持条约，促使攘夷论者转变政策，长州战败赔偿时，也没有提出割让领土的要求。当时，世界各地域与西洋各国的小规模争端时常发展为军事冲突，结果西洋方面不断扩大领土，而日本则避免了这一结果。同时，拿破

① 庆应二年（1866 年），作为下关战争的代价，日本被要求支付巨额赔偿金，并将进口关税一律下调 5%（改税约书），政府因此蒙受巨大损失。不过，后来作为对敕许开国的褒奖，西洋免除了一部分赔偿金。而且，进口关税调低后，为民营经济的发展创造了有利条件。进口棉花的价格降低后，以此为原料生产的出口棉纱价格也随之降低，棉纱后来成了明治时期国家赚取外汇的主要产品，低关税给政府与民间带来了意想不到的效果。对这一点应予以注意。

仑三世派往日本的公使里昂·罗什积极地支持幕府，以获取利益为条件支援建设横须贺兵工厂等项目。不过，戊辰内乱爆发时，英国持不介入政策，法国方面因遭到幕府的拒绝也采取了与英国同样的立场。在其他地域时常看到内乱与西方列强之间的势力竞争纠缠在一起，导致无法收拾，最终国内各股势力均归于失败，
而日本则避免了这样的结果。 126

127 第六章　幕末：政治秩序的崩溃

概观：何为“安政五年政变”？

至十九世纪中叶为止的二百余年间，日本享受着人类历史上
少有的安定，自西洋提出开国要求以来，日本被投入了崩溃与再
生的漩涡之中。不过，佩里舰队到来之后，日本国内几乎没有正
面挑战近世政治体制的势力。德川公仪、大名与其家臣的关心一
味集中于对外关系上，他们为了对抗西洋的压迫而努力加强军
备、重建财政，追求富国强兵。然而，安政五年（1858 年），一
部分大名开始参与原来被认为不可能的政治领域，介入将军继
128 嗣问题。这恰巧又与公仪在京都向禁里申请条约敕许的问题纠缠
在一起，于是演变成为远超出人们当初预想的政治大变动。这很
快发展成为巨大的恶性循环漩涡，不断把各路人物卷入其中将其
冲刷拍击，幸存者们则漂流至未曾意想的海岸，结果不仅把德川
家从政权位置上拉下马，还剥夺了大名的统治权和武士的世袭身
份，最终演变成为人类在近代体验到的最大规模革命。本章将着
重考察在这一急剧变化的过程中，作为政治秩序崩溃起点的安政
五年政变是怎样发生的。

一　对外部压力的技术性对应与政治体制崩坏应力的积蓄（1853—1858）

从亲善条约至缔结修好通商条约的五年间，德川公仪的全国 129
统治权并未受到公开挑战。德川公仪自不必说，在其外部的统治阶级均期待在有限开国的环境中，以德川为核心形成“日本”的举国一致体系，以此对抗西洋各国。无论他们在对外政策上是否承认开国，他们的这一态度是一致的。因此，公仪与大名才能保持内政方面的平稳，专注于研究应对外部压力的各种具体对策，其中尤其致力于重建有力的军事组织，引入西洋的学术与信息并加以推广普及，公仪与大名均着力实施作为基础的财政改革。

改革军事与引入洋学

佩里舰队来到日本前后，公仪与一部分大名把海防视为最重要课题，倾注全力重建军队，并努力引入西洋的学术，其中最为人引人注目的就是建设海军与装备火炮（安达，1995）。林子平早已指出海防的必要性。鸦片战争之后，不仅兰学者如此，大大名当中也有人开始痛切感受到海防的重要性。例如，全面解禁大船建造是佩里舰队来到日本之后的事。但萨摩藩在那之前，即收到佩里舰队即将到来的消息后，就向公仪提出申请，要求建造可驶往琉球的大型船只，并获得批准。此船竣工后，被进献给了公仪，之后萨摩藩又建造了四艘公仪订购的船。此外，公仪也在江
户湾入口处建造了小型的西洋式船只。公仪得知佩里舰队将到来 130
后，还向荷兰打听购买军舰一事。荷兰方面回应了这一请求，于安政元年（1854 年）向长崎派遣了一艘蒸汽船。翌年又安排了

教官小组与军舰（军舰被命名为观光丸）一道赠予日本，并在长崎建立海军传习所。这并非公仪雇佣荷兰乘员，而是为了让日本人自己学习蒸汽军舰的操作与运用技术。为了操作船只、使用火炮与维修船只，船员除需要学习基础的数学知识外，还要系统地学习力学、化学等知识。一旦发生战争，还需要具备医学知识的医护人员。恰好此时西洋细菌学正处于发展的鼎盛时期，西洋人在长崎还向日本人传授了消毒法等最新的外科医术，学生主要是从幕府下级家臣中选拔的原先学习汉学的优等生，以及具备初步兰学知识的人。各大名还获得许可派人前往长崎游学。在这一时期，公仪并未打算垄断军事技术。

除公仪之外，萨摩与佐贺等藩已开始实际运用海军，其他有实力的大名也在缔结修好通商条约之后开始购入洋式船只。此时这些船并非用于海战，而是专门用于运输业务，这不仅在产业方面，在政治上也发挥了重要作用。西日本的大名把蒸汽船静静地驶入濑户内海，用于在领国与京都、大阪之间运送人员与军队。东日本的大名主要依赖陆路交通，既花费时日，途中通过其他大名领国时还需征得同意。海路运输则完全不同。

要加强海防，就需要拥有大小各种火炮，还需要重建传统的陆军。传统的大炮是使用青铜材料制造的。佐贺藩在鸦片战争以后尝试使用钢铁铸造大炮，最后终于获得了成功。在公仪领地伊豆代官江川家以及水户藩也进行了同类尝试，但由于存在性能与
131 费用方面的问题，最后都不得不向西洋国家求购。火枪是西洋式军队主力步兵的装备，因此需要大量生产。火枪生产则可以在原有技术基础上实现西洋火枪的最新功能，国内生产进展迅速。不过，此时西洋射程远的来复枪已经实用化，而且内战开始以后，

对来复枪的需求猛增，因此也不得不更多依靠从西洋国家进口了（铃木，1996）。

佩里舰队到来前后，日本也曾进行过一部分军队的整训。经历了二百余年和平时代，大名的军队事实上已经变成了警察组织，即使有军事官职的名称，也是徒有虚名，实际上已经不存在可以与其他军队对抗作战的武装力量了。鸦片战争之后、佩里舰队到来前，长州藩和水户藩都曾经进行过军队改革。长州把近世初期的军役台账翻出来，按照实战需求重新组建了部队，其中也加上了西洋式的步兵。不过，步兵作为主力投入战斗，是文久三年（1863 年）以后的事。

公仪为了唤起对军事的注意以及创建西洋式陆军，在江户开设了讲武所。在之前的天保改革中引入的高岛流洋式步兵操练法受到了重视，不过，传统的剑术与枪术也同样受重视。在后者方面，为了提高实战能力，人们鼓励与其他流派进行切磋学习。这些改革刺激了下层武士以及上层庶民们借此机会提高身份地位的野心。无论是剑术还是西洋式的军队，只要参与其中，就有可能实现从前不可能想象的身份地位的上升。这一梦想吸引了很多身份介于武士与庶民边界上的人积极投入其中（詹森，1973；宫地，2004）。

另外，在与军事并无直接关系的部门中，也尝试引入了西 132
学，其中一个典型部门就是公仪在江户开设的蕃书调所，即翻译西洋书籍文书的机构。随着与西洋各国的往来，对外交文书的翻译与口译人员的需求急剧增加，因此需要有人把握相关背景与西洋世界的形势，并向国内传播这些知识，于是就产生了这个部门。公仪的旗本与家人当中缺少通晓兰学者，只得从大名的家臣或者民间的兰学者中选拔人才。蕃书调所后来还具备了培养学生的功能，缔结修好通商条约并开放各港口之后，还开始教授英语、法语、德语等语言，翻译各国自然科学书籍，传授自然科学知识。

政治不满的积蓄与显露

然而，佩里舰队到来之后的日本，在看似稳定的形势背后，破坏性应力正在积蓄。作为紧急应对措施，幕府不得已接受了亲善条约，但强制性的开国引起了强烈不满。武士阶级在漫长的和平时期中主要任务是担负行政工作，当面对外来危机时，又重新回想起了自己作为战士的身份。对他们而言，不战而接受外国的要求是一种屈辱，在精神上是难以接受的，即使认识到开国已经不可避免，这一点也无法改变。

此外，公仪主导的举国一致的动向，使过去无法对“日本”
133 整体的政治发表意见的大名与武士产生了广泛参与政治的愿望，其中愿望最为强烈的是一部分大大名与其家臣，包括德川家的三个分家以及拥有领国的大名在内的大大名，共有近三十余家。他们独自组织了军团，拥有运用这些组织的人力与财力，其中一些人还很早就开始研究海防，互相交换信息。然而，他们并未获得与其实力与志向相应的发言权。外样大名中拥有领国的大名（与德川家关系疏远的大名）自不必说，连德川家门的大大名也不能加入幕府内阁，且没有对公仪产生影响的渠道（见第二章表2-1）。因此，他们接到佩里舰队即将到来的通知时，立即发出不满之声，要求以某种形式表达对全国政治的诉求。

佩里舰队到来的半年之前，福冈的黑田齐溥（拥有领国）向公仪上书，建议提早决定应对措施，并要求公仪任用德川齐昭，以此开启听取“众议”的端绪。佩里舰队到来后，越前藩的松平庆永（德川家门）、萨摩藩的岛津齐彬（拥有领国）也提交了同样内容的上书。老中阿部正弘听取了这些建议，起用德川齐昭担任海防参与。然而，齐昭本人并无代表他们的意愿。阿部的构想是安排有能力的直参（幕府家臣）担任重要职务，设立“海防局”，网罗陪臣（大名的家臣）甚至牢人（即浪人，失去侍奉之主君的武士）加入其中，以此广泛吸纳全国的智慧。然而，齐昭对德川一族以外人员参与政权一事持消极态度。

德川家门与大大名中开始有人考虑向公仪派出有能力者，并且自己也参与公仪政权运作，对国政发言。其中如原先醉心于德
川齐昭攘夷论的松平庆永那样的人物，也开始对攘夷论的恰当性 134
产生了疑问。因此，松平庆永与岛津齐彬由支持齐昭逐渐转向支持齐昭的养子一桥庆喜，期待由他来领导未来的日本。由于在位将军家定没有嗣子，庆永等人开始思考拥立身为御三卿之一、拥有成为将军养子资格的庆喜为继任将军，以此把掌握在谱代的小大名手中的公仪政策决定权转移至德川家门与外样大名等势力组成的大大名联合体手中。

佩里舰队的到来并没有引起政治变动，但是向日本国内昭示了一个事实，即必须以举国一致体制应对西洋，因此必须动员所有人才。在近世日本，地位与能力不相匹配的事例随处可见。在和平年代里，各自根据身份被委以相应的职位职务，维持着秩序的稳定。然而，一旦西洋来到日本施加开国压力，就必须由有能力者担当职责，地位与能力的不相匹配就成了日本未来发展的障碍。在那之前一直把不满压在心底保持沉默的人们，上至大大

名、下至上层庶民，均开始试图获得与自己能力相符的地位，发起了果敢行动。

幕末日本，首先发起行动的是德川家门，以及拥有领国的大大名联盟。

135 二　安政五年政变

安政五年（1858 年），此时自美国使节佩里率舰队来到日本而日本面临的国际环境随之一变时起，已经过去了五年，日本政界似乎依旧平稳如初，二百余年的太平仍在持续着。然而，在这一表象的下面，已经有两个问题开始冒头，一个是是否应该下决心对西洋开国，另一个是为将军家定迎来养嗣子的问题。

江户发生问题——条约敕许与将军继嗣

上一章中曾提到，日本虽然于四年前缔结了开港条约，但对建立国家间关系与开展贸易问题仍有保留。公仪在上一年提出了渐进式开国方针，决定首先与荷兰和俄国进行贸易。之后又于当年冬季在江户城召见了美国代表汤森德·哈里斯，商定了包含建立外交关系与开始贸易在内的修好通商条约草案。当时，公仪打算向朝廷奏请敕许对美条约。通观整个近世，幕府就国政问题向朝廷询问意见实属首例。这一举动向国内明确表示了幕府建立举国一致体制的决心。此时，幕府完全没有预想到会遭到朝廷的拒绝。

136 与此同时，将军的养嗣子问题也被摆上桌面。德川家定于安政三年（1856年）年末迎娶近卫家的养女、出身岛津家的笃姬为正夫人，但一直未得嗣子，政界有观测认为最后只得迎来养嗣子。据说家定的资质一般，对其政治领导能力的评价也偏向负面，因此不少人认为，为了度过日本眼前遭遇的重大危机，应当迎来一位有能力的人物作为家定的养嗣子，把日本的领导权交给他，其中心人物就是家格仅次于德川御三家的德川一门、越前藩的松平庆永（参见昨梦纪事、奉答纪事）。庆永在家定就任将军之时，就认为一桥庆喜（水户德川齐昭之第七子）为最合适人选，安政三年秋，他曾与好友岛津齐彬（鹿儿岛藩）、伊达宗城（宇和岛藩）、德川庆胜（名古屋藩）以及蜂须贺齐裕（德岛藩，第十一代将军家齐的儿子）等人商议过此事，但佩里率舰队来到日本前后主宰幕府内阁的阿部正弘压制了此事。安政四年（1857年）阿部病死后，庆永就开始了公开活动，他以召开研习会为名在自己的官邸召集有志大名，还向幕府阁僚奏请选拔“年长贤明”之人作为将军养嗣子，此外游说旗本中的有实力者。

当将军家没有直系男性后代时，并无相应的继承法。第五代将军纲吉的后继者是前几代将军的孙子，第七代将军家继的后继者是第一代将军的曾孙。以近世日本的“家”的逻辑而言，有德川姓的御三家（尾张藩、纪伊藩、水户藩）与御三卿（田安、一桥、清水）的五家（此时清水家无当主）均在候选范围内。安政五年时，可以考虑的是以下五人：尾张藩的庆胜（三十五
岁，水户藩出身，与家定同年）；纪伊藩的庆福（十三岁，家 137
定的表弟）；水户藩的庆笃（二十七岁，庆喜的长兄）；田安庆赖（三十岁，家齐的外甥，松平庆永的同岁弟弟）；一桥庆喜（二十二岁）。

假设松平庆永此时为其出身家田安家的当家人，自然就成为候选者之一，但因为他已经作为养子过继到越前家，因而失去了候选人资格。他之所以积极地介入将军养嗣子一事，大概也是出于这个原因。

然而，按照当时的习惯，养嗣子与现任将军的亲缘关系的远近应该受到重视（久住，2009）。于是，纪州的庆福应当成为自然的选择。反之，无论传说如何有能力，年龄也适合成为继任者，但出身于水户藩的一桥庆喜理应被视为不合适者。水户藩自第二代起就再无与将军家的血脉交流，尤其是与尾张藩和纪伊藩不同，水户家没有以家齐的儿子为养嗣子。而且德川齐昭的袭封成为家齐的儿子进入水户家做养子的障碍，这一记忆理应鲜明地保留在当事人的脑海中。

桥本左内的日本改革构想

越前藩全力投入拥立一桥运动的背景，是一个实施大规模整体改革的构想，构想的设计者是松平庆永的心腹人物桥本左内。桥本出生于兰方医生家庭，后进入绪方洪庵在大阪开设的适适塾
138 学习，他与福泽谕吉同年出生，先于他入学，后回到福井继承家业。安政二年（1855年），桥本被提升为下级武士身份，承担开设藩校明道馆的任务，后来为了帮助庆永的拥立一桥运动，前往江户四处奔走。

桥本于哈里斯在江户城谒见将军、开始交涉条约一事的十一月二十八日，给在福井的友人村田氏寿寄出了一份长篇书信（桥本：二，二五二号），信中记述了庆永向老中松平忠固提出会面请求，见面时推荐一桥庆喜为将军继嗣者并得到了肯定答复一事，

然后详细介绍了他有关内政的宏大改革方案。

在外交方面，他认为从长远观点来看，世界所有国家都将成为同盟国，在盟主的率领下走向和平，因此日本应当选择与西洋强国建立同盟关系，日本无法“独立”。要单独对抗西洋，就要扩张领土，近在满洲或者朝鲜，远在美洲以及印度拥有领地，然而日本目前没有这样的能力，因此就要分离西洋各国，与其中可能成为盟主的国家联合。他认为，在英国与俄国二者当中，应该避开非常危险的英国，选择具有绅士风度的俄国。

此外，当最终放弃锁国时，国内改革是必不可少的。其第一步就是拥立一桥庆喜作为将军的继嗣者。获得拥立之后，庆喜将取代家定掌握实权，再开始改革整体，以大大名取代小大名成为担负日本政治的阁僚，超越身份任用“天下有名达识之士”为其部下。即如在第二章中指出的那样，当时幕府把大大名排除在阁僚老中之外。如果把有关全国的决定权交给大大名，就有可能威胁到将军家的地位。然而，幕末的日本，比之将军家的安泰，结 139
集日本全国的力量来对抗西洋是更为紧要的课题。这时，很早就注意西洋的动向，并在自己领国开始用心建设海防的大大名们是最可依靠的力量。左内举出了其中的代表者水户藩的德川齐昭、越前藩的松平庆永、萨摩藩的岛津齐彬、肥前藩的锅岛直正等人。岛津建造了洋式船并进献给了将军，锅岛则于佩里舰队到来之前就铸造了钢铁大炮。左内对村田说，起用岛津家时，或许会因其曾于关原之战时与德川家为敌而持有疑义，但今日应视“日本国中为一家”，不应再拘泥于过去。

桥本还主张，不仅要从旗本中选拔优秀之士，还应当选拔任用“陪臣处士”担任幕府的中枢官职。陪臣是指大名的家臣，处士是指牢人（即浪人）。牢人时常宣称自己的祖先是武士，但实际上其中大多数是庶民。左内主张应当不问其出身与身份，选拔优秀的知识分子担任幕府要职。

无论是起用大大名担任幕府阁僚，还是跨越身份选拔知识人，这一政策的目的就是要消除近世后期普遍存在的“地位与能力的不相匹配”的弊病，也是在维持联邦国家或者大名领国这一框架内，同时强化中央政府的能力，防止拥有实力者背离政府的有力策略。

这一政体改革构想由于受到翌年安政五年政变的冲击，未能付诸实践，桥本自己则被处刑，殒命于构想远未实现之时。不
140 过，这一大胆且具体的政体变革构想一步一步向全国渗透，在十年后明治政府制定“政体”时，终于得以实现。在拥立一桥运动中出力颇多的西乡吉兵卫（隆盛）后来被问到尊敬的政治家是谁时，除藤田东湖之外，他还举出了桥本的名字，由此可见西乡对桥本之卓识远见的敬佩。之后，越前与萨摩的大大名仍然以“公议”“公论”为名继续谋划参与政权运作。此外，桥本于翌年安政五年春前往京都时，还开始构想把朝廷也纳入这一政体改革。公家夸夸其谈的习性的确使其不可信，但他希望以朝廷为改革的启动力（见前引书，365 号）。朝廷介入政治之后，果然引起了巨大波澜，最终走向了在“王政”之下实施“公议”的政体。此时，桥本之名已被忘却，但他的构想则已经被广泛接受。

拥立一桥集团对大奥的游说与老中的安排

拥立一桥庆喜为将军继嗣者一事使不少幕府阁僚心怀疑虑，他们担心一桥的生父德川齐昭这一性格刚烈、主张攘夷又生活极

度节俭的人物会插手将军事务，发挥其巨大影响力。为此，一直
向老中和旗本游说拥立一桥的集团试图通过大奥向将军本人游
说。身在领国的岛津齐彬特命西乡隆盛前往江户，配合越前家的
桥本与大奥的笃姬取得联系（西乡一，第 101 页）。然而，笃姬
通过家定的生母本寿院转达这一意思后，家定非常生气，答复 141
说自己还没到立养子的年龄，即使要立养子，庆喜也已经超过年
龄，总之无法接受（井伊家史料六，第 97 页）。于是，通过大奥
的游说被封杀了。

老中们则于决定派出阁僚首领堀田正睦前往京都奏请敕许之后，请求谒见将军，并获得了将军对这两个问题处理办法的理解，具体设想是一俟获得敕许，就着手解决嗣子问题，且嗣子的决定权完全交给家定。前往京都的堀田写给江户的老中们的书信透露到，当时老中们考虑选择血缘较近的庆福作为嗣子候选人。然而，后来堀田在京都改变了主意，认为一桥更合适（堀田正睦外交文书，第 32、50—52 页）。

在京都发生对立——条约敕许难产与“水户阴谋”论的出现

堀田一行前往京都时，各股政治势力开始向朝廷开展政治游
说工作。岛津齐彬从领国向世代姻亲近卫家发出书信，通报自己
已经向老中建议拥立呼声最高的一桥为嗣子，同时希望近卫家游
说朝廷，帮助获得指名一桥为继嗣人的内部敕命。松平庆永此时
也派出桥本左内前往京都，开展搜集情报与政治游说活动（见桥
本二，第 650 页以下部分）。此外，位列谱代大名之首的井伊直
弼也同样派出心腹长野义言前往京都了解相关动向（井伊家史料
五）。桥本与朝廷的实权人物三条实万会面时，力陈开国不可避 142

免，但未获得对方的明显赞同。不过，谈到将军后继者一事时，实万则表示欢迎。于是桥本便极力向公家众人劝说拥立一桥。之后，当朝廷中拥立一桥的呼声急剧高涨时，井伊家的长野从其背后看出了水户的“隐谋”(即阴谋)。

与此同时，孝明天皇表明了无法敕许条约的态度。受其旨意，关白九条尚忠试图委婉地驳回申请敕许的要求，于是向德川三家以下的各大名就条约问题再次发出咨询，并要求派人携带意见结果再来京都（孝明天皇纪二，第779页）。堀田正睦企图挽回颓势，从关白处成功获得了全权委托幕府办理此事的敕命（表明天皇态度的命令）。然而，天皇向久我建通透露了对这一处理结果表示不满的意思。受其意旨，于是发生了公卿八十八人一齐前往关白宅邸参见的骚动。结果，敕命又回到当初的趣旨。

正当批准条约的敕许难产之时，京都出现了各种奇怪文书，其中之一名为“水户内奏书”，是水户德川家为了阻止条约的敕许而上呈公卿的文书。长野义言认为这是德川齐昭为了向朝廷鼓吹攘夷论发出的文书，并认为这是条约敕许难产的元凶。他还认为，这一时期日益高涨的期待一桥的风声与这份文书之间有着密切关联，即，德川齐昭试图利用朝廷把亲生儿子立为将军继嗣人，于是就迎合朝廷的攘夷论，以此阻碍敕许的下达（井伊家史料五，187号）。长野在写给江户的井伊近臣的文书中所写的“往坏处讲，就是隐谋之体”这一解释，很快在井伊家与将军身边近
143 臣以及热心于拥立庆福的人中间扩散开来。

然而，这是对事实的错误认识。的确，齐昭当时在主张攘夷论，而且虽然表面上没有明确表态，他实际上也想借越前家之手拥立一桥。但这两者之间的因果关系与长野之所想完全相反。堀

田出发前往京都后，松平庆永为了游说大奥接受拥立一桥，建议齐昭向京都的亲戚太阁鹰司政通写信，明确劝阻说现在不是驱逐西洋各国的时机，同时把书信的抄件交给了大奥（昨梦二，第416—417页）。同时，负责处理获得敕许一事的幕府官员认为从遣词用句看，“水户内奏书”绝非齐昭所为，因此否定了巷间的流言。

长野为何产生此误解？与堀田不同，他热切地希望拥立纪州庆福。若以血统而论，选择庆福本来为理所当然之结果，但由于朝廷的介入，事情朝着未曾预想的方向发展。开始时，长野的这一惊愕使他产生了误解，然而，“水户阴谋”这一判断立即转变为政治上的需要。长野为了促使最初持拒绝敕许态度的九条关白转变为全权交给幕府处理的立场，于是使用了“水户阴谋”论（井伊家史料五，202号）。他绝不允许齐昭实现其肆意妄为的欲望，拒绝发出敕许与拥立一桥，不仅在朝廷与幕府之间，在德川公仪内部也引发了尖锐的矛盾，日本的秩序会从顶层开始崩溃。必须排除齐昭的阴谋，必须听取幕府在条约问题上的声音。这是有说服力的论据，他成功了。结果，对长野与井伊直弼而言，出于维系住幕府与关白的关系这一政治需求，水户阴谋论就成了确切无疑的“事实”。

江户的事态发展——井伊大老登场与尝试妥协 144

老中堀田正睦在向大名进行咨问后，带着朝廷要求公仪重新上奏的敕命返回江户。他心里盘算着，要平息京都的反对意见，就不妨接受对方在另外一个问题、即选择一桥作为继嗣者候选人问题上的方案，这个计划的第一步，就是先把松平庆永扶上大老位置。

然而，在堀田向将军报告在京都交涉的过程中谈到这个方案时，家定截然反驳道：此方案不妥，无论家格还是资质，大老的位置除井伊直弼之外别无第二人选，并当场决定了由井伊直弼担任大老（吉田，1963）。

堀田返回江户之前，目付岩濑忠震已经先期回到江户，为拥立一桥做准备。这一消息在江户城中的外围中传开之后，持拥立纪州庆福立场的集团立即开始游说工作，试图挽回局面。游说的对象从将军身边近臣直至大奥后宫。将军主持的御前会议召开的前一天，与后宫关系密切的卫兵首领药师寺元真拜访了井伊邸宅，声泪俱下地请求井伊出马，井伊答复说，只要将军家发出召命，就立即接受，药师寺于是返回复命（宇津木，2007）。药师寺说服井伊道：事已至此，只得系命于将军家了。于是将军的一声号令，就成了这一连串幕后游说，也就是一个阴谋的结果。

井伊大老上任后，立即列出了亟待处理问题的清晰顺序。首先是将军继嗣问题，于五月一日即从将军那里获得了拥立庆福的旨意。关于条约问题，就按照朝廷的要求，再次向大名们咨询，
145 并于五月中旬回收了所有大名的答复意见，其内容也与幕府的旨意大致相同。不过，主张拥立一桥集团与水户阴谋论时的情形一样，也有可能利用这一问题影响将军继嗣一事。为此，大老为了防止他们提出异议，便试图说服越前藩的松平庆永等人，使其不再生事。庆永则坚持说拥立一桥是“天下的公论”，大老则未透露已经内定一事，只是倾听而已（昨梦纪事，第76页以下）。

这样，形势一天天朝着对大老有利的方向发展。有关条约问题，井伊安排了老中携带大名的答复意见前往京都上奏。有关将

军继嗣问题，则公布说将于六月一日内定继嗣人选，并按照惯例派出使节前往京都报告，获得天皇的批准旨意后，于十八日公布人选结果。这就是井伊的日程。此时，一桥派已逐渐变成少数派，幕府官员当中的支持一桥者大多被罢免了，当初进入京都试图阻止天皇宣旨的松平庆永与山内丰信等人也于旨意预定到达江户的十四日，提出了对条约问题的答复意见。

对立爆发——哈里斯突然出现·条约签订·继嗣决定·对一桥党的大量处分

然而，这时一个意料之外的因素促使矛盾表面化，成了引发政变的导火索。预定公布纪州庆福名字前一天的六月十七日，原本在下田的美国领事哈里斯突然出现于神奈川附近海面，并要求
立即签署条约。哈里斯商议了条约文字后，同意等待日本方面完 146
成国内手续，便返回领事馆所在地下田等待预定的截止日到来，他同意延期至七月二十七日。此时美国军舰偶然来到下田，带来了在第二次鸦片战争中获胜的英国与法国将于近期派来使节的消息。美国不想失去成为日本开国的首个对象国这一荣誉，于是决心使用军舰进行威慑，逼迫幕府早于约定的期限签署条约。

负责对外交往的外国奉行岩濑忠震与井上清直本来就认为必须签署这一条约，并考虑应于英法使节到来之前定下条约规格，于是就没有拒绝哈里斯的要求，并向幕府阁僚提出签署条约的要求。大老极力主张必须在获得敕许之后才能签订条约，但其他老中与外国奉行的意见一致。结果至十九日决定，设法极力推迟条约签署，如果失败，也属不得已。大老回到宅邸后，身边家臣谏言道：如果于获得敕许之前签署条约，即为违反敕命之罪，势必

造成与朝廷关系恶化之结果，还会给极力主张拥立一桥的“阴谋一派”落下绝好口实。大老则答复道：将军已经作出裁决，事已至此无法改变（母利，2006）。大老作为国政的最高领导者，自知当在形式上对朝廷的尊崇与政治上的实际需要发生冲突时，只得下决心优先考虑后者，此时他已经不顾自己面临的政治风险而冒险前行，即选择排除政治反对派这一强硬对策。

岩濑与井上大概是依照负责外国事务的老中堀田的指示，于
147 次日签署了条约。此时大老则无论如何已经陷入了对这一结果负责任的境地，原本已处于劣势的拥立一桥派也于此顿时恢复了生机。当确定纪州庆福为继嗣人的消息传开后，拥立一桥派立即选择了以井伊大老与老中松平忠固之间的不合为突破口展开攻击，以此挽回颓势。具体的策略就是首先迫使大老免除老中职务，使大老自己陷入孤立境地，再逼迫其辞职，然后拥立松平庆永继任大老，利用其权限更换一桥为将军继嗣人（昨梦纪事四，第179页以下）。

老中松平忠固于六月二十三日被免职，这个计划的第一阶段已得以实现。水户家立即着手实施第二阶段的计划，具体内容是以违反敕命为理由排除井伊，安排庆永掌握政权。至于公布继嗣人选一事，也以正处于大老向天皇谢罪之际、因此不便举行公布继嗣人选庆典为由，推迟公布日期。制定了这一计划后，德川齐昭约上尾张藩的庆胜和越前藩的庆永一道，违反惯例临时进入江户城，与井伊大老及其属下见面，追究其责任（见前引书，第258页以下）。

然而，大老却一味保持卑微谦恭的态度，以柔克刚应对反对派的追究。齐昭等人要求面见将军，也被井伊阻止，齐昭的图

谋完全失败。其原因之一，就在于前一天一桥庆喜临时进入江户城，追究违反敕命签署条约的责任，并催促公布确立庆福为继嗣人。面对反对派的攻击，井伊直弼事先已经计划好了应对策略。面对临时进入江户城的齐昭与庆永，井伊以因家格不同、使用的休息间也不同这一礼仪惯例，拒绝与齐昭和庆永会面；甚至到午饭时分，也不提供饭食，使二人长时间等待后，才与其会面。遭到如此一番冷遇后，齐昭等人已是疲惫不堪，只得不了了之。

这样，一桥派抗议违反敕命签署条约与排除井伊的计划完全失败了。然而，大老方面并未以此结束反击。齐昭等人临时进入 148
江户城，意味着之前一直被怀疑的“阴谋方”终于露出了真面目，并发起了正面攻击，因此对其必须加以处罚。

恰于此时，将军家定病危。虽然于二十五日公布了庆福的继嗣一事，而一桥派可能会以将军之死为机会谋划更进一步的“阴谋”。于是井伊大老在家定死去之前的七月五日，作出了处罚违反礼仪惯例临时进入江户城的齐昭等人的决定。被视为其中首领的齐昭本已是隐退闲居的身份，此时被判处比死刑仅轻一等的“急度慎”，即关禁于自家宅邸一间黑屋中的禁锢刑，仅以圆形纸筒从外部获得有限光线。尾张的庆胜与越前的庆永被迫隐退闲居，并也被处以禁锢刑。一桥庆喜与当时的水户藩主庆笃则被暂时禁止进入江户城（吉田，1991）。一桥派中的有力大名山内丰信当时虽然身在领国，并未来到江户，也于翌年被处以退位闲居、日间禁止外出的刑罚。伊达宗城（宇和岛藩主）被迫自行退位。岛津齐彬是这一派的中心人物，他在京都展开的游说也广为人知，因已于七月十六日突发急病死于鹿儿岛，故未被问罪。身为幕府家臣的旗本而参与其中的官员均被免职。岩瀬忠震则在完成了与英、法、俄等国签订修好通商条约等相关事务之后被免职，还被处以隐退闲居、禁止再任官的责罚。

这样，自江户时代开始以来未曾有过的大政变爆发了，多名大大名与幕府官员受到严厉处罚。在大老立场来看，这是“水户阴谋”终于败露，因此为防止事态扩大，趁其尚处于未然状态之时将其扑灭，如此就解决了签署条约与继嗣人两个问题，仅此而已。然而，这并非事情的最终结局，而不过是幕府走向崩溃的序
149 幕。事发之后，不仅签署的条约被视为“非法”，当年春季出现的朝廷与幕府之间的对立，也进一步扩大为受到处罚的有志大名与幕府之间的斗争。同时，这一斗争还唤起了全国范围内的、尤其是主张尊皇攘夷的知识阶层对政治的关心，吸引他们投入这一政治对立的漩涡之中。

对立升级——一桥派趋于激进与天皇的抗议

这一运动的不利结果是当事者分化为屈服、后退和相反更为激进的两个阵营。受到大老处罚的尾张、水户以及越前的大名与近臣们按捺住内心的愤懑接受禁锢刑。他们自认为是德川家门支柱，尽管内心无法接受处罚，但也无意与君主敌对并扩大争端。然而下级家臣中参与运动者对拥立一桥的失败与主君受到的羞辱感到愤慨，于是急剧转向激进。他们抓住幕府违反敕命签署条约这一点，试图利用朝廷一举扭转局势。水户与萨摩的一部分家臣派遣日下部伊三次（出自水户的萨摩藩家臣）前往京都，试图游说朝廷命令大老来到京都并将其解职，或者下达赦免三个藩主的敕命，以此打开庆喜与齐昭掌握政权之路（水户藩史料，坤）。

在此之前，天皇在接收了老中上报的有关签署条约的奏文后，立即召开御前会议，并表明了退位的意向。在等待再次来到京都请求敕许的使者时，却等来了一份幕府通知条约已经签署的 150
文书，这对天皇来说是极大的耻辱。朝廷大臣们最终劝说天皇发出一份“德川三家或者大老必须上京”的敕命，说服天皇撤回了退位的成命。然而大老却表示拒绝，他答复说刚刚处罚了德川三家，且将军去世正处于发丧之际，因此只能派出老中作为自己的代表前往京都禀报情况。天皇听闻此事，再次表明退位的意向，并向幕府发出质问违反敕命签署条约的敕命文书。

于是，左大臣近卫忠熙以下的廷臣为了说服天皇撤回退位意向，便接受了日下部的建议，于八月七日向幕府与水户藩发出了敕命，并要求水户藩将此敕命转给德川三家以下的德川家门传阅（对有领国的大名，则由与他们有往来的公家发出文书的抄件，因此这一文书被称为“戊午密敕”。1858 年为戊午年），文书内容如下。首先，幕府未得到敕许便签署条约是不正常的。其次，幕府对尾张、水户以及越前的处罚关乎人心，实属遗憾。再者，作为此事的善后措施，应在大老、德川三家以及全体大名的“群议”之上，确定“国内平治”“公武御合体”与“永世安全”之策（孝明天皇纪三，第 30 页）。这一敕命未直接言及继嗣问题，仅使用了委婉的词语，其意旨实为要求幕府恢复尾张、水户与越前的权力，在此之上废弃条约。

幕府未获敕许便签署条约是无法辩解的失策，因此天皇与廷臣的态度十分强硬。本来按照传统，朝廷的决定未经关白之手是无法付诸实施的。然而左大臣近卫忠熙以下的首脑受到天皇的委托，采取了未有先例的做法，越过关白九条尚忠直接推进此事，

并且不经幕府向水户直接发出了敕命。朝廷中一部分人对此持反对意见，例如岩仓具视等人认为对正接受处罚的水户发出这一敕
151 命，挑衅意味过于强烈。然而敕命还是传达下去了。果然，大老认为水户家仍未停止“阴谋”行动而甚感愤怒，于是考虑采取措施，将参与水户敕命的家臣、牢人和朝廷有关人员一网打尽（以下史实参考了前引吉田著作）。

公仪的弹压政治——对书生、禁里以及水户的施压

九月三日，新任京都所司代酒井忠义进入京都，十七日，特使老中间部诠胜也来到京都。他们的使命是就条约问题请求朝廷的事后承认，同时获得天皇敕封家茂（即纪州庆福）为将军的旨意。长野义言前往二人下榻处，进言建议逮捕“阴谋方”的志士，但所司代进入京都之前就已确定采取温和态度处理此事。

然而至九月二日，原本预定担任交涉任务的九条关白迫于宫中的压力不得不上表辞职。于是所司代等人立即转变为实行弹压的政策。七日，逮捕了倾向皇室的牢人梅田云滨，间部进入京都的次日，逮捕了水户藩留守京都的鹈饲吉左卫门与幸吉父子，之后又于二十二日逮捕了鹰司家的公家侍（侍奉公卿的武士）小林良典等人。

间部确认了这一系列弹压政策的效果后，于十六日上奏要求驳回关白的辞表，上奏获批准后才首次进入宫廷，并于二十四日获得了将军继位的旨意。从这一天起，他就反复说明修好通商条
152 约的签署背景，请求敕许条约，在这一过程中也使用了水户阴谋论。

对此，天皇执拗地抵抗着，表示要撤销条约，并反对开放兵

库港以及在开港城市与外国人混居。然而，进入十二月，皇室亲属与公卿的家臣们遭到幕府逮捕并送回江户时，天皇也不得不作出让步。至当年的除夕，天皇发出敕命，表示理解不得已签署条约的原因，对兵库港开港提出了保留意见，同时推迟撤销亲善条约（孝明天皇纪三，第155页。高桥，2007）。这实际上就是一份敕许，但大老未将其公之于众。

这样，间部在条约问题上大致获得了朝廷的谅解。不过，在他离开京都之前，他企图确保幕府在朝廷唯一的支持者九条关白的地位。他通过关白向反对派的皇族与宫廷内部的官员施加压力，逼迫他们以自愿形式辞官并将其驱逐出政界。天皇对此虽极力抵抗，但并未奏效。结果，青莲院宫（朝彦亲王）被处以禁闭，鹰司政通与辅熙父子、近卫忠熙、三条实万等人辞去官职并剃发，被逐出政界，另有十余名公卿也受到了处罚。自此，朝廷迫于幕府的威慑，只得屏息求存。

京都的政治弹压开始之时，在江户为了处罚已被逮捕的“水户阴谋”的参与者，在老中松平乘全之下组织了五手挂即联合裁判组（十二月十二日）。然而，其成员寺社奉行板仓胜静（备中松山藩）、勘定奉行佐佐木显发、评定所留役木村敬藏等人主张给予“宽典”，即宽大处理。于是大老辞退了他们，以心腹之臣取代（见前引吉田著作）。结果，八月二十七日公布了对主犯水 153
户家相关人员的最终处罚决定。德川齐昭被判“永蛰居”即终身监禁，一桥庆喜退位并禁闭，水户家家老安岛带刀切腹，同为水户藩的奥右笔头取（即秘书官）茅根伊予之介与京都留守居的鹈饲吉左卫门死罪，同为京都留守居的幸吉被判“狱门”（处刑后枭首）。另外，岩濑忠震、永井尚志、川路圣谟等一桥派人士分别被处以免职、退位闲居与禁闭。之后不久，实力大名的家臣与牢人也被处刑。十月七日，越前藩的桥本左内与牢人赖三树三郎被判死罪，二十七日长州的吉田松阴也被处刑。被判极刑者共计八名，加上被判流放荒岛或者被驱逐者，共有约四十人被处以重刑。日下部伊三次与梅田云滨病死于狱中，自杀者竟达十人。这是近世历史上未曾经历过的大规模弹压事件。其间，老中太田资始与间部诠胜等人曾质疑是否量刑过重，主张宽大处理，因而遭到免职或者禁闭。

大老将所有被视为反对派的人物均以暴力排除，安政五年迅速介入政治的朝廷、参与国政的大名以及牢人等均遭到压制，大老试图以此恢复幕府阁僚专权的旧制。这一恐怖政治一时间平息了政界的波澜，但是却积蓄下背离与怨恨的情绪。一个众所周知的例子，就是本来与此事件无关的吉田松阴被处以死刑后，桂小五郎、久坂玄瑞与高杉晋作等人对幕府的敌意日益增加。越前藩由于是德川家亲藩，始终保持恭顺姿态。松平庆永在被幽禁中，怀着疼惜桥本左内的心情，在心中更坚定了追求实现公议的理想。在政变的台风中心水户，齐昭等人仍处于接受处罚状态中，但家臣则相反，为了纠正幕府的错误、洗刷主君的耻辱，更进一步趋于激进。

154 抵抗压制与匡正幕府的运动——由诸藩联合走向“锄奸义举”

在朝廷对幕府的谴责敕命传达至水户后，水户藩的激进派迅速与萨摩藩家臣联合，企图挽回颓势。他们在取得敕命的抄件后，就开始串联对幕府的外交与处分大名一事心怀不满态度的西日本大名，游说各藩的家臣，以此对抗幕府的压制。在对齐昭的处罚尚未确定时，他们的行动还比较谨慎。但处罚结果一公布，其中一部分人立即决定开始实施由有马新七等萨摩藩士主张的“举兵讨伐”。尊皇攘夷派中，高桥多一郎与关铁之介等人前往京都，试图游说朝廷向各藩发出讨伐幕府的敕命。但由于戒备森严，他们无法接近正处于幽禁中的皇族与公家。回到江户后，又被命令返回水户，计划被迫中断。

幕府于安政六年实施了一系列处罚措施后，即试图让水户藩归还之前批评幕府的敕命，以此使事情回归原点。十二月，幕府获得了朝廷要求归还敕命文书的指令，于是便严厉要求水户家归还敕命文书。

此事在水户藩内引起了一场激烈争论。当时水户藩内处于主导地位的门阀派站在德川家一体论的立场上，主张为了防止争端扩大，应当遵从幕府的命令，攘夷派的“天狗党”中也有人赞同这一主张，《新论》的作者会泽正志斋就是其中一人，这一阵营被称为“镇派”。然而，高桥多一郎等人的“激派”则极力主张拒绝归还敕命。他们认为，敕命象征着水户藩的正当性，是撤回对齐昭等人的处罚的根据，失去了这一根据，将永远无法挽回颓 155
势。水户藩内部经过一番争论，最后达成一个妥协案，即不经由幕府之手，由水户藩直接向朝廷归还敕命。

然而，激进派仍然坚决反对。为了以武力阻止归还敕命，数百人结集于水户交通干道上的长冈，一时间气焰万丈。此时水户藩当局一方面受到幕府斥责，指责其拖延归还为“违反敕命”，另一方面又面临激进派的攻击，于是至二月十五日，不得不向处于幽禁中的齐昭寻求帮助，具体措施是由齐昭向仰慕他的激进派追随者直接发出“谕书”，劝告他们说如果不遵从君命，就将受到处罚；如果仍不接受，就禁锢其首领高桥多一郎。聚集于长冈的激进派至此终于解散。不过，高桥等人逃走，并谋划刺杀大老。

归还敕命文书的决定使得水户与萨摩藩家臣谋划的诸藩联合“举兵讨伐”的计划缩小为由少数人参与的恐怖刺杀行动。他们最初制定的计划内容如下。首先，水户藩家臣袭击大老并烧毁横滨商馆，同时萨摩藩举兵三千人前往京都获得朝廷的敕许，“使公边御政事归复正道”，然后实施“尊皇攘夷”计划。水户藩激进派在确认萨摩藩的态度之前，就已付诸行动。

在此之前，萨摩藩一部分家臣大约四十余人结盟，决定采取共同行动脱离萨摩藩，“突出”（即挺进）中央政界。然而九月主持萨摩藩政的岛津齐兴去世，久光掌握实权，原先决定“突出中央”的一派把重点改为推动全藩。这一转变的契机是正准备“突出中央”时，主君岛津忠义直接向他们发出了指令。在这一“诚忠组”内部，存在着有马新七那样始终主张“突出中央”的人物，但
156 大久保利通压制住了这一势头。当来自江户的使者要求呼应义举时，大久保便催促久光发起义举，但确认久光并不接受这一建议后，只好收回自己的计划而遵从久光（胜田，1910；芳，2002）。

此外，脱离水户藩的激进派规模远小于事先预测，因此，“义举”的规模缩小至袭击大老井伊直弼。同行者中包含脱离水户藩的十九人，脱离萨摩藩的二人，袭击计划由关铁之介等十八人负责执行，决定于万延元年（1860 年）三月三日实施。当天大老正准备进入江户城，因大雪天，大老疏于防备，刺杀者顺利完成任务。其他成员计划的诉诸诸藩的行动归于失败。先期前往京都的高桥多一郎以及在现场目击了刺杀大老之后又前往京都的成

员，或在中途遭到逮捕或自杀身亡，始终未等来萨摩藩的援兵。

然而，幕府的最高领导者在光天化日之下遭刺杀身亡，这一事件给社会造成了强烈震动。人们早已经感觉到的公仪“御威光”的空虚无力得到了证实。水户藩内此时还未出现倒幕的呼声，但人们对回击幕府高压政治的举动予以喝彩，同时也产生了蔑视幕府实力的念头。之前一直在幕府的高压之下屏息等待的志士迅速恢复了活力，也计划袭击其他幕府要人与西洋人。不过志士中也包含如天皇近臣岩仓具视那样把王政复古作为现实课题认真思考的人物。至此，再也无法回到持续二百余年的太平盛世了。生活于幕府之外的人预感到原有秩序即将崩溃，但也无法想象世道将变成什么样子。总之，持续了二百余年的世道将难以继续下去了。

三　到底为何种悲剧？ 157

假设哈里斯没有突然出现

安政五年政变成为幕府崩溃的起点，当事者接连殒命，就这一点而言，这无疑是一场悲剧。不仅如此，自未能成功获得敕许起至一桥派人士遭到处罚为止，这一事件所跨的时间前后不足四个月，自堀田前往京都算起至其离开京都为止，也不过是一年的短暂时光。在短暂一年时间内，先后发生了一连串无法预测的事件，最终酿成了无法修复的敌对关系。对立关系不仅存在于幕府与大名之间，幕府与朝廷、幕府与知识阶层之间也产生了对立关系，这些对立关系盘根错节难以厘清，最终演变成前所未闻的大规模政变。

假设哈里斯当时未来到神奈川附近海面，结果会如何？井伊大老或许在处理条约难题之前就解决了将军养嗣子问题，因而也就不必处分一桥派人士了。或许相反，为了解决已经预定好的条约敕许问题，为了应对前往京都再次上奏，采取措施不惜将一桥派拉入己方阵营。实际上，一桥庆喜后来就成了德川家茂（纪州庆福）的监护人。天皇反对新条约，这的确是事实，但如果考虑到天皇后来对长井雅乐提出的航海远略论给予相当大期望这一点，就很难说双方完全没有妥协的余地（高桥，2007）。再
158 者，当时几乎所有大名均转向肯定开国。如果皇女下嫁将军一事能在安定的政治环境中圆满实施，必将对改变天皇意向产生积极影响。如果没有发生安政五年政变，即使存在一定程度的政治难题，也不至于导致政治体系走向崩溃。

然而，现实却恰恰相反，相互不信任与憎恶、双方之间不断加剧的敌对行为这一恶性循环不断扩大。为何无法在中途制止住这一恶性循环？幕府对一桥派临时进入江户城行为的处罚过于严厉。为何不能仅针对其中少数首要人物进行处罚？如果那样处理的话，或许能得到多数大名的支持。对京都的皇族与公卿的处罚是如此，将与事件完全无关的吉田松阴传唤至江户一事以及翌年的最终处分也是如此。的确，当时攘夷论者与王政复古论者均已开始抬头。然而他们还只是少数派。如果能把争端限制于局部范围内，争取到以大名为首的社会舆论支持的话，攘夷论者与王政复古论者的势力是无法急剧膨胀的。

失败的原因与结果

幕府为何未能成功控制争端？一个明白的原因是，在反一桥

派中，水户阴谋论这一对事实的错误判断一直左右着人们的行动，在使九条关白放弃一直坚持的反对条约主张，并转变立场成为朝廷内唯一幕府支持者的过程中，水户阴谋论起到了关键作用。一旦认识到这一因素在政治上能起作用，就已经没有必要再 159
去思考这一解释是否真实了。至七月，"阴谋方"人员实际上已经临时进入江户城，并试图推翻大老。至此对水户阴谋论的疑问已经变成确信了。接着到了九月，为挽救处于被罢免之险境的关白，以及同年年末试图从天皇那里获取事实上的条约敕许时，水户阴谋论都发挥了作用。水户藩德川齐昭的条约反对论并非认真思考日本未来而得出的结果，只是出于拥立自己的儿子成为将军的个人欲望而做出的不当主张——如果支持这一立场，朝廷也将成为加速日本政治秩序崩溃的帮手。由于创造了这一解释，水户阴谋论就成为影响政局走向的核心要素。认识到这一点之后，妥协就变得不可能，而且既然是阴谋，对相关成员的处罚就必须严厉。

与此同时，一桥派的运动极其坚定执着。进入六月，拥立庆福的活动已经成为公开的秘密，但一桥派仍在坚持要以庆喜取代庆福，为此还抓住了大老与老中松平忠固之间不和之隙，设法陷大老于失误。因此，一桥派临时进入江户城之后，将军家定病危之时，大老担忧他们施展下一步阴谋，也并非无稽之谈。此外，当齐昭等主君重臣被处以幽禁刑时，水户藩家臣中的大部分人仍不放弃，未与主君商议就自行策划了反对运动与讨奸运动。自从齐昭被拥立为藩主以来，发生了两次同类事件，作为主谋者的会泽等天狗党内镇派，甚至齐昭自己企图阻止这些运动时，家臣也完全不予理睬。齐昭率领的家臣具有在整个江户时代十分罕见的固执与好斗特性，而作为他们首领的齐昭却恰好出面拥立将军后继者。这一巧合也使得对手采取了毫不妥协的对策。

160 这一敌对关系一旦形成，幕府的暴力压制便如同火上浇油，对立关系愈演愈烈。对一桥党的处分为第一阶段，逮捕主张王政复古人士为第二阶段，处分公家为第三阶段，最后的大规模处罚为第四阶段，至此均为幕府单方面行使暴力。接着是樱田门外之变（即大老井伊直弼被暗杀事件）这一反对派的反击，之后就有此起彼伏的恐怖暗杀。暴力行为在受害者与相关人员心中播下了怨恨的种子，原先的竞争对手成了不共戴天的仇敌，报复与仇恨情绪与日俱增，直至彻底铲除对手时才能停歇。即使对手途中做出表示缓和的姿态，也可能会被敌手认为是软弱的表现，因而导致报复行动进一步升级。暴力争斗一旦开始，就很难停止下来，处于优势的一方可以把自己的行为解释为“以暴制暴”，但实际上却很难奏效，试图恢复秩序的努力相反可能加剧抗争，此时政治妥协已经变得几乎不可能。

在思考这一段恶性循环的史实时，不禁令人感叹不是“人”，而是“命运”在主宰这一历史过程。更准确地说，是一种“场”的作用力，以及由此串联起来的“事”与“事”的连锁恍若主人公一般主导着这一段历史。一旦被卷入这一历史漩涡，人就变成了任由摆布的客体，无论殒命于其中还是得以幸存，均非依靠自身力量，而是某种超出自己意志的力量作用的结果。

第七章　幕末：公议·尊皇攘夷·强兵运动 161

概观：政治动乱的十年

安政五年政变成为近世国家政治秩序崩溃的端绪。但从这一混乱的漩涡当中，也产生了有关未来新的政治体制的思想萌芽。一个是“公议”“公论”，另外一个是“王政复古”。此时这些思想还未被概括提炼为政治构想，然而随着这些思想逐渐向幕末日本全国传播渗透，不久发展成为新国家的两个理论支柱。

不过，樱田门外之变发生后，政界实际上已经陷入极度混
乱。回顾这一动乱，自安政五年（1858 年）政变时起至王政复古
（1868 年）时为止的这十年，可以划分为两个阶段。在最初的五 162
年中，政治秩序迅速崩溃，已经迷失了方向。文久三年八月十八日的政变使这一崩溃过程戛然而止，之后的五年间，朝廷与幕府和解，建立了公武合体体制，同时被驱逐至体制外的势力则试图转而追求以“王政”与“公议”为支柱建立新的政治秩序，此时已经不再有类似之前那样新的主体与斗争焦点出现的现象。然而，在有限的主体之间展开的激烈斗争，使政界越发陷入不安定状态。

在幕末历史的最后一幕里，起着决定性作用的是“王政复古”。鸟羽伏见之战之后，萨摩与长州成为政局的主导者。然而，在这之前的幕末史中，主体与其联合者或者对抗者之间的关系

十分复杂。在写作于二十世纪的维新史里，选择最激进道路的长州与尊皇攘夷运动受到重视。但实际上，安政五年政变之时，长州藩还不曾存在于政界。在理解明治维新时，之前的学者只聚焦于最后的胜利者一方，把明治维新集中表现为那些主角以其意志与努力实现理想的过程。然而这种处理是不公平的。在包含明治时期在内的约二十年的政治变革过程中，绝非只有尊皇攘夷，还有不断出现的许多政治课题，为了解决这些课题，各种势力联合或者相互争斗。本书通过通观全局，聚焦活跃于各个时期政治舞台上的主要人物群体，详细描述各股政治势力在各个时期的动向。

163 **幕末动乱的前半部分——三个运动的相互竞争**

本章与下一章将概观幕末政治动乱的前半阶段。虽说政治秩序迅速走向崩溃，但在这一时期，各方仍在努力设法重建秩序，或者实施建设性的改革。其中，有三个政治运动在展开。首先是幕府推进的军事制度改革运动，其次是长州、萨摩以及越前藩发起的参与政治，即“公议”运动，最后就是民间与朝廷知识分子把长州的大名与朝廷卷入其中的尊皇攘夷运动。

幕府军制改革的主要目的是应对西洋，一方面以条约避免冲突，另一方面则为了以防万一，以海军为中心，重建经过二百余年的和平岁月后实际上已经不复存在的军队。“公议”“公论”运动，是处于幕府外部的势力挑战迄今为止的禁忌，要求参与全国政治的运动，其主力是越前、萨摩与长州藩的大大名，他们着力与幕府交涉博弈。与此相反，尊皇攘夷运动的特征是主张恢复天皇的权威，并排斥西洋，以言论与暴力两种方式诉诸全社会，以此争取支持。

在这三个运动中，前二者的目的是重建秩序，二者原本是和谐相处的，随着尊皇攘夷运动日趋激烈，二者之间开始产生矛盾，最后被卷入尊皇攘夷运动的波澜之中，二者都于一段时期内偃旗息鼓而退出了政治舞台。不过，尊皇攘夷运动也并非因此就成了胜利者。幕末政治动乱最初的五年里，三个政治运动相互否 164
定着演化消长，由此政治秩序的解体也随之不断加速。

下面将三个政治斗争的焦点与三个政治主体结合起来展开叙述，这一关系经整理后列入表7-1。如表所示，各个要素之间存在着交叉关系。在表的纵列中列入当时三种重要的政治主体，横行中列入争论的主要焦点。各主体对各课题与争论焦点持积极支持态度以◎表示，肯定以○表示，否定则以 × 表示。态度模糊以△表示。各个政治主体对各个课题与焦点设定了肯定、否定态度，并设定优先顺序，在政局当中选择与切换。政治的目的是形成己方多数派优势，以此实现自己抱负。因此，为了扩大己方阵营势力、打压对方阵营，就必须变换优先顺序，或者暂时搁置某一争论，提出另一问题与竞争对手合作。例如，尊皇攘夷的志士并非完全否定公议或者强兵主张，因此时而也会与原本持反对攘夷立场的越前或者萨摩藩合作。不过，由于过往的复杂关系或者感情对立，也时常无法作出合理的选择。萨摩与长州这一对多年的竞争对手很难实现合作，就是这样一个例子。历史上的主体站在怎样的舞台上，进行过怎样的政治摸索？ 165
对照表7-1，就可以充分理解他们所演出的政治这一“可能性的艺术”。

表 7-1　围绕争议焦点公议、攘夷、强兵问题的立场

政治主体	强兵	公议	攘夷
幕府	◎	×	×
（长州、）萨摩、越前	△	◎	×
志士（＋长州）	○	◎	◎

一　公武和解的尝试、幕府的强兵改革与大大名的公议运动的交错

樱田门外之变发生之后，幕府采取了对国内日益高涨的反对条约的舆论加以怀柔的政策。同时，幕府借着西洋使节回国申请批准条约的机会，作为一个长期对外政策，着手建设西洋式海军与陆军。同时，大大名与长州、萨摩目睹朝廷与幕府的不合，便试图扮演调停朝廷与幕府关系的中介者，以此为契机介入中央政界。这一势力变动无常，时而支持幕府的军制改革，时而试图抑制这一改革（三谷，1997）。

幕府的公武和解策略与天皇的王政复古决心——皇女下嫁

久世广周与安藤信正取代井伊直弼担任阁僚后，幕府政权依然维持对原一桥派的大名与幕府官员的敌视政策，但同时也着手解决与朝廷的对立这一国内矛盾的根源问题。幕府方面的考虑
166 是，将军家茂迎娶皇室女子为夫人，使天皇成为将军的姻亲，达到改善双方的意见沟通的目的，以此影响天皇，使其不再向外部表露对幕府的不满情绪，最后促使其理解开国为不可避免之趋

势。他们为了顺应天皇的意向，便努力压缩条约的实质性内容，希望以此平息否定签署条约与批评幕府的舆论。

幕府以孝明天皇的妹妹和宫为候选人，于樱田门外之变发生后不久的万延元年（1860 年）四月向天皇提出皇女下嫁将军的要求，但最初遭到严词拒绝。和宫此时已经有婚约对象，和宫本人也拒绝下嫁将军。不过，天皇后来接受了近臣岩仓具视的建议并改变了态度，有条件地认可了下嫁一事。岩仓的主张如下（吉田、佐藤，1976，38 号）。第一，如樱田门外之变所显示的那样，关东（即幕府）的霸权已经坠地，无法依靠幕府度过对外危机。第二，朝廷今后应该确立长期目标，即隐蔽地收回委任给关东的政权，通过“舆论公议”商定“国是”即国家基本方针，立足于此展开行动。第三，要在短时间内实施王政复古，就必须诉诸武力，但眼下大敌当前，不可因此引起天下大乱。第四，幕府现在向朝廷提出迎娶和宫，正是朝廷实施收回政权计划第一步的极好机会。第五，作为把和宫下嫁给将军的代价，朝廷可以提出要求，迫使幕府废弃条约，同时有关国政的重大问题必须在上奏朝廷后方可实施。

这一计划的实质是朝廷看清了幕府实力已经衰落，于是把“王政复古”列为明确的长期目标，并把幕府提出的和亲请求作为实现这一目标的第一步。也不应忽略其中利用“公论”支持朝廷这一点。

幕府阁僚接到天皇的意旨后，于七月末提交了老中联名的答 167
复奏折，并立下誓言说“由现在起七八年乃至十年内”废除亲善条约。天皇接到此奏折后，取得了和宫对下嫁的允诺。大概是因为知道这一约定根本无法实现，在指定期限内废除条约的这一秘密约定，不仅在朝廷内部，在幕府内部也被列为绝密。幕府首脑的这道奏折，目的是期待即将成为将军姻亲的天皇同情幕府所处的窘迫境况，因而在指定期限内放弃攘夷论。

这一婚事至十月获得正式敕许并公之于众。之后不久，由于幕府与普鲁士签署了修好通商条约，婚约濒临破裂（福冈，2013）。主张攘夷的志士此时还未知晓密约一事，把和宫下嫁将军视为幕府企图以和宫为人质的举措，因此甚至传出废黜天皇的流言。和宫离开京都是一年之后的事，婚礼于文久二年（1862 年）二月十一日举行。然而，公武和解、平息舆论的目的则完全落空，相反，废除条约的秘密约定却如同绞索般渐渐勒住幕府的脖颈。

大大名介入国政——长州“斡旋公武”

和宫下嫁并未能平息社会舆论对幕府的批评，也未能缓和朝廷与幕府之间的紧张关系。见此情形，长州藩试图利用长井雅乐提出的“航海远略”论，把朝廷的政策改变为接受开国，以此缓解朝廷与幕府之间的不和。幕府过去不仅禁止一般大名介入全国
168 政治，甚至禁止他们进入京都。然而，久世、安藤政权由于急于缓解密约造成的压力，竟然决定打破这一近世以来从未改变过的禁锢。

长州藩公开的总收入为 37 万石，但实际收入为 70 万石，在拥有领国的大名中是实力雄厚的雄藩。长州藩与安政五年拥立一桥庆喜事件毫无关联，佩里舰队来到日本后在相州（相模国，现在的神奈川县）、签订通商条约后在兵库，长州均忠实地完成了警备任务。然而，长州在被授予戊午密敕的抄件时甚为感佩。长州藩以对朝廷的忠诚、对幕府的信义以及对藩祖的孝道这三点为藩政的根本，开始寻找介入国政的时机。井伊政权的崩溃造成

幕府权威坠地、和宫下嫁一事陷入僵局之时，在长州看来恰是以“斡旋公武”介入中央政局的绝佳时机。这时向藩主提出具有魅力的方略的，正是主君身边的直目付长井雅乐（末松，1921，第二编第七章以下部分）。

长井提出的航海远略，具体就是允许朝廷对国政发言，但要使朝廷接受开国政策，以此消除朝廷与幕府之间的对立，举国一致向海外发展。这一方略的核心有以下几点。第一，幕府未获得敕许就签订条约是造成朝廷与幕府不和与国内混乱的原因，必须加以谴责。第二，朝廷主张的“破约攘夷”是给予外国正当性、同时不考虑国力差距悬殊的错误对策。第三，锁国不过是日本历史上一时的传说而已，实际上皇朝隆盛时期，在京都就设有接待外国使节的鸿胪馆。第四，天照大神的神敕中有“天日照临之处均可布及皇化”之语，因此日本人应当积极地向海外发展。第五，对幕府不应采取“破约攘夷”策略，而应当由天皇下诏，命其履行开展航海、向海外展示武威的征夷职责。第六，这样就可达到匡正君臣名分，海内一和的目的[①]。

文久元年（1861年）三月，因幕府与普鲁士缔结条约，和宫 169
下嫁一事被推迟，此时长州藩决定采纳长井的建议，介入斡旋朝廷与幕府之间的关系，这一任务交给了长井本人。长井首先在京都通过在朝廷担任议奏一职的正亲町三条实爱获得了天皇的口头承诺，接着前往江户，并获得了老中久世与安藤的理解。之后藩主毛利敬亲由领国来到江户，正式向幕府申请出面斡旋，在和宫与家茂的婚礼顺利完成之后的文久二年二月，长井带着老中委托

① 积极型开国论者时常把武力侵略邻近国家作为目标。

斡旋的授权，前往京都。

一方面，为何天皇会给出授权长州介入斡旋的口头承诺？朝廷渴望从幕府的压抑之下摆脱出来，因此希望有实力的大名介入此事。开国虽然违背天皇的一贯主张，但只要能使幕府就重要问题与朝廷进行协商的提议，就值得欢迎。这样，下嫁和宫的两点条件（废除条约、与朝廷协商）中尚无答案的第二点就得到了解决。

另一方面，幕府为何接受了斡旋？最主要的原因是，幕府希望尽早取消废除条约的秘密约定。此时承诺废除条约的幕府已经无法再要求朝廷转变立场接受开国了，必须有第三者介入其中。再者，长州并未参与安政五年的政变，而且藩主毛利敬亲被认为在各个有实力大名当中是最无野心者。最后，长井雅乐的提案刚好可以成为幕府官员当时正在计划的大规模军制改革的一个支撑，因而对幕府而言具有吸引力。

170 然而，文久二年三月长井雅乐进入京都正式开始斡旋时，朝廷却对其航海远略论不感兴趣，长州藩内部也出现了强烈的反对意见，长井的斡旋归于失败。其中过程，将在后面章节中再叙。

幕府的军制改革计划

幕府于文久元年春，根据遣美使节的见闻，加上受到俄国军舰占领对马海峡事件的刺激，于是制定了正式军制改革计划，以此为创造“东方第一强国”的第一步（三谷，1997，第七章；金泽，2017）。

幕府于安政年间开始实施应对外来压力的一系列军事改革，其中包括整备江户湾炮台台场、建立海军传习所等。缔结修好通商条约是正式开始制度改革的好机会。然而井伊政权对组织改革与学习西洋科学技术持消极态度，他叫停了海军传习，军事改革反倒后退了，重启军事改革是万延元年年末的事。久世与安藤两位老中兼任了负责处理外国事务的“外国挂”，他们参考了遣美副使节小栗忠顺的意见，开始思考军制改革。受到翌年文久元年俄国占领对马海峡事件的刺激，于当年四、五月任命了负责军制改革的军制挂（军制改革大臣），命令其制订军制改革的相关计划。

翌年文久二年夏天完成的这份计划的内容是，全面采用西洋的技术创建大规模海军以及由将军亲自指挥的陆军。这是为了应对对外战争的计划，并未考虑用于镇压国内开始抬头的反幕府运动，因此海军比陆军更受重视。

海军的建设计划分为两个阶段。第一阶段组建一支舰队（布 171
置于江户与大阪，军舰 12 艘及其余船只，士官 474 人，水手炉工等共 3860 人），相关经费来自储蓄金与财政整理（大概是由改铸货币产生的资金）款项。将来在全国六个地点建设 15 支由幕府直接管辖的舰队。此外还计划对大名放宽参勤交代，降低大名定期前往江户谒见将军的频率，代之以征收海军兵赋（兵赋包括征募或者雇佣大名领国的领民。后来改为以货币形式缴纳兵赋），并以海军兵赋组建舰队。

同时在陆军方面，大名的军制改革（统一为西洋化）被延后。首先重新组织直属将军的军队，组织西洋式步兵、骑兵与炮兵三军，按照由周边向中心推进的顺序实施。具体做法是，对旗本身份的武士根据其俸禄高低依次课以兵赋，组成部队的主要部分，以经过重新编组的小十人组（小十人组是幕府的武官系统中最下一级单位，为将军外出时承担警备任务的下级武士）以下的下级士卒充当部队的其他部分，指挥官则从进入讲武所学习了军队指挥训练的旗本中选拔任用。剩下的番头即将军的卫兵部队则分别组建为步、骑两队，安排为“御马前守卫”(日式传统部队。但未实行)。

为了配合军制改革，还制定了一直悬而未决的行政与财政改革计划。同时为了强化组织功能，还实施了仪礼、服装制度以及决策过程的简略化。在人才录用方面，安排学问吟味（即学力考察考试）合格者担任目付与奉行级别官员；任用有谒见将军资格的御目见以下级别的人才，例如参加过海军传习的家人，担任御目见以上级别官员职务（胜海舟为一例）；另外还从担任过外国奉行所的翻译方的陪臣（大名的家臣）中选拔人才，晋升为直接隶属将军的直参（将军的家臣）(例如福泽谕吉等人)。

幕府的这一文武官制改革计划的规模超过了江户时代的三大
172 改革，其意图为“复古”、即恢复至江户时代初期的原初状态，
同时还提出了建立地球上强国的长期课题，并且在一定程度达成了计划目标，这是具有划时代意义的。

着手改革·游说开国·将军上洛

文久二年春，家茂与和宫的婚礼举行之后，幕府官员的改革计划付诸实施。首先三月十五日，板仓胜静与水野忠精被任命为老中。接着经过不断准备，五月二十二日家茂发布改革宣言，任命了负责改革事务的改革挂（改革担当大臣）(起用了大目付［监视幕府高官行为，尤其是监察大名的幕府监察官，待遇等同于大名］大久保忠宽等人)。家茂的宣言内容如下。

> 政事流于姑息，专事虚饰，士风轻薄日增，全失本家遗

> 风，未甚于此。尤处于与外国交际之时，必得专注于充实兵备。故顺应时宜，实行变革，复古至简易之制度，质朴之士风，致力光耀武威，勉力忠勤。（续德川纪实四，第318页）

同时，幕府的改革派官员试图游说朝廷转变为支持开国论。幕府与英国公使阿尔科克进行交涉，力图推迟两都（江户与大阪）与两港（兵库与新潟）的通商开市与开港日期，以获得时间上的回旋余地，在国内则力求尽早取得朝廷对条约的承认。为此他们委托长井雅乐进行斡旋。此举失败后，仍试图继续游说。173

此时，朝廷计划以率领一千余名士兵来到京都的萨摩藩岛津久光为后盾，向幕府提出赦免原一桥派的公家与大名的要求。幕府获得这一情报后，先发制人赦免了相关人员。同时，顺应反对派期待恢复一桥派权力的愿望，任命被赦免不久的越前藩主松平春岳（庆永隐退后的用名）担任政务参与，并委托他游说朝廷开国。对长州藩也同样提出了继续合作的要求。在幕府内部，迫使废除条约一事的负责人久世辞职，把进入京都游说的任务交给了新任命的板仓。以板仓为首脑，率领由德川家门、外样雄藩大名联合组成的强大开国游说团进入京都。

此时，春岳把将军承诺上洛（即前往京都）作为接受职务的前提条件，他打算推动将军实现自家光以来的再次上洛，将军向天皇表示对下嫁和宫的谢意，以及为过去的失职谢罪，然后召开诸大名参与的会议，决定“国是”。恰逢此时，长州藩的桂小五郎也开始提议将军进入京都。这一主张的目的是，暂时搁置开国论，继续周旋于朝廷与幕府之间，同时缓和藩内的对立——长州藩内主张“破约攘夷”的久坂玄瑞与其攻击目标长井雅乐此时正处于激烈对立之中。将军采取了越前与长州藩的主张，公开承诺于六月一日前往京都。

然而，敕使大原重德与岛津久光来到江户后，这一构想遭到挫败。在此之前，朝廷根据岩仓具视的献策，决定了收拾时局的“三事策”。这一方案吸纳了萨摩提出的任用原一桥派与长州提出的将军进入京都的主张，但实际上是优先考虑了已在京都的
174 岛津久光的方案。其方案主张，朝廷派出敕使与久光一道前往江户，并委以全权，向幕府提出阻止老中与春岳进入京都的要求。同时，长州面对被后到的萨摩超越的局面，十分焦急，于是自行派出使节前往京都。几乎与此同时，已经到达江户的敕使否定了将军前往京都的必要性，仅仅提出了安排原一桥派的春岳担任大老，一桥庆喜担任将军监护人的要求。这样，幕府的苦心安排化为乌有，只得搁置游说开国的计划。

建设大海军 · 缓和参勤 · 将军上洛

同年七月上旬，幕府接受了敕使的要求，任命一桥庆喜为将军监护人，松平春岳任政事总裁（春岳嫌弃大老的称号，于是新设了这一名称）。由此，春岳以及久光获得了更大的发言权。二人提出，作为新体制确立后的第一件事，应当缓和大名定期前来江户谒见将军的参勤交代制度。幕府的改革派官员接受了这一主张，但作为交换条件，要求大名接受幕府酝酿已久的海军兵赋计划。春岳进一步主张，为了维持与长州的联合，向天下昭示刷新幕府政治的姿态，应当立即实施将军进入京都的计划。然而幕府官员对此表示反对。热心于建设海军的小栗忠顺等人主张应向海军分配同等经费。此时，萨摩藩为了利于久光前往江户，暗地放

火烧毁了萨摩藩主在江户的官邸，企图制造藩主岛津忠义无法前往江户的口实。这一事件败露后，幕府官员对萨摩的反感立即爆发，幕府官员的注意力一时间集中于追究萨摩藩的责任上，缓和参勤与将军上洛两件事，以及军制改革等计划便被搁置了。

八月二十一日，久光离开江户后，改革计划重新开始实施。175
井伊时代的老资格老中已被罢免，被任命为负责联系将军的御用取次（即联络官）的大久保忠宽以及小栗忠顺等新上任的官员开始掌握主导权，负责军制改革的军制挂着手制定改革的宏大计划。不过，新任官员当中，小栗等人专注于意在恢复幕府权威的军制改革，大久保则致力于重建政权整体因而对春岳主张的“公议”颇有共感，但二者之间仍有区别。

春岳察觉到军制挂此时的动向后，突然于自家官邸闭门不出。同时，安排此时已经被传呼至江户的顾问横井小楠展开游说，劝说幕府抛弃“幕私”即幕府的私心，首先放缓参勤交代，作出安排将军前往京都的决定，以安抚天下人心。幕府吃了春岳的闭门羹之后，便处于违反敕命约定的不利境地，同时也无人游说朝廷开国，于是板仓与大久保被迫同意了春岳的要求。然而，即使缓和参勤交代之后能节省下来一笔费用，但如果决定建设大海军而向大名征收海军兵赋，大名的负担绝不会减轻①。另外，即使仅限于第一期计划，如果要早早实现计划，势必难以筹措将军上洛所需费用（百万余两）。于是，春岳与大久保商议，任命胜麟太郎（即后来的胜海舟）为军舰奉行，并命他在评议会议上把军制挂的海军建设计划批驳得体无完肤。他指出，即使从西洋国

① 以广岛藩为例，参勤交代所需的费用超过年度总经费的30%。

家购得军舰，操纵军舰的士官与水兵又从何而来？仅第一期，就要训练千人以上的人员，这需要花费多长时间？至此，所谓大规模的计划自不必言，第一期计划也只不过是专家们的纸上空谈而已，被完全否定了。

这样，幕府官员改革计划中的最重要部分建设大海军计划遭
176 遇挫折，反倒确定了预定之外的缓和参勤与将军上洛（闰八月二十二日与九月七日），这是意味着以幕府为主体的中央集权体制下的强兵改革在越前与萨摩等大大名的“公议”主张面前溃败的事件。然而，在江户取得胜利的越前与萨摩的公议运动之后并未能主导政局。缓和参勤与将军上洛得以实现，但京都高涨的尊攘运动把长州藩卷入其中，致使其由开国转向完全相反的攘夷立场，并且短期内从萨摩与越前藩手中夺取了政局主导权。

二 尊攘运动对政局的决定性影响

文久二年秋，幕府的改革告一段落，政局的中心课题转到将军上洛时应确定怎样的对外方针这一问题上。

此时在京都的尊攘论者迅速扩大势力，他们企图逼迫幕府承诺无法实行的攘夷，并于翌年将军上洛时逼其确定具体的攘夷期限，使其陷入无法解脱的境地，最后推倒幕府。下面概述这一过程（参照德川庆喜公传）。

177 **长州与朝廷的尊攘激进化**

文久二年五月下旬，敕使大原重德与岛津久光出发前往江户

后，尊攘激进论在京都骤然高涨。岛津久光率兵进入京都时，镇压了企图利用本藩的兵力举兵推倒幕府的牢人们（寺田屋事件）。牢人们散去之后，破约攘夷论与否定幕府论在京都再度泛起并日益加强。

此时主导京都政局的是以久坂玄瑞为首的长州激进派（末松，1921）。与有马新七（在寺田屋事件中被奉命讨伐）等萨摩的尊攘派不同，久坂成功地使全藩参与其中，并且把应对目标设定为立即实行攘夷，获得了朝廷与京都社会舆论的压倒性支持。当年四月末，长州藩继嗣人毛利元德进入京都后，久坂游说朝廷，并从朝廷那里获得了口头意旨，批评依照藩主毛利敬亲之命周旋于朝廷与幕府之间的长井雅乐的开国游说活动，使长州藩进退维谷。结果，来到京都的敬亲为了获得朝廷的原谅，把原先斡旋朝廷与幕府的方针内容由将军上洛与开国论改变为将军上洛与攘夷论，这是一百八十度的转变（七月六日）。这以后，长州被激进派控制。他们认为幕府原则上已经接受破约攘夷的密约，要求幕府立即实施攘夷，并企图由此开辟最终实现王政复古的道路。

此时，土佐也被卷入立即实施攘夷的周旋之中。讴歌尊皇攘夷的团体勤王派的首领武市瑞山趁原藩主山内容堂（丰信隐退后的用名）不在藩内之机，推翻了其心腹吉田东洋，和在藩政方针 178
上与吉田对立的保守派联手掌握了政权。然后又联络了山内家的世代姻亲三条实美，促使正前往江户谒见将军的藩主山内丰范改变行程前往京都，之后获得了斡旋朝廷与幕府的敕命（八月十五日）。前任藩主并未改变亲德川的态度，但由于武市等人的这一连串举动，土佐藩内的政治主张一时间分裂成为两个极端。

在京都，大名们主张立即实行攘夷之后，在朝廷内部主张尊攘的激进派势力也迅速扩大。此时推波助澜的是排斥“四奸二嫔”，即之前推动和宫下嫁的廷臣（久我建通与岩仓具视等人）与女官的运动。六月二十三日，关白安排之前推进条约敕许的九条尚忠接替了下发戊午密敕的近卫忠熙，朝廷方面也试图抹去井伊、安藤体制的色彩。此时，萨摩藩士藤井良节与浪人本间精一郎开始主张对参与助力和宫下嫁一事的有关者实施斩奸。九条家家臣岛田左近被以天诛名义暗杀（七月二十日）之后，近卫关白也不得不接受这一主张。这一结果鼓舞了朝廷内部的尊攘激进派，三条实美、姉小路公知等十三名公家提出对内大臣久我建通与岩仓具视的弹劾书，结果久我与岩仓等人被处以解职、剃发、幽禁（八月二十日）以及最终驱逐出京都（九月二十日）等严厉刑罚。

从废除条约的密约开始，当对“大义”的背叛被揭露以后，“正论”便开始高扬。随着背叛者被一一揭露，正论家的势力也不断扩大。近卫关白与其同道（议奏中山忠能、正亲町三条实爱）也被卷入其中，向正在抬头的激进派公家施以援手，驱逐了原先持同一政见的岩仓等人，结果招致自身与天皇的孤立无援。

179 这样，文久二年秋天，朝廷内外尊攘激进派的势力急剧扩大。闰八月七日，久光从江户返回京都，向关白力陈应静观一桥庆喜与松平春岳的改革，不可立即实施攘夷。此时关白受到长州与土佐藩的压力，未能接受久光的建议，相反要求廷臣共同商议攘夷之事，同时发出文书，奖赏长州藩在斡旋破约攘夷时立下的功绩（八月二十七日）。

武市瑞山在上呈朝廷的建议书中主张如下几点。第一，朝廷设立直辖领地、建立直辖军队，然后下达攘夷的敕命。第二，缓和大名的江户参勤，转向朝拜京都，开始王政复古。第三，作为实现王政复古的手段，命令西日本的大大名上京，依托其势力向关东派出敕使。这里，武市公开把同年春季因寺田屋事件遭到挫折的王政复古立为目标，而攘夷则转变为实现这一目标的手段。

在这样的氛围下，长州与土佐藩吸纳了在京都的萨摩藩士，以萨、长、土三藩名义向朝廷提出了派遣敕使前往江户的建议。于是朝廷于九月二十一日任命了攘夷敕使（正使为三条实美，二十六岁，副使为姊小路公知，二十四岁），于十月十二日携带要求攘夷的敕命与要求幕府布置亲兵的通知书，在山内丰范的护送下出发了。

幕府的攘夷公约与朝廷、幕府地位的反转 180

与此同时，幕府于文久二年九月七日宣布将军将于翌年春天前往京都，幕政改革至此告一段落。之后为将军前往京都做准备，开始讨论对外政策（续再梦一）。首先，决定由一桥庆喜先行进京，并讨论了将由他上奏的对外政策。此时出现两种意见，一种是会津、越前藩提出的废除条约论。闰八月一日被任命为新设置的京都守护职（幕府于1862年设置的职位，负责巩固京都的治安，同时掌管京都、大阪、奈良等地区的重大军事权，并经常与朝廷进行交涉）的松平容保从遵奉朝旨的立场出发，主张废除修好通商条约。政事总裁春岳也主张为了重新博取舆论对幕府的支持，赞同长州藩提出的以未来开国为前景的废除条约论。与此相反，老中与幕府官员则主张维持条约，他们认为，从长远观点看，攘夷实非良策，短期内也无法实施。如小栗忠顺等人那样，他们并不乐意接受朝廷与大名参与国政，内心希望恢复幕府的威光。对此，容保主张，如果违背了朝廷的意旨，将使国威坠地，幕府的权威也难以恢复。春岳也批评了“幕私专制”，支持容保的主张。

当毛利元德为向幕府传达朝廷要求攘夷的敕命而由京都来到江户时，幕府商议中出现的这一对立越发加深。总裁春岳再次辞官。然而，担任将军监护人的一桥庆喜主张，废除条约自然不可取，维护条约已经是视幕府为无物，唯有图全国之利益。听闻一桥此言，春岳改变了态度。春岳改变态度，是因为一桥的意见与春岳一直主张的只要幕府不抛弃“幕私”，就无法使朝廷转向开国论的立场一致。结果，幕府内定一桥于十月一日上京，竭诚上奏开国之建议。

181 然而，同一天，京都传来消息说因京都敕使将前来江户，故命一桥推迟进京日期。因此一桥进京游说开国一事又被搁置，焦点转变为如何应对再度到来的敕使一事。此时，老中与一桥决然否定了朝廷提出的改善接待敕使待遇的要求。总裁春岳见此，又改变主张回到破约论立场，并提交了辞职信。春岳主张，说服朝廷转向开国的唯一道路，就是幕府对之前的暴政表示谢罪，抛弃“幕私”，表明与天下一道施政于天下的姿态，而幕府却在一些琐事上极力显示权威，这是让人无法接受的。

如果朝廷任命的总裁此时辞职，幕府将无法接待敕使。于是，时任幕政参与的山内容堂奔走于二者之间斡旋调停，同时极力说服老中：如果敕使此次无功而返，关西（即京都）必将大乱，攘夷势必变成攘将军。于是，幕府不得已于十一月二日作出内定，承诺接受攘夷。

敕使于十月二十七日到达江户。然而，一个月后敕使方得进入江户城传达敕命。原因是将军家茂恰于此时罹患重病麻疹。不过，其间幕府为了扫清之前的遗留问题，作出了决然处置。十一月二十、二十三日，追加处罚了井伊、安藤体制的负责人，二十八日，发布了在安政大狱（即前述井伊直弼等人对"水户阴谋"相关人员的严厉弹压）中受到处罚人员的赦免布告，接着，又大幅修改了接待敕使的礼仪规格。过去接待敕使时，依照传统采用两敬之礼，即将军与敕使以同等规格对待对方，而这次自始至终都把敕使置于将军之上。当时朝廷内部主张由立即实行攘夷转向王政复古的呼声日益高涨，舆论要求把幕府置于朝廷之下，此次幕府终于正式接受了这一要求（东久世，1911；久住，2009）。作为 182
安政五年政变之前的江户时代的常识，人们一直认为德川公仪事实上位于禁里之上，而此次的措施实际上颠覆了这一秩序观。通观整个近世，将军与天皇的关系始终模糊不清，自此时起，二者之间的界限得以明确化，即天皇位于将军之上一事已经明确公之于世。

采取措施治愈安政大狱留下的创伤，并把天皇确立为日本唯一的君主之后，将军于十二月五日作出答复，表示接受攘夷。其具体方法交给幕府确定，但回绝了向朝廷派出亲兵的要求。在对外政策方面，幕府的选择余地被进一步压缩。当年八月，长州基本实现了从朝廷那里获得朝旨的目的，剩下的事就是将军自己前往京都，亲自向天皇谢罪，然后实行攘夷。

然而，实行攘夷是危险的，很难想象西洋各国会同意废弃条约，极有可能爆发武力冲突。当时的西洋各国尚无控制日本全国的实力与意志。不过，回顾西洋各国在世界各地的所作所为便可知，他们通常都以武力强制要求对方遵守条约，即使是以小规模的武力冲突结束争端，也无疑将损害幕府的"御威光"，幕府方面无论如何也必须避免出现这一结果。

为此，幕府内部准备了两个对策。第一，以武力压制京都，强迫朝廷接受开国政策。第二，幕府代表与有实力的大名联手，从朝廷获得推迟攘夷的承诺。老中板仓胜静与小笠原长行于十一
183 月二十五日提出了第一项对策，一桥表示同意。一桥计划以大阪警备的名义率领两万大军前往西日本。作为与此计划呼应的措施，二十八日着手组建西洋式陆军三兵种（骑兵、步兵、炮兵）。

然而，这一计划最终未能付诸实施。原因大概是，要重演超过安政大狱的大规模镇压，眼下准备尚不充分。如果在下决心实施武力压制之前就派遣大军前往京都，必然遭到舆论质问：既然有此兵力，为何不能实施攘夷？于是，幕府依照春岳的主张，选择了依靠与大名合作来推迟攘夷的道路。将军上洛时，将安排幕府参与山内容堂以及朝廷内部任命的另一名京都守护职岛津久光（十二月五日接受任命，之后不久被解职）与其子忠义一同前往，并根据他们的一致意见，奏请朝廷批准为充实武备而推迟攘夷。将军自己以及总裁春岳、监护人庆喜、老中和其他拥有领国的大名一道加入大规模的游说团，进入京都。如此一来，无论避免攘夷的余地如何有限，也可以避免出现最坏的事态。他们当时一定是这样设想的。

将军上洛——攘夷期限与庶政委托

将军上洛之前，幕府要人先后进入京都，此时他们的谈判对手朝廷已经完全被攘夷激进派把持。激进派已经把王政复古纳入视野，当要求攘夷的敕使出发后，他们发出通知命令大大名前往京都，以此牵制将军上洛，同时设置了新的政策决定机构，将温
184 和派的关白与议奏排斥于新机构之外。十二月九日，新设立了国

事挂（包括敕问御人数［当发生重大问题时，接受天皇咨询的朝廷官员］八人，两役七人，议奏加势［在议奏一职上临时增加安排的朝廷官员］五人，其他十人），安排过去无法参与朝议的公家参与其中。接着，在池内大学等人被暗杀之后，逼迫当职（关白、议奏、传奏）更迭，文久三年正月二十三日关白近卫忠熙被免职，同月二十七日两名议奏（中山忠能与正亲町三条实爱）被免职。虽然与天皇关系密切的温和派中川宫朝彦亲王还俗参与朝政，但上一年驱逐了岩仓的温和派上层公家，此时却被之前放任其抬头的尊攘激进派赶下了政治舞台。

这样，尊攘激进派控制了朝廷，当幕府要人齐聚，激进派开始要求他们必须于将军进入京都之前确定实施攘夷的期限。二月十一日，长州藩的久坂玄瑞等三人来到新上任的关白鹰司辅熙的官邸，接着姊小路公知等十三名公家到场，众人逼迫关白决定攘夷日期，并更进一步刷新朝廷体制。鹰司关白与十三名公家一道前往皇宫参加了御前会议，最后决定立即向一桥派出使节，要求其尽快确定日期。幕府方面则答复说将军将于上洛之后上奏，在三条实美等人的强硬要求之下，最后答复说以将军返回江户后二十日为期限（打算以四月中旬为期限）。朝廷中的激进派至此更加嚣张。二月十三日，在国事挂之外设置了国事参政、国事寄人（国事参政与国事寄人均为为使身份低的公家参与朝议而新设置的官职）等职位，安排激进派的公家担任这些职务。接着又于二十日发布公告，安排宫廷外人士出任宫中的学习院的官职，听取其建言。

幕府一边等待将军的到达，一边谋划挽回颓势，即使无法使
朝廷转向支持开国，也要设法使其保持温和立场，确保家茂来到 185

京都后不要再生出更多难题来，尽可能使上一年年末接受攘夷的承诺归于有名无实。此时采取的第一项策略就是取缔激进派公家背后的志士。过去幕府方面依照守护职会津容保的意向对志士采取怀柔政策，允许他们自由行动。二十二日发生了等持院足利将军像斩首事件后，会津改变了态度。然而，朝廷方面未批准取缔志士，这一计划归于失败。第二项策略是强调战争迫在眉睫，使公家陷入恐慌，然后遣返志士，命其返回各自领国。用于实施这一计划的宣传材料是英国舰队为了获得生麦事件的赔偿金将袭击大阪湾，但产生了相反效果。水户、长州出身的攘夷论者们，如久坂玄瑞与周布政之助那样，他们本来就把引发战争列为首要目标，因而十分期待战争爆发。这一策略也归于失败。第三项策略是逼迫朝廷二者择一，要么幕府把政权归还朝廷，要么幕府接受朝廷委任负责庶务。春岳主张如果朝廷不接受诚意，幕府就必须归还政权；将军监护人一桥、守护职会津以及老中们则试图借助这一前所未有的提案，争取从朝廷获得委任幕府负责一切政务的敕命。实际上，当时的朝廷完全缺乏足以担负全国政治的组织与经验。至此，朝廷内部的温和派终于有了反应，表示接受幕府的意向。结果，将军到达京都的次日三月五日，一桥庆喜前往皇宫拜见天皇时，天皇下达了委任幕府负责庶务的敕命，次日，亲自设宴招待了家茂。幕府似乎终于摆脱了困境，攘夷的策略也完全交给幕府自行决定，因此认为已经避免了爆发战争。

186 强行在京畿开战策略与锁港谈判策略

然而在这期间，以长州为首的尊攘派进一步升级了目标。萨摩与英国之间围绕生麦事件赔偿问题的谈判陷入胶着，英国将袭击京畿地方的消息流传于巷间，于是长州等尊攘派摆出了一副与英国决战的姿态，其真实目的是把天皇从禁里引出来走进公共空间，并尊崇天皇为首脑，使将军站在前列，打响攘夷战争的第一枪。整个近世期间，天皇从未走出禁里（皇宫），长州志士们强调“亲征御巡狩之基本”（巡狩是指天子巡视诸领国），建言称天皇首先应当行幸京都北部的贺茂神社、然后再行幸京都南部的石清水八幡宫。另外，还实现了之前一直期待的设置亲兵一事（三月十八日）。之后，他们要求将军改变预定计划留在畿内，在大阪进行拒绝开港的谈判，接着领头指挥攘夷战争。幕府监护人一桥与老中为了回避这一事态，主张将军尽早返回江户。然而，守护职容保与尾张庆胜担心将军离开京都会立即引起倒幕战争，于是便说服朝廷直接要求将军家茂留在京都（三月二十二日）。天皇发言说家茂并不好战，关白的态度是只要能避免战争，向英国支付赔偿金也未尝不可。然而，当时朝廷正被日益喧嚣的攘夷论包围着，朝廷的首脑们自然无法公开发表这些意向。

四月十一日，在天皇行幸军神石清水八幡宫并举行了祈愿攘
夷仪式后，朝廷正式要求幕府公布攘夷期限，最终得到了以五月 187
十日为期限的答复。不过，幕府在向大名下发布告时，要求日本方面不得开启战端。幕府方面的意图是，既然朝廷已经把攘夷一事交给幕府全权处理，就无论如何应当由幕府负责，并且应以和平方式进行谈判。

幕府表明了对攘夷的姿态，并计划以封锁横滨港为目标，尽早开始谈判。由于将军已经被拖在关西，于是先派遣水户藩主德川庆笃与监护人一桥庆喜返回江户实施这一计划。当时与英国关系紧张，围绕生麦事件正在谈判中，形势一触即发。英国向幕府

与萨摩两方面要求逮捕并处死犯人且支付赔偿金，同时派出七艘军舰来到横滨施加压力。形势已经很清楚，如果不支付十万英镑赔偿金并通知锁港，英国方面就立即开战。相反，如果支付了赔偿金，幕府攘夷的诚意将受到质疑，舆论必定一致指责幕府。

幕府把这一难题交给老中级别的小笠原长行独断处理，最后以支付赔偿金为条件避免了开战（五月九日），在返回江户途中的一桥与老中等人完全未加干预的情况下完成了此事。支付赔偿金之后，小笠原向各国公使发出书信，通知即将开始谈判锁港事宜，以此向朝廷交代。

小笠原接着又构想了一个大胆的反击计划，具体内容是以前外国奉行水野忠德为谋主，以武力压制京都。水野率领幕府军舰与英国军舰，加上三兵种（骑兵、步兵、炮兵）一千余人出发，于五月三十日在大阪登陆，然后立即赶往京都。然而，他在淀（今京都市西南）一带被拦下。此时将军返回江户一事已经内定，
188 其手下也倾向保持平稳。

将军的东归之所以获得批准，估计原因是向英国支付赔偿金之后，在京畿与英国发生战争的可能性被排除了。幕府以处罚小笠原上京计划的责任人和进行攘夷谈判为由申请返回江户时，朝廷就批准了申请（六月三日）。此时，三条实美等朝廷中的激进派已经认清幕府极力回避战争的意图，于是打出“攘夷亲征”的旗号，即天皇自己站在攘夷战争的前头，同时已经开始考虑以实现王政复古为最终目标。为此，幕府兵力的退去则成为必要条件。

由攘夷战争走向王政复古

在此之前，幕府决定攘夷期限后，长州藩于文久三年四月

二十一日立即安排藩主继承人元德离开京都，藩士们也返回长州。他们的目的是封锁交通要地关门海峡，在攘夷期限当日五月十日故意无视幕府的命令，开炮驱逐通过海峡的美国船只，接着又于二十三日炮击法国舰队，于二十六日炮击荷兰舰队。

对此，外国舰队立即予以反击。美国于六月一日、法国于同月五日向关门海峡派出军舰，立即展开报复性炮击，长州各处的炮台均被破坏。高杉晋作于六月六日组织奇兵队的目的之一，就是试图挽回因遭受打击而低落的士气。

接着七月二日，在鹿儿岛爆发了英萨战争。英国不满足于幕
府支付的生麦事件赔偿金，于是派出七艘军舰前往鹿儿岛，企图 189
摧毁攘夷行为的根源。双方在台风中展开炮击，萨摩的所有炮台均被摧毁，半数街道被烧毁，英国方面也有一名舰长战死，双方均伤亡惨重。不过，这并非攘夷战争，与长州方面不同，萨摩藩并无成为全国性战争先驱的意图。之所以开战，是因为按照当时日本的国内法，无论对方的国籍如何，斩杀冒犯主君的无礼者均属正当行为，而且如果面对公然威胁不战而退，则有损于武士的名誉。该藩原本已经采纳了开国论，于是战斗结束后立即开始和谈，纷争解决后，甚至与英国开始友好交往。

六月八日，九州久留米的神官真木和泉进入京都，次日将军离开京都前往大阪，双方擦肩而过。真木于安政五年（1858年）已经开始构想王政复古，还写下了概括其构想的《大梦记》。真木于上一年在寺田屋事件中被捕，释放后回到久留米，被关押于狱中。不过于同年经朝廷命令以及长州、津和野二藩的斡旋获得赦免，之后与逃离京都投身长州藩的公家中山忠光一道前往京都。

他们于途中逗留于长州藩，向藩主进献时势对策。六月十六

日在京都与长州藩志士汇合后，再次向他们解说“攘夷亲征”之策（真木和泉守遗文），也被称为“五事策”。其中包含“收回土地人民权力之事”一项，旨在由朝廷向幕府发出敕命：其一，攘夷一事，尾张以西地区由天皇指挥，三河以东地区由幕府负责；其二，为筹措经费，将畿内五领国划为朝廷领地。其步骤为首先
190 发布天皇亲征的布告，然后天皇行幸军神石清水八幡宫，于此迅速派遣敕使前往关东。

尽管长州藩士在下关决然实施了攘夷，却未见全国性的呼应，因而陷入焦虑，所以对真木的方案颇感兴趣。对他们而言，要想不再仅限于实施零散的攘夷行为，要驱逐异国人，就需要全体大名的合作，呼吁天皇亲征就更容易实现这一计划。同时，将军离开了京都，这也是以“亲征”名义举兵的绝好时机。

如此，在京都，谋求以攘夷亲征之名举兵实现王政复古的势力迅速扩大，长州藩则举整个领国之力支持这一股势力。藩主毛利敬亲于六月十八日向家老益田弹正发出委以全权的黑印状，令其完成以下使命。第一，请天皇行幸石清水并发出攘夷亲征的敕命（与真木方案相同）。第二，立皇太子，以中山忠光等为监护人（万一有事，即可担任天皇的代理）。第三，以长州一藩之力讨伐违反敕命的幕府官吏与大名。益田一行于七月十一日进入京都，开始正式游说亲征之必要。虽然此举表面上并未鼓动倒幕，但实际上是对幕府的军事指挥权与统治权的公开挑衅。长州藩预见到幕府的抵抗，此时大概已经下定决心，终有一日将转入军事对抗。

由大和行幸诏敕至反政变

对天皇亲征的提案，朝廷内部出现了积极论与慎重论两种意

见。在京都的大名们持慎重态度，他们都认为攘夷是正确的，但 191
是反对带有公开挑战幕府统治权意味的“亲征”。例如，近卫忠煦、忠房父子、二条齐敬右大臣、德大寺公纯内大臣于七月五日上书，从决策程序出发，认为应当召集各路大名，经过众议之后再决定是否亲征。另外，一贯坚持攘夷论的池田庆德（鸟取藩）也于十一日上书指出，亲征之前尚有许多手段可以使用。鹰司关白于十八日正式接到长州的申请后，立即向鸟取、冈山、德岛与米泽等攘夷派的大名们咨询。他们答复说，攘夷需经过众议方可实行，眼下派出监察使查看攘夷的效果即可。

然而，朝廷内部的亲征派以长州为后盾强硬推进廷议，最终于八月十三日，天皇发出了将行幸大和神武陵的诏敕，并且命令长州藩主父子中的一人进京。接着在十五日，命令长州等六藩捐出十万两御用金，决定于当月下旬或者九月中旬出发。另一方面，十四日，中山忠光再次从朝廷出走，土佐出身的牢人吉村寅太郎等人在大和举兵，征集了数千义民准备迎接天皇。这个“天诛组”于十七日袭击了位于大和五条的代官所，宣布这里为朝廷的直辖领地，之后失败遁走，九月二十四日在吉野山中溃灭。

大和行幸引发了两个互相对抗的动向。攘夷派的大名依然请愿希望停止亲征，他们为了准备应对亲征积极厉兵秣马，不过他们无法接受对幕府统治权的否定。他们提议四名藩主一齐前往江户，要求幕府立即开始攘夷。如果幕府不接受这一要求，他们决
心承担责任驱逐横滨的西洋人。然而，廷议时这一建议未被采纳。 192

与此同时，会津与萨摩藩试图发动政变，以打开局面。在此之前，萨摩联络越前与熊本藩，寻找推翻京都攘夷派的机会。在这些准备完成之前，事态已趋于紧张，于是在京都的藩士试图转

而与迄今为止关系最为疏远的会津藩结盟，担任守护职的会津藩也乐于与其联手。通过萨摩藩士的媒介，与天皇最信任的温和派中川宫取得了联系，结果于十三日确定了对抗政变的计划。天皇之前顾虑此举对上一年下嫁将军的妹妹和宫的影响，担心自己的粗暴决定会疏远亲缘关系，但在得到中川宫的内奏后，同意了这一提案。

十七日深夜，以中川宫入宫为起点，政变开始了。守护职、所司代与萨摩兵严密把守皇宫宫门，除被召见者之外，一律禁止进入皇宫，此外还发出命令禁止三条实美等十五名公家前往皇宫、外出以及与别人会面，废止了国事参政、国事寄人等官职。还命令长州藩退出京都，推迟大和行幸。天皇于八月二十六日向朝臣与在京都的大名发出宸翰（天皇亲笔信），并通告说八月十八日以后的诏书才是真实的。

面对这一政变，三条实美等激进派公卿以及长州藩士聚集于鹰司关白官邸。最初还准备抵抗，但收到天皇敕命后，便平静离去，其人数为亲兵千余人，长州兵八百五十人。尊攘派公卿的中心人物三条等七名公卿无视敕命，与亲兵和长州兵一道向长州撤退。对于长州人士而言，这一结果如同晴天霹雳。这一行动失败
193 的原因是未能成功地把攘夷派的大名拉入己方阵营，同时受到真木的过激论的影响，未能做好形成多数派的工作，而是把中间派驱赶进敌方阵营，最终孤立了自己。

以这场八月十八日政变为界，安政五年以来状况的流动至此停滞，产生了重建秩序的可能，以公议派中的大大名为核心，开始了建设新政治体制的摸索。不过，这一过程并不顺利，下一章中将
194 概观这一曲折反复、最终汇集到围绕王政复古的两条道路的过程。

第八章　幕末：重建秩序的摸索 195

——“公武合体”体制的确立与武力冲突的出现

围绕建立公议政体的争议

安政五年政变以来，日本的政治秩序迅速陷入混乱，不仅在两个首脑即将军与天皇之间产生了激烈对立，朝廷、大大名、民间志士等各股力量作为新的政治主体，登上了现代国家层次上的政治舞台，其中不少力量过于强调自己的主张，而不重视与其他力量的联合，人们在自己野心驱动下展开行动，结果政界走进了无人能够预见未来的隘路，最后导致了与西洋的战争、倒幕等破坏性结果。

然而，以文久三年（1863 年）八月十八日的政变为界，潮流 196
开始转向。尊攘激进派离开京都后，被他们裹挟摆布的大大名与幕府要人聚集于京都，与朝廷上层携手开始了重建秩序的工作。此时，大大名们在“公议”的名义下为实现一直以来追求的参与政权目标而努力，幕府则为恢复曾经的幕府专制而致力于复古，二者竞相争取天皇的恩宠。经过一番反复，最终幕府在竞争中取得了胜利。天皇与将军和解，在京都设立了联系朝廷与幕府的机构以支撑这一体制。朝廷方面有天皇的心腹中川宫朝彦亲王与关白二条齐敬，幕府方面则有担任禁里守卫总督的一桥庆喜、京都守护职松平容保（会津）、京都所司代松平定敬（桑名）等人，这两股力量携手成立了协调国家方针的体制。偏向关注武家阵营者会称之为“一会桑”（即一桥、会津、桑名）体制，但如果把这一体制整体与前后时代作对比，称之为“公武合体”体制更为合适。

然而，这一体制极其不稳定，而体制成立之后，之前不太多见的、有组织的暴力行为日益增加，存在着以长州和水户为首以“尊攘断行”为口号的强大反对势力，他们企图寻找机会夺回京都，实现“公议”。萨摩、越前经过几次挫折后，开始与新体制渐渐疏远。幕府虽说实现了“公武合体”计划，但在江户的阁僚与在京都的一会桑集团之间产生了间隙。在幕府内部，围绕基本政策问题也出现了分歧与对立。最后，一部分志士喊出攘夷与倒
197 幕的口号，企图举兵，除了各领国的牢人，还有大量农民加入其中。零散的叛乱被镇压了，但是元治元年（1864年）以后的日本政界已经分裂成为几股互相对立的势力，以长州为首，为了争夺政权不惜诉诸武力的倾向越发明显了。

表8-1　围绕分享政权、处罚长州、横滨锁港问题的立场

政治主体	分享政权	处罚长州	横滨锁港
朝廷	分予朝廷○ 分予参与△	○（×）	○
幕府	×	○	○
参与	○	○	×

这里把本章将考察的这一时期的政治主体与争论焦点列入表8-1。表中的参与是文久三年年末至翌年三月朝廷设置的官职，将军监护人一桥庆喜，大大名中越前的松平春岳、会津的松平容

保、土佐的山内容堂、宇和岛的伊达宗城、萨摩的岛津久光被任命担任此职务。这些人也是安政五年（1858年）拥立一桥庆喜为将军的各藩代表。此时，最大的问题为是否要使“公议”制度化，并要求幕府把权力分予他们，以及是否需要惩处前不久还控制着京都政界、左右着天皇意志的长州藩。是否维持安政五年的条约，也成了争论焦点。幕府为了确保天皇的支持并排除大大名，竟然提议封锁横滨港，试图以此向天皇显示攘夷的姿态。表8-1中，在分享政权问题上，朝廷的态度为自己热切希望介入幕府政治，而对大大名参与幕府政治则仅限于消极支持。朝廷对长 198
州藩的态度是天皇与近臣们要求征讨之，但朝廷内部则存在很多出于攘夷论而同情长州的公家，这成为长州尝试以武力夺回京都（禁门之变）的前提。此外，幕府阁僚自不必说，公议派大名（参与等人）无法容忍旁人对幕府政治置喙，因此认为理应处罚与幕府为敌的长州。参与们则热切盼望被分予政权，因此利用对长州的处罚，促进自己与朝廷、幕府的关系。

一　“名贤侯”汇集京都与“政体一新”

“名贤侯”对“公议”的追求与幕阁恢复“幕威”的愿望

文久三年八月攘夷激进派离开京都后，朝廷在表面继续对幕府提出攘夷要求，实际上已经把焦点转移到恢复国内秩序上，因此首先要求岛津久光进京（三谷，1997，第七章）。政变之后，攘夷派的大大名继续留在京都，攘夷派的德川庆胜（尾张）临时进京，提出就攘夷问题与幕府斡旋。于是朝廷决定派出攘夷督促

使，但同时拒绝长州的申诉使节进入京都。十月三日久光进京后，开始向萨摩与原一桥派表明希望恢复秩序的意志。其间，攘
199 夷派大名逐一退出京都，久光企图召集将军与原一桥派大名至京都，他催促高知的山内容堂与宇和岛的伊达宗城前来京都，还向朝廷进言，以朝廷命令于十月七日召集一桥庆喜和松平春岳前来，并于十一日发出要求将军家茂再次上洛的命令。久光的构想是，通过将军、幕府首脑与原一桥派的“名贤侯”的协商，使日本的政权自身份、家格低微的“阁老”转向由“身份、家格高贵的诸侯”掌握，同时把朝廷的主导权由藤原五摄家转移至皇族手中（续再梦二，第 181—182 页）。这实际上是要实现桥本左内曾经提出的政体改革构想。

对此，孝明天皇于十一月十五日给久光发出亲笔信，内容如下。第一，关于攘夷，不打无胜算的战争，但必须迅速采取措施。第二，关于政权，有“委任关东”与“王政复古”两个说法，朕采用前者，公武合力建设和熟之国（孝明天皇纪四，第 930 页）。信中没有表明对大名参政的态度，但其中希望恢复秩序以及借助大名之力的意思已经十分清楚了。

对此，江户的阁僚鉴于上年春夏的经验，把注意力集中于攘夷一点上，同时心怀恢复“幕威”的强烈愿望。作为不依靠战争而体现攘夷姿态的策略，幕府制定了封锁最大港口横滨港的方针。自文久三年三月春岳辞职以来，政事总裁一职一直空缺，于是幕府任命攘夷论者松平直克（川越藩）担任此职，年末又派遣谈判锁港问题的使节前往欧洲。接着发布命令，把象征“幕威”
200 的殿中服制改为改革以前的样式（十一月十日）。

这样，在攘夷激进派退出京都以后，中央政界相关人士在公

武和解这一点上趋于一致，但是在政权构想方面，希望参与政权的大大名与以恢复幕府权威为至上课题的幕府阁僚的意图迥异。此时，出面调停二者关系的是一桥庆喜，他已经超乎调停之上，表明了希望建立新政体的态度。他于十一月二十六日进入京都，为了实现公武和解乃至公武合体，构想将军逗留于大阪，并表明了接受“名贤侯”参与政权的态度。如果这一计划获得成功，的确有可能在关西建立新政权。

改革朝议机构与“朝议参与”的成功

孝明天皇于十二月二十三日，把九月就任内览一职的二条齐敬升任为左大臣，还任命其为关白。直至王政复古时为止，二条与中川宫朝彦亲王（这一年改称贺阳宫）一直一道辅佐天皇。朝廷于十二月三十日任命一桥庆喜（将军监护人）、松平春岳（越前藩退位藩主）、松平容保（守护职，会津）、伊达宗城（宇和岛藩退位藩主）、山内容堂（土佐藩退位藩主）等人为“朝议参与”。翌年元治元年（1864 年）正月十三日，授予岛津久光（萨摩藩主之父）官位，并列入朝议参与。萨摩与越前藩自安政五年以来就一直致力于参与政权，在此之前首先要参与朝政，这次终于实现了这一目的。 201

此外，朝廷还重视萨摩提案中提到的皇族作用一事，于是安排山阶宫晃亲王还俗，然后命他加入国事挂。结果，元治元年初春，朝廷新设立了朝议机构，朝议决策的过程如下。正式的朝议由皇族、三公（左大臣、右大臣、内大臣）、议奏、武家传奏组成的国事挂主持，他们在京都皇宫的小御所向担任参与的大名们下发审议事项文书，安排咨询任务。担任参与的大名们集合于京都的官邸，讨论审议事项，作出决议、回答咨询。国事挂收到答复后，再作出最后决定。

然而，实际主导政局的是岛津久光。他于正月七日秘密与朝彦亲王和内大臣近卫忠房会面，递交了下发给即将来到京都的将军家茂的敕书草案。预定于二十七日下发给家茂的敕书纲要如下。第一，文久二年的幕政改革与将军上洛为值得称赞之事。第二，必须谴责三条实美等人的攘夷倒幕的企图，必须处罚唆使这一行为的长州。第三，需倾注全力，加强应对西洋的军备。第四，将军与大小名均为朕之赤子，朕将与彼等共同“一新”天下（孝明天皇纪五，第26—27页）。久光一方面称赞幕府的行动，另一方面强烈谴责长州主导的激进攘夷与倒幕的企图，以此策略促成公武和解。

不难想象，将军上洛时，怀揣这一计划的萨摩、参与大名与幕府阁僚之间必将发生激烈的权力斗争。于是，一桥庆喜于
202 正月九日制定了以下内容的调停方案，并获得了参与大名的赞同。第一，根据朝议结果，决定征讨长州，任命纪州藩主德川茂承担任将军代理者，任命会津为副总督。第二，一桥辞去将军监护人一职，改任禁里守卫总督，与担任京都守护职的春岳一道守卫京都。第三，安排岛津久光与山内容堂担任幕府官职，并担任一桥与春岳的顾问。这一提案的首要目的是把长州列为共同的敌人，以此缓和幕府阁僚与萨摩之间的矛盾对立，其次是把秉持攘夷论的会津排除于京都之外，以此创造朝廷向开国政策转变的条件。除了第三点外，这一提案中的设想均得以实现。翌年二月十一日，朝廷发布征讨长州的布阵命令，会津也被撤去守护职。

正月二十一日，将军家茂率领诸大名前往皇宫参见天皇。与上一年的情况完全相反，将军一行受到天皇的热烈款待。次日下发的敕书的主要内容如下。第一，内外危机之责任在朕本人，不在将军。欲挽回天下，全系于朝幕双方能否如同亲生父子一般和睦相处。第二，朕不喜无谋之攘夷，亟待将军上奏策略，以“制定一定不拔之国是”。第三，当此“中兴大业”之时，尤为希冀与松平容保、松平春岳、伊达宗城、山内容堂、岛津久光等诸君协力共进（孝明天皇纪五，第20—21页）。敕书明确地陈述了和解的意思，也明确表示希望与参与大名合作。长州为共同敌人一条，是家茂二十七日再次进入皇宫时下发的敕书中加上去的。

“幕议参与”的失败 203

将军两次进入皇宫与天皇会面，朝廷公武和解的意思越发明确。然而，幕府阁僚对公武和解将促使“名贤侯”们参与政治这一点怀有强烈疑虑。尤其是正月二十七日的仪式后，朝廷在会见了将军之后，又传呼了政事总裁松平直克与阁老，命他们与参与进行协议，幕府阁僚对此事不服。他们认为，德川家族一门以外人士介入幕府阁议是断然不可接受的。德川家门的春岳出入幕府的御用议事厅尚可以理解，但绝不允许给予外样大名同等待遇。幕府阁僚与持同样意见的会津开始反击。

用以反击的材料是横滨锁港。一桥说服阁僚道，与天皇的和解是促使朝廷转向开国论的绝好机会。阁僚与会津则力图坚持已经决定的横滨锁港，以此从萨摩那里夺回天皇的欢心，于是就极力排斥一桥的主张，并向朝廷首脑展开游说。一桥仍然坚持调停，于二月十一日将之前已经准备好的长州征讨布告公之于众。

将军家茂则于十四日前往皇宫，递上对之前敕书的奉答文书。仪式结束后，朝彦亲王对将军宣布任命五位参与担任“幕议顾问”，家茂认可了这一任命。未在场的阁僚对这一安排感到惊愕，但也不能立即否决将军的承诺，于是前往任参与之大名所在的幕府专用官邸，传递了这一消息。

然而，这一决定实际上等于削弱了幕府阁僚的权力。于是阁僚开始寻找反击的机会。翌日二月十五日于小御所召开的帘前（即天皇面前）会议上，参与方面失言，阁僚不失时机地抓住了
204 这一问题。在这次会议上，天皇顺应将军的奉答文书旨意，命令立即着手准备封锁横滨港，岛津久光与伊达宗城则认为这将开启一场无胜算的战争，明确表示反对。天皇于次日对会津发出亲笔敕书，要求重新任命松平容保为京都守护职（孝明天皇纪五，第46—53 页）。把松平容保从征长副总督改任京都守护职，大概是期待他能够为实施横滨锁港一事尽力周旋。

天皇期待的对象由萨摩转变为会津。同时，参与对阁僚的攻防态势发生了逆转，阁僚孤立参与大名的行动开始取得明显效果。一桥也与参与大名划清界限，开始与阁僚一起行动。参与大名当中，山内容堂实际上从一开始就对参与朝议持消极态度，所以一再提出返回领国并辞去参与一职。朝廷批准了他的辞职请求，接着，允许参与大名以外的在京大名出席宫中会议，不久又于二月二十六日向全体在京大名公开朝廷与参与大名的往来文书，并咨询各大名的意见。此举的目的是，将参与原先依据的“众议”“公议”反其道而用之，以此剥夺参与大名即原一桥派的特权。在这一状况下，冈山与福冈的大名不仅不支持征讨长州，反倒转变立场，递交了拥护长州的奏折。

这样，参与大名在宫中的处境日渐困难，结果不得不主动提出辞职。三月十三、十四日，辞职获得批准。参与大名不仅未能参与幕府政权，连参加朝议的权力也被剥夺了。之后，他们试图挽回败局但未见成效，不得不于四月中旬退出京都。

回顾这一过程，可以得出以下结论。文久三年八月十八日的政变之后，在激进攘夷派已经完全撤走的京都，开始了重建秩序 205
的尝试。安政五年以来一直为参加全国层面的政权而不断努力的“名贤侯”视这一形势为极好机会，岛津久光与松平春岳和朝彦亲王携手，幕府方面则把一桥庆喜拉入己方阵营，首先达到了参与朝议这一目的。然而，正当他们接近一直追求的参与幕府议事这一目标时，却遭到了始终坚持由德川将军主持重建秩序的幕府阁僚的有力抵抗。幕府阁僚与会津联手，力图利用横滨锁港这一材料博得天皇的欢心，以阻止“名贤侯”参与幕府议政的行动，并更进一步剥夺了他们参与朝议的权力。如果幕府在这一节点上对“名贤侯”采取怀柔策略，实现以德川家为核心的公议政体，德川将军的天下将仍能保持安泰。虽然在外交方面还存在开国与锁国问题，以长州为首的激进攘夷派仍在骚扰，但有志大名的参与将扩大幕府的政权基础，不久的将来仍有可能促使朝廷转向开国。然而，幕府一味追求独占政权并排斥有志大名，坚持横滨锁港这一难以实现的政策，吸引天皇站在己方立场。虽然这一策略在短期内获得了成功，却难以为继。这是因为，幕府压制了激进攘夷派，又排斥了安排幕府与朝廷和解的“名贤侯”而未给予他们任何回馈，结果在长州之外又制造出了一股活跃的反对势力。此外还招致了西洋的军事压力。

206 二 “公武合体”体制与外部势力

“公武合体”体制

元治元年（1864 年）四月二十日，天皇对将军家茂授予委托政务的敕命。将军不辞辛劳专程进京，各领国还提交了对国是的建议，于是天皇以特别圣虑确认了之前“一切委任于幕府”一事，表明了希望今后使政令出于一处的意向。不过，附加了一个条件，即“国家之大政大议”则为例外，需向朝廷上奏禀报。上一年曾提过的政权委任最终归于空言，而这一次天皇与将军之间产生了个人感情联系，维系这一感情联系的组织与人脉也已经形成了。（参见图 8-1）

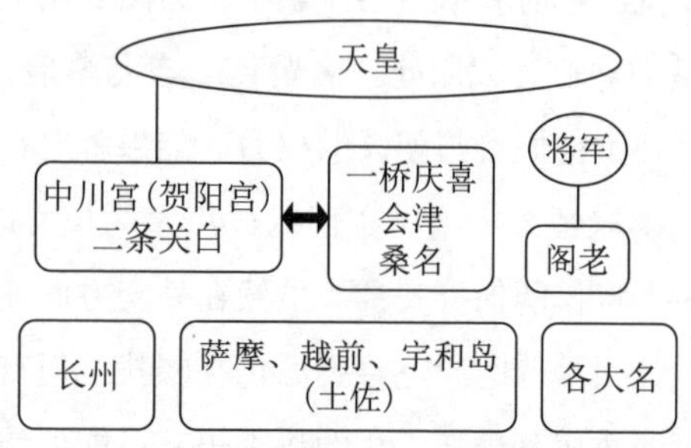

图 8-1 元治元年（1864 年）春各政治主体的关系

其中的核心人物，朝廷方面有中川宫（即后来的贺阳宫）朝彦亲王与关白二条齐敬，幕府方面有一桥庆喜与会津的松平容保，构想整体的是一桥庆喜，他担任了征长布阵时公布的禁里守卫总督一职，还被任命为摄海（大阪湾）防御指挥，处于京都与关西军事指挥的中心。三月，各藩在京都市内的警备责任被收回，并被转交给守护职、所司代与新选组，所司代由松平容保的胞弟松平定敬（桑名）担任，且四月二十二日容保复任京都守护职。京都的治安又恢复到由德川一族独占的体制，形成了防备长州反扑以及西洋来犯的体制。将军家茂待这一防卫体系完成后即离开京都前往大阪，之后由海路返回江户。 207

这之后，“公武合体”体制维持了大约三年半，其间发生了禁门之变、第一次征讨长州、条约敕许、长州战争，以及家茂死后庆喜就任将军、孝明天皇去世和大政奉还等一系列事件。这一系列事件不断冲击着体系，但最终都依靠这个核心组织逐一解决了问题，证明了这是一个相对稳定的体系。

攘夷派的武力反叛——各地零散举兵与水户天狗党的武力横行

这一体系从成立时起就面临着各种挑战。被驱逐出京都的名贤侯，尤其是萨摩藩心中已经深深种下了对幕府不满的种子。萨摩虽然是偏远地方的领国大名，但在这之前家齐、家定连续两代将军的正夫人均出自萨摩，是将军家茂最亲近的姻亲。萨摩藩虽然个性强烈，但同时为维护德川家的统治而尽忠效力，这也是有 208
目共睹的事实。然而，此次事件意味着过去的付出均被无视了，萨摩在遭受屈辱待遇之后被迫离开权力中枢。于是萨摩改变了与幕府合作的方针，转而采取干扰阻挠的策略，以寻求分得政权。

此时，朝廷中的多数意见仍是攘夷论。三条实美等激进派离去以后，攘夷派的公家仍在策划实施攘夷以及恢复长州藩的地位，攘夷论者池田茂政（冈山藩）与尾张庆胜上京后，便借助他们的上奏向朝廷上层施压。朝彦亲王与二条关白针对攘夷派公家的举动，要求他们在王政复古与大政委任之间作出选择，以此才得以喘息。留在京都的公家实际上并无担当日本政治的意愿，因此只得采取选择大政委任、即寻求一会桑派妥善处理的策略。

与此同时，各地连续发生攘夷派浪士的武力反叛。文久三年天皇行幸大和一事公布后，畿内与关东北部发生了以攘夷和倒幕为目的的举兵事件。前面一章中曾提到过天诛组之乱，当时浪士们拥立公家中山忠光，袭击大和五条的代官所，并发动了近千人在大和南部举兵（八月）。几乎同时，平野国臣拥立公家泽宣嘉在但马生野举兵（十月）。这些攘夷激进派因八月十八日政变被驱逐出京都之后，便一味专注于武力暴动。在关东北部，农民出身的涩泽荣一等人纠集了附近村落的农民，制定了袭击高崎城与横滨的计划，但最终未能实施。涩泽荣一晚年回忆道，当时其实并非为了追寻王政复古之梦想，更重要的目的是想充当推倒现存体制的先驱，就是想模仿中国古代王朝末期的起义者，下决
209 心以血祭旗、青史留名，至于留下的烂摊子，则留给后来者去收拾（涩泽，1984）。这些武力反叛以神官、医生等乡村知识阶层为首，连带吸纳了大量农民参加，估计他们的想法也与涩泽荣一相似。

正当京都的公武合体体制处于形成之时，最大规模的武力反叛在尊皇攘夷论发源地水户爆发了，即筑波山举兵事件（以下部分参照了《水户市史》中卷，五）。事件最初是以反抗幕府强加的攘夷战争为旗号，很快就与水户藩内的派系斗争问题纠缠在一起，后来又为了筹集经费与募集同志，把北关东地方的农民也卷入其中，最后演变为大规模的武力叛乱。元治元年三月二十七日，以尊攘激进派的藤田小四郎为首谋，推举水户的町奉行（掌管领地内行政、司法的官员）田丸稻右卫门为大将，在筑波山誓师决起。最初的势力连带农民在内有百数十人，进入四月，为了

举行攘夷祈愿，向日光山进发，并尝试与宇都宫藩的攘夷派联手。众人在日光发出檄文，下山后在太平山扎营安寨时成员已达四百余人，他们远赴上野的太田、桐生等地征集军需，横行劫掠。

对此，幕府最初的方针是实施“公武合体”基础的“横滨锁港”以平息骚动。家茂返回江户的五月末，委任水户德川庆笃实施横滨锁港的任务，同时命其镇压筑波山叛乱。不过，同时受命承担横滨锁港任务的另一人、政事总裁松平直克是一个对攘夷论怀有强烈共鸣的人物，他反对讨伐筑波山叛众，还要求罢免对此持异议的老中与幕府官员，因此江户产生了近一个月的政治空白。
其间，水户出身的池田茂政（冈山）向朝廷建言派遣筑波山叛众 210
去执行锁港的任务，以动摇朝议。然而，担任禁里守护职总督的一桥庆喜（茂政之兄）坚决反对，筑波山叛众最终失去了获得朝廷支持的希望。至六月，直克在江户被罢免。幕府阁僚在老中水野忠精与新任的阿部正外之下重组，又恢复到由之前的维持条约论者主导政权的状态。同时，七月八日若年寄田沼意尊被任命为追讨军总指挥，形成了北关东各藩协助其共同讨伐叛乱的态势。

在这一状况下，水户藩内反复不断的藩内抗争又死灰复燃。筑波山起兵之初，门阀保守派与尊攘派中的镇派摸索联手，但两派不久就围绕江户与水户的首脑人事问题发生了内讧。七月下旬，承担平定筑波山叛乱任务的保守派进入江户城后，筑波山叛众攻入水户，但被击退。其间，在江户的尊攘派中的镇派请求藩主庆笃保持镇静。八月上旬，幕府命令水户的支藩主松平赖德（宍戸）为代理向领内进发。然而他们并未与筑波山叛众作战，而是在途中与激派重臣武田耕云斋势力汇合，到达水户后又吸收了农民，人数膨胀至三千人。占据水户城的保守派把这一动向视为尊攘派的激派与镇派试图联手夺取政权，就拒绝赖德进入水户城。于是赖德等“大发帮”前往水户的外港那珂凑，十六日攻破那珂后以此为据点，又反转进攻至水户城下。对此，幕府追讨军的田沼意尊向水户的保守派政府派出救援，之后在那珂附近展开了攻防战。赖德与镇派本也希望以和平方式解决，但筑波山叛众
211 与他们会合后，被幕府一起视为“逆徒”。九月下旬，赖德为了拯救激派以外的人员而向幕府军投降，赖德本人于十月五日被命切腹。讨伐军于同日发起总攻，至同月下旬，那珂凑方面的战事陷于不利，彻底抗战派的武田耕云斋与筑波山叛众一千余人向北方逃走，镇派一千五百四十人投降。镇派中的主要成员四十三人被监禁于各藩，翌年四月，尽管事先有免予死刑的约定，但还是被处刑了。

逃往北方的“天狗帮”推出总首领武田耕云斋，希望得到水户出身的一桥庆喜的理解并洗刷冤屈，同时呼吁攘夷，于是朝京都进发。一行人沿着北关东的山麓前行，顺着近世朝廷派出的使节前往日光东照宫向该宫祭祀的德川家康奉献币帛时所走的日光例币使街道一路向西，在太田稍作歇息后又横跨利根川，沿着中山道的背道向信浓方向前行。沿途的小藩均避免与天狗帮约九百二十人的大部队发生冲突，只有高崎藩追击至下仁田，但被击败了。继续向西的天狗帮在被视为险关的和田岭击败了迎击的高岛与松本两藩藩兵，之后再未遇到抵抗。一行人由伊那谷翻越清内路岭，在马笼转往中山道，再进入美浓路。然而，进入十二月，在关原附近遭到大垣、彦根与桑名藩的阻击，于是决定在揖斐向北迂回，经过越前、若狭前往京都。队伍在严冬中翻越了无

数山岭，来到北国街道，由此南下翻越木芽岭时终于力竭。十八日，在到达敦贺之前，向加贺藩兵投降。

此时，天狗帮寄予期待的一桥庆喜却向朝廷提出申请，希望出马讨伐。同年七月长州发动禁门之变时，他作为朝廷防御的中心指挥反击，并希望朝敌长州投降，以此主导政局。长州的败退 212
意味着使横滨锁港的约定归为乌有的条件已经形成，但同时江户方面对一桥的猜疑也不易解除。虽说一桥是在水户学熏陶下成长的，但也正因为如此，他不能维护天狗帮。一桥出马，在海津摆下阵势，派出加贺藩兵前往敦贺应对。

投降的天狗帮人员共八百二十三人，其中水户藩士不过三十五人。除士卒五十人以外，查明身份者当中牢人为十人、神官十四人、修行者四人、医者五人。这样，天狗帮成员几乎均为农民，这一点值得注意。投降后，他们受到了加贺藩的周到款待。正月初移交给讨伐军的田沼意尊后，待遇急剧恶化，众人被关禁于黑暗的鲱鱼仓库中。在田沼意尊主持的审判中，始终未涉及攘夷一事，只是指责众人因藩内抗争动用兵戈，因而触犯了天下大法，三百五十二人被处以斩首，一百三十人流放荒岛，无罪释放或者驱逐者一百八十七人，遣送回水户藩的农民有一百三十人。

这是近世后期的一次大量处刑事件，但事情并未到此为止。在之后的水户藩内，保守派肃清了激派人士的亲属，甚至还排斥了镇派，实行独裁统治。然而，随着王政复古的展开，尊攘派从京都或者其他地方返回水户后，他们又开始报复对手，水户藩再次遭遇肃清风暴（山川，1982）。水户的确是维新的先驱，但由于藩内的反复肃清，最后竟然无一人在明治政府中任职。

213 三 围绕“合体”“公议”的攻防战

水户天狗帮在关东开始猖獗之时，长州在西日本企图恢复在京都的势力，派出了大批兵力前往京都，目的是以武力夺回天皇居住的皇宫御所，但遭到失败。长州主张尊皇，却被当时的天皇谴责为“朝敌”，之后成了征讨的对象，此后的政界围绕长州问题分化为支持征讨长州的朝廷命令与承认长州的正当性的两股力量，并展开激烈争斗。同时，对西洋各国炮击长州的报复、要求条约履行和条约敕许等成为主要问题，这些问题不仅成为当时的争论焦点，还与重建国内秩序时选择怎样的政体这一更深层次的斗争相关联。朝廷和幕府选择的是以“公武合体”为基础并尽可能维持现状的体制。与此相反，以萨摩为首的原一桥派的大名则反复挑战朝廷和幕府，主张实现“公议”即使有志大名参与其中的政治体制，并使其制度化。

长州的夺回京都计划

长州因八月十八日政变被逐出京都后，便向朝廷主张自己的
214 正当性，为了恢复在京都的势力再次派出了使者，然而使者未被批准进入京都（末松，1921）。文久三年十一月，又派出家老井原主计携带“奉敕始末”文书前往京都，费尽周折后才在伏见交给了有关系的公家。长州洗刷冤屈的渠道已经被堵死。于是藩主父子于翌年元治元年正月巡视藩内并举行了阅兵，同时派出以游击队为首的诸队突入京都，开始实施挽回颓势的计划。正月，高杉晋作接到世子（即藩主继位人）的命令，前往京都安抚这些队伍，但遭到来岛又兵卫等诸队兵士的激烈反对而面目全失，于是

便脱藩进京探查形势。之后在长州方面，家老决定率领诸队二百余人前往京都。

同年二月，朝廷与幕府以及各大名制定了处分长州的方案，具体做法就是传唤毛利家（长州藩主）末家（即从本家分出的血缘较远的分支家系）的家主一人与支藩岩国吉川家的家老一人前来大阪，由朝廷派出的两役（议奏与武家传奏）与老中向长州方面下达问责文书。这一做法的意图是为了避免刺激朝廷内部同情长州的势力，而朝廷不允许长州人进入京都。晋作在京都见到的长州在京都人士与久坂玄瑞则认为，与其脱藩进京，还不如等待大举出兵的机会，自己返回领国说服诸队成员。

之后，公武合体体制在京都成立。接着，以“公议”派为首的在京都的大名均已返回领国，长州认为这是夺回京都的好机会。于是长州不回应朝命，而奏请允许毛利家末家使节进入京都并恢复三条实美等人的权力，还制定了出兵的具体策略。在这一基础上，五月末向家老国司信浓与福原越后发出出兵的命令。据说福原的任务是前往江户，与筑波势力联手实行攘夷，但实际是在中途的京都与国司等人共同行动。六月四日，世子定广也接到 215
了出兵命令，因此这无疑是计划举全藩之力夺回京都。

恰逢此时发生了池田屋事件，为出兵提供了一个极好的口实。潜伏于京都的尊攘志士为了配合长州出兵，打算搅乱京都，但因一名同伙被捕而泄露了计划。六月五日，众人在池田屋商讨对策时遭到新选组袭击，格斗中八人被斩杀，被守护职和所司代逮捕者达十六人。当时，桂小五郎（后来的木户孝允）侥幸得以逃脱，藏身于对马藩官邸，后来又潜逃至但马国出石潜伏。

池田屋事件中的毙命者大多为长州藩士，于是长州藩就以这一事件为出兵的口实，口号是要把袭击藩士的暴徒驱逐出京都，所谓暴徒指的就是新选组。总之，就是要把守护职、所司代等幕府势力赶出京都。

禁门之变

长州兵力陆续到达京都。六月二十四日，福原越后率领的四百余人到达伏见，真木和泉与久坂玄瑞率领的浪士到达山崎，后者还占领了淀川对岸的石清水八幡宫。二十七日，来岛又兵卫率领的浪士队从伏见转移至京都西郊的天龙寺，七月九日，国司
216 信浓率队伍八百余人来到山崎，十四日，后发的家老益田右卫门率领的六百余人到达八幡宫。当天，世子元德率领大军拥立三条等五名公卿选择海路，于三田尻出发（以下军事方面参考了三宅绍宣，2013 成果）。他们均通过关系向朝廷递交了陈述攘夷宿愿与所蒙受冤罪的请愿书，目的是争取朝廷内部攘夷派的同情，分化公武合体体制。

朝廷于六月二十七日举行了廷议。开始时，意见倾向于宽恕毛利父子。但来到皇宫的一桥庆喜认为长州以大军为背景进行的请愿行为不可饶恕，首先应命其退兵。同时威胁道：如果赦免长州此次行为，一会桑将辞职。答复了近卫家咨询的萨摩藩士西乡隆盛也赞同这一意见。结果至二十九日，下发了包含拒绝长州进入京都、命其立即退兵，以及确认八月十八日以后的敕书均为天皇真意等内容的敕命，并决定下一步的处置全权委托担任禁里守卫总督的一桥庆喜负责。七月初，发布了有关禁里宫门与京都外围地区警备布置的命令。

此时，在京都的各藩藩士中，熊本与久留米藩主张立即讨伐

长州，但各藩大多数持同情长州的态度，各藩在京都的人士中，以鸟取藩池田家为首开始展开调停。真木和泉、久坂玄瑞以及入江九一着眼于此，开始以“长防两国之士民”（毛利家领国的武士与全体庶民）的名义开展宣传活动。在这一有利情势下，福原提议暂时撤兵返回大阪，等待世子到来后再考虑万全之策。然而，来岛又兵卫与真木和泉表示反对，所以长州只得继续维持包围京都的态势。

此时，事态陷入胶着。一桥压制了讨伐论与允许进入京都论两种意见，等待时机成熟。至七月十五日，朝廷确定了命令长州 217
退回领国的方针，并于次日派出幕府使节前往伏见，催促长州于十七日之前执行这一命令。对此，长州方面放出风言说会津打算令天皇移驾，企图以此将会津设为敌对目标，动摇公家与各藩。十七日，在于山崎召开的军事会议上，依照来岛与真木的主张决定开战。次日的朝议中，议论一时向接受长州方面主张的方向发展，但此时赶到会场的一桥庆喜再次强硬反对，在远处传来的炮声中，下发了征讨长州的敕命。

这一天的战斗展开情况如下。福原一支队伍沿着伏见街道（京都南郊的交通要道）上行至大垣藩，遭到阻击，再回转至竹田街道时，被彦根、会津方面击退。国司与来岛的一支队伍占据了京都西边的天龙寺，攻破了御所（皇宫）西面的外城郭，一路进攻至蛤门与内郭的公卿门之间，但被会津、桑名与萨摩藩兵击退。山崎方面的真木与久坂从南部向堺町门进攻，但遭到福井藩兵的阻击，于是转入旁边的鹰司家宅邸，与福井、桑名、彦根以及萨摩和会津展开炮战。在这里，久坂负伤无法动弹，在宅邸内自杀。这样，长州方面被全部击退，各自朝着领国方面逃去。真木和泉则与其门生一道登上山崎天王山自杀身亡。他在世子率领的兵力到来之前就强行开战，因此无法选择逃往长州。

世子元德在四国多度津接到战败的消息后，在那里与五位公卿一道折返回领国。这次作战中，鹰司家宅邸起火燃烧，大火蔓延至京都市内，至七月二十一日，京都市区南半部分被战火焚毁。

218 **长州的朝敌化与舆论**

长州的武力挑战与战败，尤其是向皇宫开枪一事，使其正当性受到危害。亲耳听见朝自己方向射来的枪弹声，孝明天皇对长州采取了不妥协的态度。然而，被大火焚毁了住处的京都居民此时仍然对长州持同情态度，公家当中自不必说，连大名中间也有不少人视攘夷为正义，对长州藩兵的果敢行动怀有共感。朝廷于二十三日指定长州为朝敌，发布了征讨命令，但长州依然获得了社会的强烈支持。

四 “合体”与“公议”的较量（一）

——围绕第一次征讨长州的争斗

阁僚复古“御威光”的尝试

在江户的幕府阁僚接到禁门之变的消息后，于元治元年八月二日命在江户的大名前往江户城，发出了将军出发的布告，次日公布了随行大名以及留守江户的大名名单。将军亲自出征一事，
219 之前也受到秉持朝廷意旨的一会桑的一再要求，但幕府方面一直

回避而未能实施。一个原因是关东地方天狗帮叛乱的范围扩大。为了平息叛乱，幕府于八月上旬委派水户支藩主出征，可是连藩主本人都被叛军俘虏了。战斗持续至十月上旬，激派后来又冲出包围圈向西转移。在这一情势下，将军自然很难离开江户。不过，还有比这更严重的问题。六月，幕府阁僚内部围绕开国锁国问题产生了分歧，总裁松平直克与老中板仓胜静以近乎互相攻击的方式退出幕府内阁。后继的阁僚开始拒绝与一会桑协调合作，这是更为严重的问题。继任的老中諏访忠诚与本庄宗秀等人刻板地从字面解释以公武和解为依据的政务一任，采取了只在江户决定国策的方针。在对外政策方面，搁置与朝廷和解的条件横滨锁港，试图转变至开国立场。此外更倒退至文久二年以前，试图仍然如过去一样依靠“御威光”对大名颐指气使（以下幕府相关部分参照了久住，2005）。

幕府阁僚在长州问题上打算全面依靠大名。阁僚大概认为，与阻止长州夺取京都一样，幕府只要发出征讨长州的号令，大名就会合作。一会桑主张征讨长州必须由将军亲自出马，而阁僚则判断，派出将军的代理人即可。八月四日，幕府任命越前藩主松平茂昭为副总督，次日又任命纪州藩主德川茂承为总督，然而后者立即被尾张藩的退位藩主德川庆胜替换。庆胜是攘夷论者，对长州持同情态度，因而这一人选与阁僚的政策不相符。又或许阁僚是打算安排攘夷论者互相厮杀。

幕府的体制原来都是以使用大名为支柱的。即使在关原之战时，打头阵的也是外样的大大名，效忠德川一族的谱代大名的任务则是担任家康的警备。和平年代也如此，近世的长久太平岁月 220
是依靠对大名的巧妙操纵才得以实现的。然而，这一年实现了公武合体之后，江户的阁僚为了恢复幕府的“御威光”，摆出一副高傲的姿势，开始对来自内部外部的意见充耳不闻。其中一件事就是在九月发出命令，要求依照古制恢复于文久二年放宽的参勤交代制。然而，大大名们并不服从这一命令。对“御威光”的过度依赖，反倒凸显了幕府权威的日渐衰退。

注意到这一现象的，是安政五年以来一直努力在“公议”名义下参与政权的萨摩藩。虽在同年春季，由于受到阁僚策略的阻挠而未能实现目标，但在禁门之变中为保护朝廷而尽忠效力之后，幕府委任尾张藩担任征讨长州的指挥，这成为大名再次在全国政治中显示作用的好机会。

长州征讨布阵与长州伏罪

尾张藩的德川庆胜没有立即回应幕府的召命，直至一个半月后的九月下旬，才终于接受了任命。这期间，庆胜一方面试探宽恕长州藩的可能性，至十月三日终于在京都召开了第一次军事会议，任命了本藩家老与萨摩藩的军赋役（负责组织并指挥军队的职务）西乡隆盛担任参谋。十一日从将军手上接到委任状后，庆胜命令接到动员令的各藩于一个月后到达指定位置。十月二十二日在大阪召开的军事会议上，确定十一月十八日为总攻击日期，十一月一日沿陆路朝着总督府所在地广岛进发，三日，副总督松平茂昭（福井藩）由海路出发，至小仓布置阵地，兵力配置
221 如下。围绕长州藩，有濑户内海、石州口（石见国津和野方面）、艺州口（安艺国广岛方面）、九州口共二十一个藩出兵，为总兵力超过十五万人的大规模动员。

其间，长州于七月试图夺回京都而失败，八月五日，西洋的

四国（美、英、法、俄）舰队来到长州，攻击了下关的炮台，可谓祸不单行。结果长州战败，于十四日达成和解。长州的正当性来自攘夷论，上一年强行要求天皇亲征，这一年又试图以武力夺回京都，均出于这一大义。可是一旦正式开战，就轻易放弃了战争。这时，他们的目标已经由对西洋的战争转为国内的抗争了。由高杉晋作负责与西洋四国和谈，从英国回国的井上闻多（后改称馨）与伊藤俊辅（后改称博文）担任翻译。他们坚信，尽管放弃了攘夷政策，但长州仍然拥有全面的正当性，坚持走彻底对抗与天皇合为一体的幕府的道路。长州试图通过战争断然实行长州藩与日本的彻底改革，而且并非依靠对外战争、而以国内战争为改革的手段。之后他们实行的就是这一计划。

然而长州藩内部已经发生分裂。对进攻京都持消极态度的势力卷土重来，重新占据了藩内的重要职位，他们为了长州藩的生存，开始探索向朝廷表示恭顺之路。支藩岩国藩的藩主吉川经干也支持这一努力，他向总督府提出请愿书，请求严厉处分三名家老，对藩主父子则处以禁闭刑。总督与西乡也在探索不战而使长州屈服的途径，于是就接受了这一请求。于是长州于十一月一日作出了处分三名家老、参谋处以斩首刑、移交五名公卿的决定。总督到达广岛之前，三名家老切腹，四名参谋被处刑，三名家老的首级被送至广岛方面。十一月十四日，检查了首级。之后吉 222
川前往广岛向大目付递交了请愿书，并对大目付的讯问一一作了解释。总督到达广岛后，于十五日与老中稻叶正邦再一次检查了首级，并提出终止攻击长州的条件，即拆除山口城，交出五名公卿。长州接受了这一条件，于是总督派遣目付（监察官）前往巡检山口藩与荻藩，并委托西乡负责处理移交五公卿一事。结果，于二十五日发出了长州藩主父子在藩内禁锢、表示恭顺的布告，并向总督递交了保证书与服罪书。移交五公卿一事遭到了公卿本人的严厉拒绝，西乡得到福冈藩士的帮助，承诺保证此时在九州的公卿的安全并将他们移送至太宰府，十二月十五日，在长州的五公卿接受了福冈藩士的劝说，答应接受移交（于翌年正月十四日实施）。在这一状况下，总督考虑到各藩出征将士已经十分疲劳，决定加快解散兵员的步伐，于十二月二十七日确认已经满足了条件，于是发布了各藩解散兵力部署的布告。翌年庆应元年（1865 年）元旦，幕府派遣大目付永井尚志携长州藩提交的服罪书以及对长州的处分方案（对藩主父子处以禁锢刑，永不录用，保持家名，削减俸禄十万石）前往江户。这样，征讨长州以长州藩屈服、恢复到战前状态而告终。

长州处分方案与大名会议

在征讨长州的过程中，尽管幕府阁僚倾向于专制，但事实上
223 以萨摩为首的福冈等西日本的大名也深深介入其中。对长州的最终处分也一样，西乡于十一月十九日提出对长州藩主父子处以隐退剃发、再削减十万石俸禄的处罚方案，总督庆胜考虑到这一动向，打算于解散兵力部署后，召集六七家大诸侯前来京都，听取他们的意见后再作决定。这一提议事实上意味着把已经开始了的大大名参与政治一事制度化了。

召开大大名会议一直是原一桥派的主张，虽然于春季遭到失败，但他们仍然俟机挽回颓势（大久保文书一，第 250 页）。八月，人们正担忧四国舰队会在攻击下关之后再驶回畿内施加压力，越前藩松平春岳于此时向一桥提议召开大名会议，重议开国

与锁国问题，九月又派家臣中根雪江向前往京都的老中阿部正外陈述了同样的意见（续再梦三，第265、317页）。与此同时，曾参与创建海军操练所的幕臣胜海舟与西乡会面时也谈到了同样看法，给西乡留下了深刻印象。这些构想均主张放弃幕府阁僚倾向于采纳的横滨锁港政策，并开启大名参与政权运作的道路。召开大名会议的理由，是商讨对长州藩的最终处分意见。十二月，伊达宗城与正滞留九州的熊本公子（藩主之子）长冈良之助（护美）一道提议以将军进入京都为前提召开大名会议（续再梦三，第265、394页）。总督庆胜的提议就是基于这一系列动向作出的。

幕府的分裂——压制京都还是与京都协调 224

然而，召集大大名一事却被搁置了。此时公武合体体制内部产生了裂痕，将军上洛修复并维持与朝廷的关系成为政局的焦点（以下部分参照久住，2005）。江户的阁僚甚至对在朝廷与幕府之间周旋的一会桑也抱有不信任感，试图排除他们。庆应元年二月，老中阿部正外与本庄宗秀率领步兵进入京都，企图以新式步兵威慑朝廷，促使朝幕关系恢复古制，恢复江户对全国的统治，同时迫使一桥与会津返回江户，将其排除于与诸大名的周旋之外。

对此，急于通过将军上洛强化公武合体体制的会津于此时收到了老中松前崇广发来的密信。松前于年末进京后，已经深入了解了京都的状况，于是会津便对朝廷展开了周密的游说活动。关白严厉谴责了来到皇宫的阿部与本庄，并使二人承诺努力帮助将军前来京都。在强化幕府权力与排除大名这两点上，双方意见一致。但要排除朝廷，在当时的情势下是不可能的。要强化朝幕关系，就必须使将军移驻西日本，以此使公武体制恒常化，除此之外别无选择（见久住前引书）。此外，萨摩的动作也已达极限，他们试图阻止幕府阁僚宣布的恢复参勤古制与将五公卿传唤至江户，但也只是仅此而已，要召集大名已经不可能。因此他们只好等待秋季再次征讨长州成为具体争论焦点、同时四国舰队出现于兵库湾时，再寻找促使公议实现制度化的机会。

225 五　“合体”与“公议”的较量（二）

将军移驻关西与长州藩的抗战体制

庆应元年三月，将军发布公告宣布前往大阪，又于四月一日预告说不久将征讨长州（见久住前引书）。这一安排的目的是回应朝廷再三提出的上洛要求，同时也是为了应对抵抗“长州暴徒再发”以及传唤五公卿至江户的呼声。幕府阁僚中，反对第三次上洛的意见依然根深蒂固，熟悉京都情势的阿部与松前两名老中于十九日罢免了持反对意见的中心人物牧野忠恭与诹访忠诚二人，同时正式发布了进发令，还命令各藩做好出兵准备。之后，将军于五月十六日率队从江户出发，闰五月二十二日前往京都皇宫之后，二十五日进入大阪城。率领的兵力总共为二万一千余人。翌年，长州战争败色正浓之时，将军家茂病逝于大阪城。

在之前表示伏罪的长州，高杉晋作于解除武力前的元治元年十二月在长府功山寺举兵，之后爆发了大规模内乱（三宅，2013）。武力抗争之后，负责与幕府谈判的恭顺派于翌年被打倒肃清，藩内由高杉等原先的尊攘激进派掌握全权，并着手大胆的
226 组织改革。在军事方面，采纳了兰学者大村益次郎的方案，从正

规家臣团的大组中挑选人员组成了精锐干城队，将奇兵队以下的诸队改编成十组共一千九百人，又征集了农商兵一千六百人。十月，把俸禄一千石以上的家臣陪臣组织成十二个南大队，三个北大队，一千石以下、一百六十石以上的家臣的随从组织成两个大队，另外把士卒组织成三个大队。这些队伍均为步枪队，装备射程较远的前装式来复枪，采用了散兵战术，对士官与士兵进行了严格训练（见三宅前引书；小川，1998；木村，2010）。要改变以前每个骑士均配有随从的身份制军制是一件非常困难的事，长州则有意创造战机，断然实施了改革。木户孝允接受邀请从出石返回长州，于五月被推举为用谈役即顾问，负责统辖全体事务。木户提出应创造“防长二州肃然，如同深夜之情形”，果断实施军政民政改革（木户文书八，第22页）。遵循这一方针，闰五月二十七日，长州发布了“待敌”方针。木户赋予了这一方针“今日之长州实为救治皇国病疴之良器”的含义。“以攘夷启动改革”论起源于水户，然而在这里，敌人被转换成国内之敌并得到彻底实行。

这样，长州被迫进入了与幕府冲突的轨道。但此时幕府方面却无意开战，他们认为，只要把大军结集于大阪向长州施加压力即可，长州内部分裂后，必将接受最后处分方案。于是首先传唤长州藩支藩主与大老前来大阪，确认之前命其起誓遵守的禁锢刑罚履行情况。然而，这次长州则完全无视了幕府的传唤。于是一会桑为了进一步施压，争取使天皇许可再次征讨长州，并于九月
二十一日获得了敕许。然而此时萨摩藩却站在长州藩阵营一边， 227
开展了反对活动。大久保利通面见贺阳宫时，贺阳宫辩解道自己曾提议召开列侯会议，以公论方式作出决定，但遭到了一会桑的反对，不得已作罢。大久保则激烈反驳说，缺乏充足理由的“无

义敕命就不是敕命”，如此下去，将来某一天必定会有其他大名不服从朝幕之命（大久保文书一，第 311 页）。如后面章节所述，这一举动的背后其实是萨摩藩的政策已经发生转变。

西洋的军事威慑与条约敕许

在西洋诸国对关西的政治中枢施加军事压力之时，再次征讨长州的敕许下发了。从上一年四国舰队攻击下关时起，日本方面就担心联合舰队可能会来到畿内，逼迫朝廷发出条约敕许，现在这一担忧终于变成了现实。在此之前，西洋各国观察了樱田门外之变以后日本的国内形势，认为问题的根源在于一部分西日本的大名反对幕府维持条约的政策。然而文久三年幕府依照朝廷的意旨提议封锁横滨港时，西洋开始怀疑幕府自身也缺乏履行条约的意愿（以下部分参照了保谷，2010）。此时恰逢萨摩在鹿儿岛与英国交火之后双方和解，萨摩已经表示愿意开展通商，而幕府却于年末向欧洲派出了谈判锁港问题的使节，这更加深了西洋各国的怀疑。松平直克担任总裁的幕府实际上在疏远主张履行条约的老中，并开始一味追求实施锁港政策。

228 幕府的外交人员要求西洋方面接受“为维持亲善的通商限制”，但西洋方面则认为已经通过条约确定了通商权，于是严词拒绝了幕府的要求。同时在西洋本土，为了应对万一发生的事态，还制定了对日制裁方案（制裁对象设定为某些大名、天皇与将军三种情况）。临时回国的英国公使阿尔科克返回日本后，与法国、荷兰以及美国等国一道向幕府提出了允许下关自由通航并履行条约的要求，但很快发现无法解决问题，于是组织了十七艘军舰和五千余名士兵的联合舰队，于元治元年八月决然炮轰长州炮台。这一武力攻击取得成功，并发现长州有开放下关港的意愿时，西洋对幕府愈发不信任（石井，1966；佐藤，1960）。之后英国方面改由帕库斯担任公使，他为了打开条约与通商问题的僵持局面，与其他三国代表协商，决定对移驻关西的政治中枢直接施加压力。

庆应元年九月十六日，四国舰队共九艘军舰出现于兵库湾海面并提出条件，西洋放弃之前规定由幕府支付的下关赔偿金中的三分之二，以换取条约敕许，幕府在规定期限前开放兵库港以及修改税率。此时将军为了解决长州问题正在上洛途中，于是便委派老中阿部正外先期前往大阪，负责处理此事。阿部与松前崇广担心发生帕库斯登陆后前往京都的事态，于是统一了阁僚的意见，决定接受兵库港开港。然而，一桥反对在无敕许情况下开放兵库港，内阁意见发生分裂。与此同时，西洋四国在与幕府的谈判中，要求幕府取得有关条约的敕许，考虑到奏请敕许需要时间，于是给予了十日的宽限。然而，当一桥返回京都、阿部与松前作出的开放兵库港的决定传播开后，在朝廷内部立即引起了震 229
动。九月二十九日，朝廷作出决定剥夺阿部与松前的官位，命其返回领国接受禁锢刑。幕府老中被朝廷罢免是未曾发生过的事，但将军家茂不得不接受这一结果，于是他决意辞去将军一职并返回江户，于十月一日向朝廷提出辞呈，并请求以此为条件，发出批准条约与允许开放兵库港的敕许，辞呈中还明确提到把将军一职让给一桥庆喜。幕府阁僚们自然不会允许一桥接受这一职位。为了摆脱困境，一桥拼力说服朝廷，并于十月五日获得了对条约的敕许，兵库开港一事则被保留。至此，安政五年以来困扰政界的条约敕许这一最大悬案终于得以解决。但是将军向朝廷提出辞职一事，自然极大损害了幕府的威信。

大久保利通的大名会议论及其挫折

此时，萨摩的大久保利通继再次征讨长州问题之后，对敕许一事也进行了阻挠。他提出，自己作为萨摩藩在京都官邸的代表，认为应该召开旨在解决问题的大名会议，并通过近卫家向朝廷提出要求，希望推迟公布上述敕许等决定。他主张，只要自己前往兵库与英国人交涉，一定能获得四国同意，延期至将大名召集到京都之后。事实上也并非完全没有这一可能。

一桥对此拼力抵抗，并取得了成功。他不仅游说朝廷要人，还召集在京都的大名以争取对条约敕许的赞同，并以众议之名义
230 向朝廷陈情。这一策略与一年之前驱逐担任参与的各大名时采取的策略完全一样。原一桥派的大名总是主张“公议”，但参加大名会议的资格却仅限于亲近者。面对此情景，无论原一桥派的大名如何铭记着因安政五年拥立一桥而被迫退位的荣光与苦难，其他大大名却无法平复内心的波澜。一桥看清了大名之间的竞争与嫉妒，否定了原一桥派的特权，把众议变成了维护德川将军利益的武器。大久保就这样失败了，自此之后，萨摩便公开地开始向合体体制发起挑战。

六　对长州藩的最终处分方案与萨摩、长州的接近

萨摩与长州的接近

解决了条约问题之后，政局的焦点再次转移到长州问题上。

阿部与松前被解职之后，幕府重新启用活跃于文久时期的板仓胜静，他与之前已经重返老中级别职位的小笠原长行一道组成了幕府阁僚核心。虽然取得了对条约的敕许，但对执行问题，他们仍然十分谨慎。此时，萨摩已经开始认真思考与朝敌长州联合之路。自文久二年以来，双方始终互相倾轧，尤其是禁门之变时还发生了正面冲突，但此时双方还是搁置了过去，急速接近。

促进这一关系的，是被移送至太宰府的五公卿的亲信、土佐 231
的牢人中冈慎太郎、土方久元以及他们的盟友坂本龙马（参考詹申，1973）。中冈与土方脱藩以后与长州一同行动，在禁门之变中一同作战，后来跟随五公卿前往长州，并成为其随从。中冈通过与萨摩交涉移送五公卿一事，重新认识了与萨摩的关系，并开始思考促成长州与萨摩的结盟。中冈于是决定与已经和萨摩开展共同事业的坂本龙马联手，开始在萨摩与长州两藩之间周旋游说。中冈于庆应元年闰五月，安排此时刚刚返回长州担任要职的木户孝允与正准备进京的西乡隆盛在下关见面。然而此时西乡大概是过于关注将军进发关西的信息，取道直接前往京都，因而此次和解会谈未能实现。

此时长州已进入抗战体制，急于采购武器。受到坂本龙马的提示，木户考虑借萨摩的名义从西洋方面采购武器。在坂本和中冈的撮合之下，此事获得了萨摩的赞同，于七月派出井上馨和伊藤博文前往长崎，在萨摩的小松带刀和龟山社中众人的帮助之下完成了采购计划。从外国采购武器是触犯幕府禁忌的行为，对萨摩而言，将武器转让给朝敌长州更是危险的举动。但萨摩依然冒险而行之，长州藩对萨摩的猜疑因此大为减轻。同年十月萨摩通过坂本提出拟在下关采购军粮时，长州方面立即爽快地答应了。

232 **幕府的最终处分方案**

此时，再次征讨长州成为了焦点，幕府方面开始商讨对长州的最终处分方案（久住，2005）。长州藩如果接受这一处分通告，即可与上一次一样不战而结束冲突；如果拒绝，幕府方面就有了开战的充分理由。此时身在大阪的将军与板仓、小笠原遵循之前尾张庆胜在西乡方案的基础上提出的新处分方案，内容是藩主父子隐退，长州藩由其末家继承并削减十万石俸禄。一桥则主张没收全部领地，再授予十五万石俸禄，会津也主张处以削减一半领地的严厉处罚。幕府方面考虑到出征的旗本们的厌战情绪以及西日本大名的拒绝服从，希望避免开战。然而一会桑则表示如果对长州采取宽容政策，将给萨摩等西日本大名留下幕府软弱的印象，德川霸权将由此一溃千里，因此主张保持不辞一战的姿态。这表明，之前大久保利通围绕征讨长州一事毫无顾忌地对朝廷开展游说工作的做法，其意义已经不限于长州一藩的范围，预示着幕府对大名的统辖整体已经出现了严重问题。在大阪的板仓等人小心翼翼地制定了方案，试图确保即使对长州加以宽大处罚，也不至于造成幕府威信急剧衰落，于是通过与萨摩一样支持“公议”的越前以及大久保忠宽，对萨摩进行怀柔。而一桥则始终主张采取断然措施。庆应二年（1866 年）正月，一会桑与板仓在京都进行会谈时纠纷不断，但老中返回江户交给将军家茂裁决后，一桥基本同意大阪方面的方案。同月二十二日，该方案获得朝廷的批准。

233 **萨长盟约的成立**

恰于此时，萨摩直接介入了长州处分问题。十二月，萨摩派遣黑田清隆前往下关，请求木户孝允进京，木户经过一番犹豫与思考，最后还是答应了萨摩的请求。他于庆应二年正月八日进入萨摩藩在京都的官邸，这一天正是板仓与一会桑重新开始商讨长州处分方案的次日。萨摩的小松、西乡以及大久保与木户之间的协商迟迟未能开始，二十日坂本龙马到达后，事情终于有了眉目。经过协商，双方确定了结盟盟约，主要内容如下（木户二，第 136—137 页）。

第一，若是长州与幕府之间的战争即将开始，萨摩即以三千兵力固守京都大阪两处。第二，长州方面出现取胜迹象时，萨摩将与朝廷周旋，以恢复长州权力。第三，即使显出败象，长州方面也不会于一两年内崩溃，萨摩方面将向朝廷游说以缓和事态。第四，如果幕府方面未开战即返回江户，则萨摩立即向朝廷要求赦免长州的冤罪。第五，将兵力输送至京都、大阪后，向朝廷进行游说时，一会桑如果加以阻挠，不得已将展开决战。第六，洗清冤罪之后，双方携手愿为皇国粉身碎骨。以王政复古为目标的合作自今日开始。

这是以幕府与长州开战为前提的盟约。除了最后一点，盟约对长州方面的义务没有作明确规定，萨摩方面则分为各种情形，明确承诺应采取的行动。这一盟约是木户返回长州途中在大阪完成了初稿，然后交给坂本确认后确定的，萨摩方面则没有留 234
下正式记录。萨摩方面参加谈判的是三名领导人，并未得到国父（藩主之父）岛津久光的承认。不过，对照条约敕许前后大久保的发言与开战后萨摩方面的行动，可知盟约中的约定具有实质性意义。

在朝廷与幕府确定对长州的最终处分方案的最后阶段，萨、长双方定下了这一盟约。朝廷与幕府决定的处分方案大致是基于尾张庆胜的方案制定的，其骨架是西乡向庆胜建议的方案。或许是出于这个原因，西乡建议木户暂时接受这一方案，但木户果断拒绝了。面对朝廷与幕府的断罪，长州方面始终坚持说是冤罪。萨摩则对长州向禁门开炮以及天皇的震怒视而不见，等于认同长州的辩解。估计萨摩已经确认了长州方面完全不打算接受处分方案的意志。这样，幕府与长州开战的可能性骤增。在这一条件下，怎样才能实现萨摩的政治目标？经过在京都藩邸的一番深思后，萨摩决定对长州的奋斗投下赌注。

不过，此时开战尚非必然结果。幕府依然对开战持消极态度，萨摩方面也没有挑唆开战的意思。大久保利通在返回领国报告途中，在大阪会见越前的中根雪江时说了如下一番话。他指出，同意削减长州领地以及禁锢藩主，但对其理由有疑问，如果幕府接受“公论”，一桥改变态度，回到文久二年的立场，萨摩国父岛津久光将会与之合作。他还说，要赢得天下的人心，就必须任用大久保忠宽与胜海舟那样的人物。正是这个大久保忠宽，在大阪的阁僚向他咨询打开局面的对策时答复道：请萨摩出面作为中介与长州斡旋尽早解决问题，才是良策。他还回答道：以
235 “天下之公论”实施“大政革新”，“国家之百年大计”方可成立。的确，既要保住长州的体面又要实现和解，除萨摩继续斡旋之外别无选择，而要争取萨摩的合作，只有对其承诺允许其参加政权，除此之外别无他法。但是如果赦免长州并允许其共同参加政
236 权，这对幕府与一会桑中的任何一方都是无法接受的。

第九章　维新：走向“王政”“公议”政体（一）237
——由最初的尝试至最后的大名会议

概观：由再次征讨长州到庆喜继位

庆应二年（1866年）六月七日，包围长州的幕府军队从四面八方开始攻击。与上一次征讨不同，此次参战的核心力量为亲藩与谱代这些德川家门，外样大名即使回应动员，也只是始终持观望态度。因此结果与世人的预测一样，进攻进展迟缓，长州方面则以必死决心坚持抗战，幕府军在各战线均不断败退。就在战况紧急之际，将军家茂病逝，以此为契机战争结束了。

德川方面的败北对其“御威光”造成了决定性的伤害。按照 238
武家的习惯，对失败者的评价会显著降低。在这一状况下，德川宗家继承人德川庆喜（之前的一桥庆喜）开始考虑将权力分予自元治元年以来被完全排除于政权之外的大大名们。然而，此时朝廷中正试行的公卿列队参与朝礼一事引起了孝明天皇的愤怒。为此，向公议政体的转变便被推迟至翌年庆应三年（1867年）。

一　长州战争——“御威光”坠地

开战前的朝廷、幕府与长州

朝廷与幕府决定了长州处分方案之后，于庆应二年二月派遣老中小笠原长行前往广岛，向长州藩主父子、长州三个支藩的藩主以及岩国藩的吉川经干发出命令，命其于四月二十一日前往广岛听候发落。长州藩主拒绝接受这一命令，只派出藩主代理与三个支藩的家老前往广岛。五月一日，小笠原老中向他们下发了处分令，并命其限期上交保证书，但长州认为已经谢罪了，故无法接受这一处罚。于是小笠原最终向征长军发出了六月五日进攻的命令。自小笠原从京都出发到开战为止花费了相当时日，由此也可知德川方面是希望尽量避免开战的。此时，期待开战的长州方
239 面则为了动员舆论，正全力以赴地活动着。萨摩的大久保利通于四月十四日在大阪城公开表示萨摩拒绝出兵，引起了舆论关注而轰动一时。长州致力于怀柔周边大名，长州兵可以在邻国津和野藩自由通行，征长的据点广岛也已为保证征长军的物资供应而竭尽全力，因而不希望发生战争。周围邻国中与长州处于敌对关系的，仅有四国松山的松平、石州口的滨田松平以及下关口的小仓小笠原这三家谱代大名。

长州战争的发展

这里简单概括一下战争的发展过程（参照三宅，2013）（图9-1）。六月七日，在濑户内海中的周防大岛上打响了战争的第一枪。在幕府军舰的掩护下，四国松山的藩兵渡海登陆，但被赶来的长州兵击退（大岛口之战）。在石州口，幕府军主力是备后福山、滨田以及纪州藩兵，但大村益次郎亲自指挥的长州军越过领国国界，穿过津和野藩，于十七日攻占了益田。至此，长州暂时进入静观形势之态势，后又在七月十八日开始前进，进入总攻滨田城阶段。滨田藩兵在放火烧毁了城堡后，撤退离去（木村，

2010）。在这两个方向上，长州方面均轻易地击败了幕府军。与此同时，在主战场艺州口即广岛方面，战事各有进退、反复拉锯。在广岛与岩国之间，宫岛对岸的街道成为战场，幕府方面手持旧式装备的彦根藩兵与高田藩兵处于劣势而不断溃败，而幕府的西洋式陆军以及纪州、大垣藩兵则略占优势。此时，副总督老中本庄宗秀曾于六月末通过岩国的中介试图讲和，条件是归还被 240
拘为人质的长州代表，并于七月十三日将幕府陆军撤退至广岛，但这一提议遭到长州方面的拒绝。围绕结束战争的策略问题，征长军内部产生了意见分歧，本庄于二十五日被解职。战事重开后，幕府军方面也始终未能占据优势，于是不得不于八月九日将所有兵力撤退至广岛。

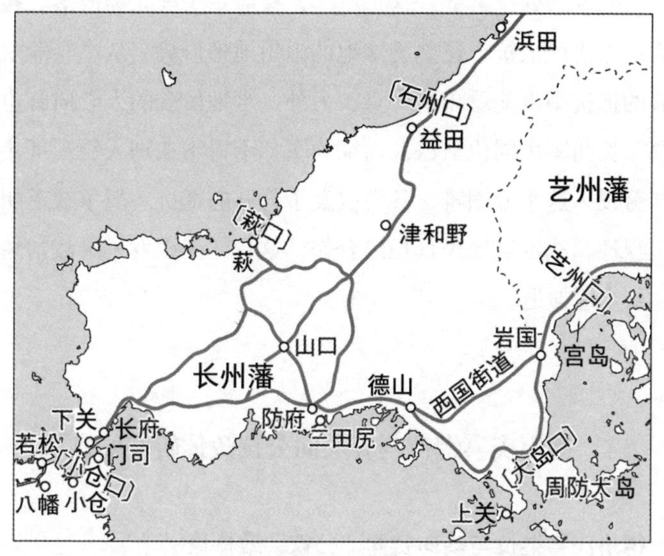

图 9-1　长州战争略图（据野口，2006 制成）

最后再看一看下关方面。在这里，长州兵未待幕府军出动就已经跨过下关海峡展开了战斗。老中小笠原为了督战而来到小仓，九州的熊本、久留米、柳川以及唐津藩的藩兵均已进军至此。幕府兵与跨过海峡的长州兵展开激战，但出于未能发挥具有优势的军舰的作用等原因，结果长州兵于七月上旬攻占了与小仓邻接的要地。小仓藩于同月三十日试图夺回此地，但熊本等藩未出兵助战。相反，此时各藩接到将军去世的消息后，立即决定撤兵，甚至连监军小笠原都搭乘军舰逃走，于是幕府军陷入了总溃败。之后，小仓藩仍然与登陆的长州兵继续战斗，八月一日烧毁
241 城堡并撤退至领国南部，战斗一直持续到十月上旬。至翌年庆应三年正月二十三日，才开始和谈。

长州战争中幕府兵败一事有种种原因。与长州相比，幕府的装备与战术均处于劣势，这是事实，幕府军士气尤为低落。被进攻的一方拼死抵抗，还熟悉本地的山川地理形势，从小仓藩对长州藩的抵抗中也能看出这一点。另外，当地民众的人心向背也很重要。长州军民同仇敌忾，而征长军却不得不在别人领国征集军粮与劳役，这十分困难，甚至引发了公开的抵抗。战争缺乏明确的正当性，战场当地民众拒绝合作，这自然就诱发了厌战情绪的蔓延与半途撤退。

二 德川庆喜继位与丧失向公议政体转变的良机

德川庆喜继位与转向赞同“公议”政体论

在接连二连三的战败消息中，庆应二年七月二十日，将军家茂病逝于大阪城。这一消息被秘而不宣，战争仍在持续。此时自

然需要决定继任者。一桥庆喜成为众人一致瞩目者，众人皆认为除他之外没有更合适的人选了。于是七月二十九日，以家茂的名义发布了以庆喜为德川家继承人的公告。按照过去惯例，应该同时授予庆喜征夷大将军官位。然而庆喜拒绝了官位，不称“公方 242
样”（“样”为日语中称呼上司和长辈时的敬语，“公方”指将军），要求只使用德川家内部的“上样”来称呼他（庆喜公传史料二，第390、395、442页）。

德川庆喜首先试图挽回战争的颓势，他于八月八日接受了天皇授予的节刀，欲赶往广岛前线作战。一些人认为家茂的去世是停战的最好时机，但庆喜没有理会这些声音。他是征长战争的首倡者，同时打算投入幕府兵员的预备队，一举击溃长州后再考虑停战。然而当他接到各藩已经在下关口解散兵力、小笠原长行弃战而逃的消息后，于八月十二日放弃了反攻计划。孝明天皇、贺阳宫朝彦亲王以及会津松平容保均对此表示反对，但庆喜坚持自己的意见。

庆喜初次施政就遭受了挫折。于是他把国内政策做了一百八十度的大转弯，以图摆脱困境。下决心取消出征的当天，庆喜要求与德川一门的公议派以及越前的松平春岳等人会面，之后开始商议召开春岳以及大名参加的会议。与长州进行停战谈判已是燃眉之急，于是启用了之前一直受到冷落的胜海舟负责处理此事，并建议他通过大名们的公议来决定对长州的处置和待遇方针。

不过，庆喜的这一决断伴随着引起与会津对立的风险。解散一会桑同盟，进入与公议派大名的协调状态，是对元治元年以来的权力安排（即公武合体体制）的大转变。公议派的首领越前藩与萨摩藩自然从这里看到了希望。越前的松平春岳原先就反对征

长，他已许久未到江户，为了谏止将军出征，特地从福井赶到江
243 户，他对庆喜的“反正”（回归原本应有姿态）表示欢迎。他给庆喜的文书中有“天下之大政，一切均返还朝廷”这样一句话（续再梦五，第335页），把大名会议与王政复古相结合这一想法已经成为现实的选项。

公卿的列参与孝明天皇的抵抗

然而，由于朝廷内部的混乱，这一划时代的尝试归于失败。依照岩仓具视的策划，大原重德等二十二名公卿列队上朝，但天皇反对此举，由此朝廷内部产生了分歧。

岩仓具视于文久二年（1862年）被驱逐出宫廷之后辗转于京都北部，后落脚于岩仓村，隐居于此。其间，他通过关系了解京都的动向，尊攘激派离开京都后，与萨摩有往来的人士进出岩仓村，岩仓便开始向萨摩上层递交论策。岩仓主张避免开战结束冲突，然后萨摩与长州联手，再由天皇掌握主导权，一同构想实现全国大和解的方策，其中包含解决处于敌对状态的德川与长州之间的关系问题。

然而幕府在长州战争中的败退，促使他提出了更为大胆的秩序构想，他认为实现王政复古的机会已经到来。他在“天下一新策”中主张，王政复古首先要从朝廷内部的改革开始。他试图把公武合体体制的核心人物、即与一会桑相呼应主张开战的朝彦亲
244 王与关白二条齐敬一起驱逐出去（岩仓一，第249、255页）。为此，他通过旧友中御门经之与大原重德于庆应二年八月三十日向天皇提出如下要求：允许二十二名公卿列席天皇帘前会议，天皇召集各藩，赦免受到敕勘（天皇确定的刑罚）的以七公卿为首的

公卿，并发出取消讨伐长州的命令。

公卿对天皇主持的会议提出这样的要求，是前所未有的事，为此大原甚至直接与天皇争论。天皇虽然厌恶争论，但也与其发生对峙。围绕讨伐长州问题要求弹劾朝彦亲王和二条关白，其实质是指责天皇。天皇在帘前会议上听取了列参公卿们的意见后，又传唤了大原直接对话，但惩罚长州的意志并未改变。不过，这一事件使天皇不得不要求朝彦亲王和二条关白提出辞呈。之后，二人仍继续留任，但长期未参加朝议，朝廷因此产生了权力空白。由此，与萨摩关系密切的山阶宫和正亲町三条实爱增大了发言权。与此同时，天皇通过朝廷正式的决策者（即现任议奏）与武家传奏，和德川庆喜保持联系，尽力挽回形势。

九月八日，朝廷命令二十四家大大名上京，这似乎是越前、萨摩与大原所主张的通过公议来决定处分长州方案的意见得到了认可。然而，庆喜听到胜海舟于同月二日在宫岛的停战谈判取得成功的消息后，态度一变。原先召集大名会议的目的是解决长州问题与创建公议政体问题，而此时已经改变为推戴庆喜为将军。
萨摩的岛津久光与宇和岛的伊达宗城听到庆喜改变态度的消息 245
后，决定放弃进京，越前的春岳也失去希望，于十月一日离京。京都的公议派势力大减。庆喜利用家茂丧礼结束的时机，于十月十六日实现了继承德川家宗家地位后的首次进宫，建立了与天皇直接面谈的关系（续再梦六，第63页）。天皇之后又严厉处罚了被认为在幕后唆使公卿的山阶宫与正亲町三条，将二人驱逐出政界。

德川庆喜于十二月五日接受了天皇下发的任命将军的旨意。此时在京都的大名有七人。天皇与庆喜二人打算搁置追究征长失败责任一事，重建合体体制，但此时他们的孤立已明白无疑。公议派大名虽说很失望，但仍然在等待时机。这一时机因天皇的去世而意外地提早到来了。

三　最后的将军的外交与政体一新

庆应二年十二月二十五日，孝明天皇罹患牛痘身亡。明治天皇即位与二条关白转任摄政之后，朝廷发丧，朝廷与幕府方面均停止了正式的政务。然而在背地里，政界的形势在急剧变化着。孝明天皇的死成为解决之前受到天皇敕勘处罚的公卿们回归朝
246 廷、兵库开港以及赦免长州等悬案的良机，德川庆喜抓住了这一机会，着手实施对德川家与政府组织的根本性改革。而萨摩也以长州返回政界为契机，开始推动政体的根本性改革。

德川庆喜的幕府改革与对外宣示主权

德川庆喜在继承德川宗家后，立即着手强化德川将军家的组织功能，实施了把旗本改编成长枪队、任用下级幕臣担任高官等措施。他正式就任将军之后，还对西洋开展了华丽的外交行动（庆喜公传四）。首先是接见了西洋外交团。他的理想是成为西洋观念中掌握主权的统治者，因此必须一手掌握作为其条件之一的外交权，其第一步就是从西洋驻日使节手中接过国书。同时他还试图实现西洋方面不断要求的兵库开港，但他之后把这一问题作为最优先问题去解决时，目的已经不停留在履行条约的义务上，而是使自己更进一步接近主权拥有者。

庆喜开始行动是在朝廷下达任命他为将军的旨意时。他向西洋各国发出将在大阪城举行西洋使节拜谒德川将军仪式的通告（佐野，2016）。时值将军换代，各国外交使节需要重新提交国书，但受孝明天皇丧事影响，这一仪式被推迟了。翌年庆应三年三月二十八日与四月一日，以英国公使哈里·帕库斯为首的四国公使依次登上大阪城，庆喜举行了盛大的宴会。

自美国的哈里斯于安政四年首次登上江户城时起至文久年 247
间（1861—1864 年）为止，谒见将军的仪式经过了多次修改调整，此次谒见将军的仪式是对原有的仪式做大幅修改调整后形成的。西洋各国自开始与东亚各国交往时起，就被外交仪式中的相互地位问题困扰着。在西洋主权国家中，惯例是接受国的君主与外交使臣以对等礼仪互相对待。而在东亚，不仅清朝强行要求西洋使节行三拜九叩之礼，日本也要求外国使节行臣服之礼。哈里斯再三要求对等礼仪的待遇，并相信已经实现，但实际的具体做法却低于接待朝鲜通信使的礼仪。与日本结成对等国家关系的只有朝鲜一国，朝鲜通信使来访时，在江户城的中段大厅举行迎接仪式。而哈里斯等外国使节来访时只能在大厅的下段谒见将军。

与之前的仪式相反，庆喜使此次接见使节的仪式更接近对等，并且还在接见后举行盛大宴会，亲自出席款待使节。在仪式中还大量吸收西洋礼仪，为使节准备了法国菜，将军还于席间举杯与使节共同干杯，这让使节感到既震惊又愉快，连原本对幕府的闭锁政策与优柔寡断早已经失去信心的哈里斯，也改变了对幕府的评价。这一成功不断给庆喜带来强大自信。

庆喜除了举行盛大的接见仪式，还打算向西洋各国送上兵库开港这一大礼。如果能最终解决这一给幕府末期带来严重混乱的

外交问题，定能确立庆喜作为对外主权拥有者的地位。他于庆应
248 三年二月十八日向各大名表示希望获得兵库开港的敕许，并要求大名以书面形式表明各自的意见，提交期限为接见外国使节之前。然而，庆喜在收齐大名的答复意见之前，就于三月五日向朝廷奏请发出敕许，同时在接见外交使节时口头承诺了此事。这与一年半前一样，对期待以外交问题为契机实现大名参政愿望的萨摩，尤其是大久保利通而言，是一个沉重打击。

公议派四侯进京与政体一新

在此之前，庆应三年二月上旬，萨摩在京都藩邸方面（小松、大久保、西乡三人）决定要求公议派大名进京，接着派西乡返回领国请求岛津久光进京，并于返回途中前往土佐和宇和岛，邀请山内容堂和伊达宗城进京，同时还向越前派出了使者（续再梦六，第107—108页）。三位大名均立即接受了请求，自元治元年（1864年）以来相隔三年再次聚集于京都。与以前不同，这次并非应朝廷之命进京，这一事实表明，他们是怀着政治决意来到京都的。对此，德川庆喜于三月末推动天皇发出命令，命二十五家大大名进京。这也与一年半前一样，目的是牵制四家公议派大名。被庆喜选择的大名们与上一年旨在推戴将军时的情况迥异，在地域上覆盖了全国。然而，接到命令的大名却对进京态度消极，继续在领国观望中央政局。于是，庆喜又重施旧技，反手利
249 用四家大名，把他们当作迫使朝廷承诺开放兵库港的手段。

四位大名进京的目的与将军不同，他们的目的是追求政体一新。萨摩的大久保利通于四月在给久光的上书中主张精选人才并赦免长州，还进一步建议应以将军在向大名发出咨询要求后、却

于半途向西洋各国承诺开放兵库港的不法举动为理由，“剥夺征夷大将军一职，削减封地，列为诸侯”（大久保文书一，第468—471页）。此时萨摩的主张已经从追求参加政权转变为完全否定幕府了。

这个夏天是大大名通过政治谈判实现参与政权的最后机会，德川方面也十分清楚地意识到自己正处于生死存亡、治乱交替之际。庆喜的心腹原市之进在与越前的中根雪江的对话中回顾了日本史上的种种逸闻，其中提到“本朝已及二百余年，正处于革命之时，必须实行中兴之政”（续再梦六，第187页）。庆喜与公议派均一致认为必须进行大变革，但围绕由谁主导、何为紧急要务的问题双方尖锐对立。他们经过激烈的政治谈判仍未能达成妥协，于是萨摩便选择了使用武力动员与威慑解决问题。

四　公议派四侯与将军庆喜 250

公议派四侯主张首先讨论赦免长州

庆应三年五月一日，土佐的山内容堂到达京都后，四侯多次召开会议，首先讨论的是朝廷的人事问题。四月中旬，朝廷发生了一桩奇事，由于受到尊攘志士的胁迫，三名议奏与一名武家传奏被免职了。围绕继任者问题，将军与公议派大名之间发生了一场争议，将军希望确保亲幕派担任朝廷要职，而公议派则打算为恢复长州权力铺平道路。萨摩主张任命上一年主导公卿列参朝议的中御门、大原为议奏，而摄政二条齐敬则对此感到困惑。除容堂以外的久光、春岳与宗城于十日前往二条府邸时，摄政举出了排斥萨摩推举的中御门、大原等攘夷派公卿的理由，称此举实为“先帝之睿虑”。久光则反驳道，既然如此，难道说也要拒绝庆喜期待的兵库开港吗？摄政极力安抚春岳与宗城，使其接受安排亲长州、但仍属温和派的正亲町三条实爱与长谷信笃担任议奏后，纷争始得解决。以明治幼帝为首的朝廷首脑试图依靠将军庆喜，压制解除了朝廷制裁后回归政坛的攘夷派公卿。但实际上正如久光的反驳，此时朝廷并无接受兵库开港的勇气，不仅是摄政，就连与久光有着累代姻亲关系的近卫家，面对大久保执拗的劝说，只能抱怨道此举“以立朝宪之名，实为乱朝宪”（续昨梦六，第224页）。朝廷首脑除了维持现状以外，别无他法，因而自此之
251 后开始被将军与萨摩双方忽视。老中板仓胜静则设想由庆喜担任摄政，但庆喜此时已有更进一步的构想，因此对此建议不感兴趣（续昨梦六，第357页）。

之后，四侯于五月十四日一齐登上庆喜执行公务的二条城。进入京都后经过多时才来谒见将军，是因为久光不喜对将军行正式谒拜仪礼，他表面上称因是初次登城，不晓仪礼也无正式礼服，但实际上他所说的“在将军面前两手触地跪拜，为何等不堪忍受之苦劳”才能表达他的真实心境（续昨梦六，第222—223页）。他没有登上江户城的经历，所以对伏首于远离将军位置的一块草席上，以无法看见对方面孔的姿势进行交谈的仪礼尤其无法忍受。总之，四人一齐登上了二条城。庆喜以将军身份与四人初次见面的寒暄结束后，双方立即发现在兵库开港与长州问题两者中先议何者这一点上，将军与久光之间存在分歧。对庆喜希望解决的兵库开港一事，四人均无异议，但久光认为长州问题才是重建天下秩序之关键，因此应该先议此事。越前春岳虽然对此

也表示赞同，但认为此次为初次会面，应该以平稳结束为主眼，有关兵库问题留待下次登城时再作回答。于是众人一致同意后散会。

萨摩主张的先议长州问题，是指恢复长州的权力一事，具体内容是对长州不再要求削减封地，毛利敬亲与元德父子官复原职，由元德继任藩主（续昨梦六，第 244 页）。至于再往后的安排，在四侯会议上并未讨论。据西乡给久光的上书记载，还制定了恢复长州藩名誉之后长州回归京都政界的计划（玉里五，第
200 页）。先议长州问题，确定恢复长州权力之后，长州藩主将出 252
现于将军面前，长州藩也将参加之后召开的大名会议，对将军庆喜而言，这是无法忍受的事态。在这一情势下，四侯集会后，同意先议长州一事。不过，土佐的容堂实际上是反对萨摩提出的实现长州全面参加政权的计划的。为了拥护将军，容堂私下联系了春岳，商量如何挽回局面。为了排除强硬派首领——能言善辩的大久保，容堂提议陪臣均不得参加重要会议。他打算安排将军前往摄政宅邸，在这里设置与朝廷首脑议奏和武家传奏一道协商的会场，四侯则无法带领家臣进入会场，在这种情况下决定重要事项（续再梦六，第 242、257、263、275 页）。

除患病的容堂以外，三侯于五月十九日再次前往二条城与将军讨论。此时，岛津久光与伊达宗城提出的先议长州一事的提案与将军先议兵库开港的主张又发生了对立，三侯指责庆喜在兵库问题上的失策与欺瞒，双方激烈争吵。春岳则抓住时机居中调解，提出同时裁定长州与兵库问题，参会者皆表示赞同，于是决定与将军、老中一同前往摄政府邸再议（续再梦六，第 258—263 页）。再议的会场后来改在皇宫内。对此，大久保与小松企图

挽回败局，于是访问了越前与宇和岛藩主住处，力陈道：幕府回归应有姿态为第一要务，作为幕府表明姿态的具体一步，必须首先确定长州处分方案，即在宽大处理的基础上再进一步，提出恢复长州藩主父子官职等具体措施，待解决了长州问题再议兵库一事。春岳与宗城听到此方案后，倾向于支持，但认为仅依靠前往皇宫难以解决此事，于是就取消了事先预定的与摄政会面一事。
253 对此，老中板仓向春岳恳请，即使只派一人也一定要参加朝议。出身德川一门的春岳无法拒绝这一要求，于是又改变主意，决定前往皇宫。

将军庆喜的朝议胜利

这样，五月二十三日，在皇宫的虎之厅开始进行朝议（续再梦六，第290页以下部分）。将军大致说明事情经过后，春岳先介绍了四侯一致赞同的先议长州恢复权力、再议兵库开港的意见，然后提出了自己主张的同时裁定以上两件事的建议。对此，公卿仍坚持先议长州一事的原有立场，将军则拒绝这一意见，双方僵持不下，只得暂时休会。公卿此时在另一房间商议。二条摄政最后采纳了春岳的意见，获得了天皇的裁决，同意将对长州的宽大处理与兵库开港同时进行。然而，当重开朝议后话题转到发出命令的方法时，双方又回到问题的原点展开争论，朝议通宵达旦。自深夜起直至次日清晨先后召开了三次会议，但仍未能解决。早上，不少普通公卿也来到会场，摄政不得不命令全体公卿一齐进入皇宫商议。尽管天皇已经作出了裁决，但到场的公卿依然发表了强硬意见，其中一些人甚至主张推迟发布敕命并散会。摄政则始终逡巡不前、优柔寡断。某公卿发言说，如果仍然议而不决，将军就可能提出辞职，到时将如何收场？至此，情绪激昂的公卿终于开始恢复冷静，最后决定仍然如期发出敕命。与一年 254
半前条约敕许时一样，庆喜在这次通宵会议上依然依靠其坚持不懈而赢得了胜利。

小松与大久保听到这一消息后，再次展开了反击。他们指出，敕书中的“宽大处理”与四侯提议的具体措施趣旨迥异，于是便以四侯联署名义上书朝廷。再则，有关长州的处置问题，幕府附加了条件，要求长州方面提交请求宽恕的文书。萨摩则对此表示反对，认为第一次讨伐长州结束时，长州已经谢罪了，因此无需再次请求宽恕，宗城与春岳均支持这一意见。而一直等待对长州下发敕命的广岛藩也认为长州不可能接受提交保证书的要求，因此拒绝传达敕书。除了山内容堂，其余三大名均继续呼吁立即恢复长州藩的权力。然而，将军拒不接受这一建议。

从幕府立场来看，四侯的意见是无视长州在禁门之变中的罪行，而一味抓住幕府再次征讨长州一事纠缠不放，却要求幕府“反正”，即回归幕府应有的态度，这是不公平的。并且，德川庆喜认为四侯只不过是解决兵库问题的工具而已，因此不必过于重视他们，他尤其厌恶大久保等反幕激进派的大名家臣的介入。为了避开四侯的攻击锋芒，他在背地里要求容堂提供帮助，同时还要求与幕府政界保持距离的佐贺的锅岛齐正进京。庆喜第三次煽动起了大大名们的竞争心理，并试图加以操纵。

不过，仅仅依靠这些仍然无法解释清楚他的强硬态度来自何处。实际上庆喜不同于历代将军，他对自己的能力十分自负，他总是仅凭自己一人之力裁量所有问题。他认为，只有自己才是能
够在西洋的巨大压力下描绘日本未来新秩序远景蓝图的人，与幕 255

府对抗的长州自不必说，萨摩以及附和他们的越前、宇和岛的大
名们也根本不具备完成这一大事业的能力。他坚信这一点。他继
元治元年与庆应元年（1865 年）初冬的两次朝议之后，又一次在
朝议中赢得了胜利。然而，他却未能预见到在这场宫廷政治斗争
256 中失败的萨摩将如何展开下一轮反击。

第十章　维新：走向“王政”“公议”政体（二）257

——武力动员与政策、合作关系的剧变

概观：公武合体以来合作与对抗关系的剧变

庆应三年（1867年）五月下旬，萨摩放弃了进一步开展政治谈判的打算，确定了以武力动员解决政体一新问题的方针，具体内容是与长州一道举兵前往京阪地区，以此为背景夺取德川的霸权，在天皇之下建立新政府。

一个月后，之前一直全力拥护将军权力的土佐提出了以王政复古为前提实现政体一新的构想，在极短时间内，政界的主要力
量转变了基本方针。与此同时，元治元年（1864年）以来的政治 258
合作与对抗关系开始发生剧烈变化。表10-1概括了这一变化。此时一些具体问题已经退居次要位置，围绕改变政体展开的赤裸裸的政治斗争成为主要课题，以何种手段实现何种政体，尤其是由何人主导等一系列问题占据了政治空间。

自元治元年春季公武合体体制成立以来，长州试图以武力夺回京都的努力均归于失败。之后，政界在孝明天皇之下，形成了以贺阳宫朝彦亲王、关白二条齐敬与一会桑为核心的公武合体体制。在这一合体体制中，一方面幕府阁僚之间互相倾轧，另一方面要面对与长州的敌对关系，同时还要受到被排斥于公武合体体制之外的萨摩岛津久光、越前松平春岳等公议派大名的牵制。萨

表 10-1 庆应三年前后联合与对抗关系的变化

<table>
<tr><td colspan="4">⓪ 公武合体体制：自体制成立起至庆应三年四侯会议为止（1864—1867）</td></tr>
<tr><td>长</td><td>萨、越、宇、土</td><td>庆喜、会、桑</td><td>幕府阁僚 （旗本）</td></tr>
<tr><td colspan="4">① 第一次变化：自决定兵库开港起至大政奉还为止（1867.5—1867.12）</td></tr>
<tr><td>长、萨、艺</td><td>越、宇、土、尾</td><td colspan="2">庆喜、会、桑 （旗本）</td></tr>
<tr><td colspan="4">② 第二次变化：大政奉还后、自王政复古至鸟羽伏见之战为止（1867.12—1868.1）</td></tr>
<tr><td>长、萨、艺</td><td>越、宇、土、尾
庆喜、桑</td><td colspan="2">会、旗本</td></tr>
<tr><td colspan="4">③ 第三次变化：鸟羽伏见之战之后（1868.1— ）</td></tr>
<tr><td>长、萨、艺
西日本大名</td><td>越、宇、土、尾</td><td colspan="2">会、桑、旗本
东北大名</td></tr>
</table>

259 摩与越前抓住一切机会向一桥庆喜施加压力，要求建立公议政体，但都遭到失败。幕府在长州战争中最终失败。孝明天皇死后，萨摩、越前、宇和岛以及土佐把遗留的外交问题与恢复长州权力一事关联起来逼迫庆喜让步，但庆喜拒不接受。

此时，萨摩决定与长州结成军事同盟，之后又邀请艺州（广岛）加入其中。建立公议政体是公议派大名的夙愿，至此终于决定使用武力实现这一目标。另外，迄今为止对公议运动持消极态度的土佐摇身一变成为公议政体的首倡者。土佐描绘了王政复古后将实现的政体的具体远景，主张依此计划实现政体的和平过渡。越前自不必说，德川三家之首的尾张也加入了这一阵营。这是第一次变化。

对此，德川庆喜接受归还政权的要求，与桑名一道开始摸索建立公议政体。这是第二次变化。萨摩依然始终如一地追求建立公议政体，公议派此时已经成为政界的多数派。他们的目的是通过王政复古实现政府的一元化，以大大名联盟为基础组成政府，以德川庆喜为政府首脑。这一权力政策的变化，也伴随着德川将军与自元治元年以来一直受委派负责京都治安、关系密切的会津断绝关系。

对此，萨摩与长州则试图以其他方式实现王政复古。他们首先把德川排除于新政府之外，以此为起点实现激进的政体一新。萨摩、长州的上层领导人已经在思考超越大名联盟的下一个课题，朝着废除大名领国、实现中央集权并废除身份制的方向迈
出一步。这两股力量与两个方向之间的竞争，经历了萨摩藩在亲 260
德川的大名的帮助下实现王政复古政变，德川庆喜内定加入新政府，会、桑与旗本势力企图以武力夺回京都这一连串曲折反复，以萨摩、长州在鸟羽伏见的胜利与庆喜逃走为终点，画上了句号。这是第三次变化。之后，庆喜退出了政界，萨摩、长州掌握了新政府，公议派大名留在新政府中，开始通过公议政体的制度化建设，摸索对抗萨摩、长州的道路。而当新政府发布了追讨庆喜的公告后，一直持观望态度的大名不得不作出是否选择服从新政府的决定。此时，箱根以西地区的大名都倒向了新政府，而东北地区的大名则选择了与会津共命运的道路。

一　萨摩与土佐的政策转变——武力动员与新政体构想

萨摩转向武力动员

庆应三年五月二十五日，即将军在兵库开港与长州问题上取

得胜利的次日，在京都的萨摩骨干召开会议，决定“与长共同举事”（芳，2002）。在家老小松带刀的主持下，包括大目付关山纠、西乡隆盛、大久保利通在内的近臣以及留守人员二人，借用大久
261 保的话来说，决心“准备兵力，发出声援，作出决策”以效忠朝廷，并向长州派出使节（玉里，第209页）。之后向国父岛津久光报告了这一计划并获得批准。久光在六月十八日发给藩主忠义的信函中写道，由此次四侯会议的失败可知“幕府之底意……扩张私权，以暴威压服正义之藩，所为显然”，因而感到忧虑，恐“皇国之大事去矣，幕府终将掌握朝廷”。他还写道，为了防止出现这一事态，“今当加倍尽力，强盛兵备，发出声援，显决策之色，奉护朝廷”，为此向长州派遣使者，此时当如素昔所思考，应由忠义决然亲自率兵进京，作为第一步可先期派出一大队进京（玉里补遗二，第740页）。两天前六月十六日，他接见了来到萨摩藩邸的长州品川弥二郎和山县有朋，希望两人返回领国后向毛利敬亲和元德父子转达这一意向，还向山县赠送了六连发手枪。

不过，这一计划的目的并非武力讨伐幕府，其目的是派出超过文久二年的兵力前往京都，以此为背景打开王政复古的道路，并非立即使用武力。如果明显具有使用武力的意图，久光必然会否决。京都藩邸的骨干们的主张也各自有所侧重。西乡偏重于使用武力，他事先已经表露了这一点。小松等人则考虑通过施加压力的办法换取幕府的让步，因为即使长州与萨摩已经结为军事同盟，也无法以两者的力量压倒幕府、一会桑以及亲藩谱代的军事力量，稍有不慎便会重蹈禁门之变时长州的覆辙。因此如何争取
262 一部分大名成为己方盟友，再吸引剩余的大名支持己方阵营，是必须认真思考的课题。正如木户孝允所说，“这出戏中……所有

能成为角色的都要拉进来”，这一战略已经为长州首脑所共有（末松，1921，第 1168 页）。要打开局面，必须使用武力（威慑），但要在由大小二百数十个大名组成的联邦国家建立起新体制，仅仅依靠武力是不够的，还必须对各大名开展合纵连横工作。

土佐向公议政体论急剧转变

此时，土佐的立场大转变帮助了萨摩。六月十三日，在长崎的土佐参政后藤象二郎进京。他在长崎听到了未来应当把议会置于政体的核心这一思想，并在前往京都的船上与同船的坂本龙马反复讨论了此事。到京都后，他听说萨摩已经决定与长州结盟并举兵，为了防止内乱的发生，便开始了奋斗。他提出了以议会为核心的新政体构想，并以此说服在京都的土佐藩邸要人，接着又进一步说服萨摩。

他的主张的中心内容是以使日本“面对万国也毫不逊色”为终极目标，以“政权归于一君”为“大条理”，创造出“制度一新，政权归于朝廷，诸侯会议，人民共和”的体制。他在于京都藩邸准备的其他文书中指出，四藩与幕府之间争论的长州恢复权力、兵库开港、五公卿返京等问题均为纠缠于“小条理”，萨摩、
长州的举兵计划也脱不了“私斗”之嫌。他批评说，一旦开战就 263
给了外夷侵略的机会，现在是一两个藩在剑拔弩张，其他藩在袖手旁观，这种情况反映了所有大名都缺乏充分的“条理”（寺村，第 476 页以下）。

对土佐而言，这意味着基本政策的大转变。事实上的君主山内容堂从元治元年起直至当时，都在为拥护幕府的权力尽忠效力，又于安政五年因参加了拥立一桥庆喜运动而受到处罚，与同

样命运的越前、宇和岛以及萨摩一道被视为特别的存在——“名贤侯”。文久二年以后容堂时常参加他们的会议，但对他们要求幕府分予权力的“公议”主张则持冷淡态度，每当“名贤侯”与幕府的权力斗争趋于激烈，他就早早离开京都，而他的有力家臣这次竟然站出来呼吁实施王政复古并开设议会这一“公议”制度。后藤于六月二十二日与萨摩结成了将这一构想具体化的盟约（萨土盟约），后来又动员艺州加入了盟约，为了获得容堂的批准，于七月四日离开京都。其他三侯鉴于自己的经验，对容堂是否会批准持怀疑态度。然而，容堂立即批准了这一盟约。

与此同时，萨摩以好意接受了后藤的提议，就连宣扬发动武力的西乡也说，对长州的山县和品川而言，这一建议的提出实在是恰逢其时（西乡二，第 218 页）。四藩对幕府展开的争论的确是“小条理”，缺乏魄力，而后藤的提案才是关于新政体的“大条理”。土佐的意图是避免发生内乱，为了达到这一目的，不惜使用萨摩所考虑的武力威胁。萨摩的构想还只是停留在实施王政
264 复古以及把德川家降为大名的程度上，然而一旦着手实施王政复古，就需要有一个足以获得日本全国大名全力支持的未来愿景。实际上，出身于信州上田松平家、被萨摩招聘担任兵学教授的赤松小三郎于同年五月曾提出构想，主张为了实现“天幕合体，诸藩一合”，应设立由六名宰相组成的政府，另外再设立内含两院的“议政局”，并向越前与萨摩建言（续再梦六，第 245 页；玉里五，第 194 页）。之后不久，他就被萨摩人桐野利秋杀害了。

后藤的提案虽与赤松的提案大同小异，然而萨摩却有充分重视的理由。久光对发动武力持消极态度，领国方面对忠义率兵进京也有强烈反对意见。另外，亲幕府的土佐下决心实施王政复

古，相当于把敌方兵力转变为友军，其兵力规模也极具魅力。四侯中，宇和岛为小藩，在兵力方面不足为论。土佐如能率兵进京，与长州、艺州合为一体，就可对幕府形成相当大的压力。大概为此，久光于六月二十七日写给茂久（即萨摩藩主岛津忠义）的信函中写道“如此策得以断然实行，实可挽回皇国之基本”，对此给予很高期望（玉里补遗二，第742页）。

二 返还政权运动与举兵的促进与展开 265

三藩主放弃恢复长州权力的斡旋

然而，之后却迟迟未见后藤象二郎返回京都。在长崎发生杀害英国人事件时，被怀疑是土佐人所为，甚至发展至英国公使帕库斯亲自访问土佐，致使事件长时间未能解决。后藤出现于大阪是庆应三年九月初的事，此时离从京都出发已经过了两个月。

这期间，岛津久光与伊达宗城、松平春岳依然一同为恢复长州权力尽力奔走。三藩一齐向幕府提出要求，希望按照具体程序恢复长州的权力，但毫无进展。将军与老中板仓胜静、若年寄永井尚志在为解决长州问题寻找其他途径，他们认为长州谢罪是必要条件，并采取了传唤期待成为中介的艺州世子、希望获得尾张庆胜的支持、要求佐贺的锅岛直正（号闲叟）进京等一系列措施。佐贺藩主锅岛闲叟在安政五年政变时站在井伊大老一边，因此遭到“名贤侯”的疏远，虽然拥有财政、军事上的实力，但仍有意远离中央政界。他是幕府用于牵制四藩或者三藩的最佳人选。不过，熟知长州情况的艺州对于斡旋此事颇有难色；尾张庆

胜的使臣提出宽恕长州的主张而并未附和幕府决议；连闲叟也在
266 主张宽恕后，立即离开京都。幕府被尾张以西有实力的大名完全抛弃了。

流言在京都传播着，据说幕府在努力强化海军，将于近期派遣一万兵力进京驱逐四藩，并压制朝廷（伊达日记，第 567 页）。或许只是一些幕臣在谈论这些事。庆喜自己考虑在一两个月内返回江户（伊达日记，第 564 页），但未能实现，于是便直接指挥组织改革，并向大奥致意以巩固幕府内部的支持。孤立日益加深后，人总是希望依赖赤裸裸的实力。然而，舆论的动向实在不可忽视。他于七月二十三日接到朝廷意旨，命令长州的末家吉川经干与家老前来大阪，并宣称此行是为宽恕长州做准备。三藩则主张作为恢复权力的第一步，首先应恢复长州藩主父子的官位，幕府的这一安排自然无法满足三藩。

然而，之后三藩藩主先后离开了京都。越前春岳于八月六日、宇和岛宗城于同月十八日离开京都。久光希望他们留在京都，但春岳与宗城已经无力支付逗留京都的费用。后藤此时如能早些返回京都，或许会有另外一种结果。然而他们对容堂未寄予过高期望，也无其他联系到萨摩的手段。久光也因脚气病发，于八月十五日离开京都前往大阪，暂居大阪疗养。之后萨摩家老岛津备后从领国率领一支队伍赶到大阪，久光随即于九月十五日出发返回鹿儿岛。大概是出于责任感，久光在大阪逗留了一个月之久，这期间他一定是在急切地等待着后藤象二郎的到来。因为容
267 堂如果能转向支持王政复古，就能以和平方式完成政体过渡。然而，久光最终未能从在京都与大阪的家臣们那里等来后藤已到达大阪的消息，便被安排返回鹿儿岛了。

萨摩决意举兵与土佐的返还政权运动

在这空白的两个月里，萨摩在京都的骨干集团开始倾向于武力举兵。八月中旬，长州派遣藩主近臣柏村数马与御堀耕助作为联络员前来京都，他们在小松带刀的旅舍与西乡和大久保会谈。席间，萨摩方面明确表示“人事已尽，唯有以兵力改变现状”，除此别无出路，并介绍了详细的举兵计划（末松，1921，第1154页），这一计划主要内容如下。第一，在京都、大阪以及江户同时举兵。第二，将在京都的三千人分为三队，一队担任天皇所在的御所（皇宫）警备，一队袭击会津藩邸，最后一队烧毁幕府的驻兵据点。第三，由鹿儿岛进京的三千人队伍袭击大阪城，摧毁幕府的军舰。第四，以在江户的一千萨摩藩兵与浪士共同坚守甲府城，阻止幕府兵力西进增援。但这只是萨摩一藩的举兵计划，仅以此计划，即使能够发动内乱，仍无法打倒幕府、建立新政权。正如计划中“弊藩无以讨幕”，“弊国倒毙之时，必有后继之藩”之言，计划的目的就是打开僵局，至于成功与否已经被置之度外。

萨摩方面这一举动的政治意义就是向长州展示具体的出兵计
划，以确认长州同盟的决心。柏村等人接到这一提案后，就天皇 268
移驾（从御所、京都撤离）以及如何确保宫门不失守等问题反问萨摩。柏村只不过是联络员而已，而萨摩方面则从中确认了长州对出兵的积极态度。当天是久光离京前夜，长州方面要求面见久光，但萨摩方面则以久光病情恶化为由拒绝了。家近良树指出，此时久光的确已病重，小松等人尚未公开举兵计划，久光采取这一态度是为了避免暴露萨摩内部的意见分歧（家近，2011）。

九月初后藤终于来到京都后，萨摩方面提出希望解除萨土盟约，确认今后各自独立行事（以下内容参照寺村的研究）。后藤与主君身边近臣寺村左膳一起到达大阪时已是九月三日，他们立即提出希望与在大阪的西乡进行谈判。双方见面后，西乡开口便问土佐的出兵意向如何，土佐方面则回答道依照容堂的意向，尚未出兵，同时要求萨摩把土佐确定为藩方针的“大条理”提交给将军，西乡对此避而不答。九月七日，萨摩方面邀请后藤来到小松宅邸，与小松、西乡以及大久保进行会谈。萨摩方面提出已决定“以武力尽力”，故请求解除与土佐的盟约，后藤则反对他们的举兵论，主张通过建白坚持“大条理”，双方互不相让。九月十日再次会谈时，双方确认虽然举兵与建白为各自不同道路，但双方互不干涉，以此取得妥协。但萨摩方面之后仍向土佐方面通报了进展情况，例如已派遣大久保前往长州劝说出兵，派遣小松前往大阪取得久光对出兵一事的批准，久光已把此事全权委任给
269 家老岛津备后与重臣，等等。

由此可知，当时萨摩方面仍然对土佐的军事力量抱有期待。此时在京都土佐藩邸，以已进京的板垣退助为核心，支持举兵的意见占大多数（寺村，第 492 页）。不过，后藤考虑到容堂的意向，压制了这些意见，表明态度说仍寄希望于说服将军。至此，萨摩对土佐出兵支援的期待落空了。后藤最初进入京都是六月中旬的事，与他对接的是小松与西乡，其中以西乡当初态度最为积极，后来后藤迟迟未能返回京都，他对土佐的热情随之逐渐冷却。大久保的日记中则全无有关后藤动向的记录。大久保之前推进的政体一新计划一再遭到庆喜的阻挠，因而对庆喜怀有强烈的不信任感，这不足为奇。大久保此时大概已经坚信，仅仅依靠言论已经无法打破庆喜的壁垒，即使冒着岛津家灭亡的风险，也要

发动武力。之前向长州通知武力举兵的是西乡，而此时为了举兵结盟而前往长州的是大久保。

萨摩与长州的举兵盟约

九月十五日，久光出发返回领国的同一天，大久保另搭乘一
船前往长州。同月十八日大久保在山口与毛利敬亲、元德父子会
面，通报决意说，“京师一事将由一藩之力承担”，此外希望长州
末家等利用受召前往大阪的机会，运送长州兵支援萨摩。此计划
得到了毛利父子的允诺。此时同席的木户孝允反复确认计划的细 270
节，长州经历了禁门之变与长州战争两次生死存亡的风险，此时
已经再也不允许失败了。木户与毛利元德最为担心的是如何避免
被幕府方面“夺玉”，一旦开战，谁也无法确保必定胜利，如果
把天皇掌握在手中，即使战争处于劣势亦可确保正统性，可以继
续战斗。对木户的提问，大久保最初回答道将请天皇移驾大阪，
但被进一步追问时，便回答道“将以送至勤王列藩中地形相当之
处”（大久保日记一，第 391 页）。萨摩方面未预想到战败时的应
对策略，长州方面则考虑到了使天皇逃亡至西日本、再联合近邻
的大名再次直指京都这一步，并添加进萨摩的计划中。长州方面
此时大概是联想到禁门之变时七公卿离京逃亡，以及日本南北朝
时代的战乱了。

不过，长州也并非一味倾向出兵。木户在这次会谈之前曾前往长崎为备战做准备。当时他对坂本龙马说道：“奉还政权之事或实为艰难，然当其计划达成十之七八时，欲完成之必以枪炮演剧，除此之外别无他法。”（末松前引书，第 1169 页）萨摩与长州双方并未把举兵与奉还政权视为非此即彼的对立关系，他们考虑

把德川逼入困境后，再视情况决定是否使用武力。

大久保与长州藩主父子会面后，与木户等人就计划细节反复推敲，于次日交换了盟约书，又与艺州的使者会面确认结盟，之后便返回京都。此时萨摩与长州制订的出兵计划具体步骤如下。首先，萨摩从领国派遣两艘军舰前往长州，停靠于濑户内海一侧
271 的外港三田尻，然后搭乘着萨摩兵的一艘船先期驶往大阪。次日，长州使用从萨摩借来的一艘船搭载长州兵，与艺州军舰一道驶向西日本的西宫附近海面，一旦进入大阪的时机成熟，便在京都与大阪同时起事，期限为至九月末止。萨摩与长州家老各自率领藩兵在京都与大阪举事之后，萨摩与艺州藩主再各自率领五百兵员前往增援（末松前引书，第 1160 页）。

萨摩内部的对立与动摇

然而，大久保于九月二十三日返回京都后，后藤象二郎的返还政权论在京都引起了关注。板垣退助等讨幕论者坚持说对将军的建白应于举兵前夜发出，分歧双方争执不下。直到同月二十日，幕府若年寄永井尚志传唤后藤催促其提出建白，藩内的争论才告一段落，确定为提交建白。当把这一结论带给西乡时，西乡并不提建白书的内容，反称如果土佐提交建白书，萨摩将立即举兵起事。于是后藤进一步加强了反击活动，萨摩藩邸因此产生了动摇。高崎正风等人反对举兵，大目付町田久成支持这一意见，此时进京的家老岛津备后与小松也转变立场，支持提交建白。结果，小松于十月二日向土佐传达了萨摩同意提交建白的意旨。其间，土佐还把艺州的辻将曹也拉进己方阵营。在这一基础上，土佐于三日向老中板仓胜静、四日向摄政二条齐敬提交了建议幕府

向朝廷返还政权的建白书（寺村，第483页以下）。

然而，萨摩并未就此放弃了举兵计划。根据过去经验，萨摩 272
对庆喜是否下决心奉还政权尚存疑问，即使已经下了决心，结果也极有可能不伤及德川政权，使其继续保存权力。于是，西乡与大久保于十月八日召集艺州的辻将曹与长州的广泽真臣举行会议，促使三藩回到举兵立场上，并将决议向中山忠能传达，请求中山答应帮助获得讨幕的宣旨（大久保日记一，第398页；大久保文书二，第11、28页）。然而次日，传来长州要求推迟出兵的通知。已经过了事先约定的九月末，也未见萨摩舰船出现于三田尻海面，于是长州决定要求暂停共同出兵，推迟并等待更好时机。不过，萨摩与长州在京都的核心骨干认为这是重新推敲计划的绝好机会，尤其是萨摩的领国方面传来消息说藩内出现了反对举兵的意见，这迫使萨摩不得不推迟出兵（芳，2002；家近，2011）。其中藩主忠义的胞弟岛津图书（久治）尤为担忧岛津家的存亡。返回领国的久光为了平息藩内的激烈争论，于九月二十八日发出家老联署文书，否定了“将发动讨幕之举动”的传闻（忠义四，第458页）。如此下去，在京都的核心骨干与长州和公家约定好的举兵计划将从根底崩溃，因此必须有一个根本的解决办法。

萨摩藩邸给出的答复是小松、西乡与大久保一道返回鹿儿岛，说服萨摩藩的重臣与藩士，然后再决定由久光或者藩主忠义率兵进京。对照大久保日记和土佐方面的记录，可知此时萨摩与土佐已经定下对策，决定如果庆喜拒绝土佐的建白书，萨摩就将于十月十一日举兵，到时土佐方面也将参与行动。接受这一带有附加条件的建白，将确保长州与土佐成为友军，甚至艺州方面也

273 可能加入己方阵营。而且，在萨摩领国方面进行说服工作时，使
用了两个手段。一个是讨幕的秘密敕命，他们通过岩仓具视，经
正亲町三条实爱和中御门经之之手制作了一份“诏书”，内容为
指责庆喜为罪孽深重的“贼臣”，故应当“殄诛”之，同时还准
备了应“诛戮”会津、桑名的文书。敕书本来必须经过关白或者
摄政之手，但此文书的署名者仅有中山忠能、正亲町三条实爱以
及中御门经之三人，发给萨摩的文书上署名为正亲町三条，发给
长州的文书上署名为中御门。熟悉朝廷惯例的人应该不会相信这
是天皇的意旨，事实上，这一密旨直到后世也一直秘而不宣。不
过，这一“密旨”至少可以证明三名公卿以及岩仓参与其中。然
而，此时对在领国的人们而言，比这更有说服力的是庆喜居然下
决心奉还政权，还接受了后藤与小松等大藩在京都的骨干的建
议，命令全体大名前往京都。即使有人反对为举兵前往京都，但
也不会反对为了召开大名会议而前往京都。藩主遵照朝廷命令亲
自率领大队人马进京，对小松、大久保和西乡而言，此举的目的
并非举兵，而是更有利于说服那些对出兵持慎重意见的人。进京
的队伍也是对德川方面施加压力的筹码，万一开战，还可以作为
274 一支可以依赖的军事力量使用。

第十一章　维新：走向“王政”“公议”政体（三）275

——两种“王政复古”

一　德川庆喜返还政权

概观：王政复古的两条道路——德川主导还是排除德川？

庆应三年（1867年）十月十四日，德川庆喜向朝廷提出奉还政权，德川将军主动作出了王政复古的决断，初夏以来一直胶着的政局开始流动。德川庆喜打算在天皇之下组织由大大名构成的联合政权，以自己为首脑，探索建设强大日本的道路。奉还政权的这一决断不仅获得了一直劝说德川将军奉还政权的土佐以及
公议论的鼻祖越前藩的欢迎，还获得了德川三家之首尾张藩的支 276
持，庆喜避免了孤立，重返主导政局的位置。与此同时，萨摩正着手推进另一类型的王政复古。这一计划试图首先打击德川的政权，然后借此势头废除大名领国，实现日本的完全统合。为了实现这一目标，仅有萨摩、长州和艺州参加还不够，还必须将土佐拉入自己阵营。由大政奉还开始，中间经过萨摩主导的王政复古政变，最后直至鸟羽伏见之战的中央政局冲突，便以对立双方之间展开的一场严酷而又令人眼花缭乱的智谋对战拉开了大幕。为了避免爆发战争，双方把会津与长州的兵力隔离开来，同时笼络

各大名加入己方阵营，为实现自己描绘的未来远景而展开生死搏斗。

德川庆喜在上表中写道，德川家受到天皇的恩宠担负政权已历经二百余年，自己的执政失误不少，才有今日之形势，实为德才疏浅所致，不胜惭愧。然而当今正值“外国之交际日盛之时，应使朝权出于一处”，故“奉还政权于朝廷，广尽天下之公议，仰仗圣断，同心协力，共护皇国”，此事也正向诸侯咨问中（庆喜公史料三，第 183 页）。其主旨为使日本原来两个首脑合二为一归于天皇，借用同时代西洋的术语来说，就是确立主权，对外维护体面，对内减轻混乱，以达到与“海外万国并立”的目的。

经历过幕末十年政治斗争的人们均切身感受到必须实现政权的一元化，但是，对于由德川将军放弃政权来实现一元化这一做
277 法，持反对意见的人仍不在少数。对描绘着王政复古后的前景的人们而言，这是一个吹散多年阴霾的快举，提出奉还政权建白方案的土佐自不必言，德川庆喜以及在京都的萨摩藩士均有如此感慨。然而，在缺乏如此愿景的人们眼中看来，庆喜的举动只不过是在破坏秩序而已，他们把之后的政治仅仅视为维护私权的斗争，这不久将演变成扰乱秩序的因素。

奉还政权的实现与庆喜的意图

土佐的后藤象二郎与福冈孝悌在庆应三年十月三日提出建白之后，于六日、七日先后两次请求面见老中板仓胜静，但均遭到拒绝。至八日终于实现了见面会谈，但老中的态度极其冷淡。于是后藤等人不得已，便给会津的骨干人物做工作，希望获得理解（寺村，第 49 页）。对此，若年寄永井尚志态度积极，原市之进

于八月中旬被暗杀之后，他就成了庆喜的议事对象，承担政治工作。听说土佐欲提交建白的消息后，永井便于九月二十日召见了后藤，并催促他提交建白。收到建白后，永井便通知后藤说，将在十月九日的幕府阁僚会议上推动采纳建白，之后他还几次在重要节点上与后藤面谈。

庆喜于十月十三日召集俸禄十万石以上的大名在二条城集会，传达了奉还政权的意向（庆喜公史料三，第184页以下）。在传阅了板仓制作的文书后，由庆喜向自愿留下者作说明。庆喜先与萨摩的小松带刀、土佐的后藤以及艺州的辻将曹三人会面，又接见了备前冈山和宇和岛的代表。当时，小松等人盛赞德川将 278
军的英明决断，然后提议尽快向朝廷上奏并召集全体大名，并约定将从侧面游说朝廷接受奉还政权。结果，朝廷于上表的次日十五日就接受了建白，并命令全体大名进京。朝廷还指示说，将来的根本方针将由大名的“公议”决定，目前，大事与外交暂由在京都的藩主与藩士的“众议”决定，与大名的日常往来则由议奏和武家传奏这两役负责处理，仍依照过去惯例管理德川统治的领地与京都。

庆喜于二十四日再次提出辞去将军一职，朝廷则命令他在大名会议召开之前，仍按照原有惯例履行职责，同时同意了庆喜的请求，把长州代表前来大阪一事推迟至大名会议召开之后，并批准向朝鲜派遣特别使节。上一年，朝鲜与袭击江华岛的法国人开战，庆喜听闻此事，打算借此机会解决两国之间的紧张关系，拟向朝鲜派出政府使节。庆喜依然被委派全权负责处理国政，甚至还计划着手解决未曾经历过的外交问题。他于十月十三日向各代表咨询之后，即传唤洋学者西周，听取了他对西洋政体的概略介绍，会面结束后还命其提交相关内容的书面材料（前引书，第170页）。对他来说，奉还政权并非违心的让步或者屈服，他已经下定决心，自己创造出新体制，在这一新体制下，自己将变身为日本全国的领导者。

279 **德川方面的改革愿景与否定运动**

此时幕府当中无疑已经沸腾。十月九日，庆喜与在京都的阁僚经过一番讨论之后，决定奉还政权，并以担任老中首席的松平定敬（桑名，京都所司代）与板仓胜静名义联署的文书向江户的阁僚传达了同一意旨，又于同月十二日通知阁僚说已经召集各藩藩士。接到后一条通知后，在江户的阁僚于同月十七日命老中以下官员登上江户城共同商议此事（稻淀家文书，第328—342页；吉田、佐藤，1976），老中稻叶正邦将商议结果整理后发往京都。会上提出了三个应对奉还政权后形势的方案。第一，派遣德川大军进京控制京都，如遇萨摩、土佐、长州与艺州的反抗，则彻底压制之。第二，虽然建议奉还政权，但实则抛弃朝廷，庆喜率领众人返回江户。稻叶则认为这两个建议均为空论，不予采纳，于是记录下了第三方案，具体构想如下。将德川家臣团移驻京都，以庆喜为首班，联合全日本领主（大名、旗本）建立新政权。如果朝廷接受奉还政权，则废除公家与武家、外藩与亲藩之区别，所有领主均成为王臣。领主根据各自领地拥有俸禄，按比例负担朝廷所需经费。庆喜则兼任摄政、关白，与从公家和大名当中选出的国事挂一道处理国事。上下两院中，也选任商人参加议事。暂且撇开庆喜的角色不谈，这一方案与土佐提出的方案以及后来王政复古的政府框架基本一致。

另外，因病未能参加商议的老中级大给乘谟（兼任陆军总
裁）更进一步提出“以全国之力保卫全国，以全国之财力充全国 280
之所用”的中央集权化构想。他主张，在未来的王政制度下，都的政府与州郡的政府均以上下议事院为核心组成，议事院的决议，就连“主上”即天皇也不能否定。他还主张废除大名的私兵，统一组织成海陆军，从大名领地收入中抽取三分之二或者三分之一充当军费。他还进一步建议合并“士”“民”身份并给予充分自由，即提出了去身份化的构想。稻叶与大给都是以欧洲为范本改革幕府组织的领导人物（三谷，1997，第八章），大给方案所指的方向与明治政府实行的改革并无二致。

那么，后来由萨摩、长州所主导的改革与上述改革方案相比较，二者的区别在何处？在追求公议与集权化以及去身份制这一点上并无区别，区别在于达成这一目的的方法。大给主张说服提议奉还政权的土佐和艺州，既然实现了王政复古、朝着“帝国”“开化”的方向前进，就不应该再保有私兵。然而，让大名与其家臣交出俸禄，尤其是不仅要求有志于此事的大名，而是对全体大名提出这一要求时，仅仅依靠口舌能做到吗？这里可以看出萨摩与长州所坚持的计划的意义。他们的目的是给予现存政权一个重大打击，他们不惜发动武力，而且选择了以大给绝对无法接受的摧毁德川家为起点。

与此同时，在江户的大多数幕臣突然接到京都传来的放弃政
权的通知，既惊愕又愤怒。不仅是旗本，大名中的亲藩与谱代大
名的不满情绪也十分强烈。见此情势，纪州德川家于十一月三日 281
召集了尾张、水户以及有资格在帝鉴大厅休息议事的大名重臣，次日召集了有在雁大厅议事资格的重臣、第三日又召集了拥有在

柳大厅议事资格的重臣连日集会商议，指责将累代领受其恩的将军家降格为一个领主实为不当之举，并发出了“不愿做忘恩之王臣，宁愿为全义之忠臣”的檄文。不仅在江户的幕臣商议此事，陆军的首脑以下成员里还陆续有旗本主张前往京都、大阪谏言，京都也有不少持同样意见的人。为了避免与萨摩、长州、土佐和艺州发生冲突，德川庆喜考虑命令最重视德川一门团结与权益的会津松平容保返回会津领国，老中板仓胜静则制止了庆喜的这一举动。与上一年一样，会津对庆喜的决断怀有疑虑，于是联系了朝廷的贺阳宫朝彦亲王与摄政二条齐敬，开始了挽回政权的活动（家近，1995）。另外，津藩的藤堂家纠合了亲藩与谱代大名，于十一月二十一日提出继续委任德川家执掌政权的主张，向朝廷提交汇集了不甚关心改革的十八个藩的建白书（玉里，第287—292页）。结果，全体大名中有约三分之二表明态度拒绝朝廷召集，接受朝廷召集进京的大名只有十六家（庆喜公传四，第96、97页）。

朝廷的反应——困惑与保守性

收到奉还政权的上奏后，朝廷表示接受，但对思考实现王政复古之后的体制一事态度消极。十月二十日，庆喜就当前的政务问题提出意见，向当时在京都的十万石以上大名代表六十余人进
282 行咨询。他们答复道，眼下赞同庆喜的意见，新体制的框架则应等待各大名进京后举行的“众议”决定（前引书，第85页）。朝廷召集的截止期限为十一月末，当月中旬的十一月十二日，任国事挂的左大臣近卫忠房等六人联名提出了有关王制复古之后的政体问题的建议方案。该方案认为，从大名领国的封建制恢复至律令制时代的郡县制是困难的，应在中央设立太政官八省制，任命

公家、官员以及大名担任其中职务。至于这一体制下决策的方法，可首先由朝议决定，再下达庆喜与进京诸藩，或者向他们咨询后交由朝议决定（复古记一，第114—121页）。二条摄政则删除了这一方案中有关太政官的具体内容，十五日向庆喜与尾张、越前咨询意见之后，十七日向庆喜与各藩下发了咨询文书，文书中承认旧典（古代制度）已经无法适用于现在形势，但主张应在维持大名封建基础上恢复律令制时代的令所设置的神祇官与太政官，由各大名轮流担任神祇官。还进一步主张改革不仅应有“新法”，还应尽可能基于“旧仪”。

然而，几乎没有武家认真对待公卿提出的这一方案。庆喜在答辩中完全不提国事挂一事，只是表示希望待大名进京之后再经“公议”决定，对公卿的建议也是一副完全不予理睬的态度（庆喜公史料三，第221—223页）。德川庆喜与其幕臣们思考的是彻底的改革，至于萨摩、长州的首脑们，则不仅考虑录用人才，甚至还把废除大名领国的封建制也已纳入视野，因此武家的这一态度就不足为奇了。自四侯会议时起，有志于改革的大名与其家臣就开始公开谈论对公卿的失望。公卿缺乏实务经验是众所周知的
事实，时至今日，以朝彦亲王与近卫忠房为首的朝廷首脑仍然孜 283
孜于避免触犯西洋人，而不愿意改变守旧的态度。除了岩仓具视等数人之外，朝廷中已无人才，这已是武家的常识。萨摩藩主与长州世子率领大军进入京都的十一月下旬，左大臣近卫忠房与右大臣一条实良辞职离去（玉里五，第282页；家近，2004，第239页）。公卿们提出的王政复古方案不仅在武家中不受欢迎，就连摄政也已对此失去兴趣，然而公卿们却表示不满。事实上，当摄关家在王政复古政变中被排除在外时，再也无人对此提出批评指责。

二 萨摩与岩仓具视——由举兵转向政变

萨摩与岩仓的政变计划

这里再回顾一下影响此时（庆应三年）政治变动的主导者萨摩。庆喜奉还政权的举动使萨摩失去了举兵的名目，不过也正因为如此，萨摩藩主获得了亲自率领大军前往京都的口实。据土佐的后藤日后回顾说，小松与后藤此时已经签订了盟约，约定由双方藩主率兵上京，再举行由有志大名参加的天皇帘前会议，实施王政复古（丁卯，第 243 页）。小松与西乡隆盛、大久保利通经由长州返回鹿儿岛时，已是十月二十六日。三天之后，藩主岛津
284 忠义决定进京（大久保日记一，第 405—406 页）。之后，便积极着手改编军队，重新购置军舰。大久保于十一月十日先行出发前往土佐，从容堂与后藤处取得了出兵的承诺，于十五日到达京都。他与岩仓、中御门经之以及正亲町三条实爱会面，首先就争取获得讨幕密敕一事取得了谅解，接着立即与岩仓一道着手制订政变计划。与此同时，藩主忠义与家老岛津广兼、岩下方平以及西乡等人一道于十一月十三日离开鹿儿岛前往长州，在三田尻与毛利元德会面后，于二十三日到达京都。此行带来了四艘舰船与数百兵员，与先期到达京都的队伍合并后，总兵力已达一千余人。此时，家老小松带刀逗留于鹿儿岛。他本打算继续为国事周旋，但因足部疼痛已无法行动，只得将其职务转交给岩下方平与大久保利通。从结果来看，大久保完全依照小松的构想行事。与庆喜一样，他也一改原来做法，采取了与之前夏季时已名声在外的强硬之世评迥异的行动。

大久保返回京都后，小松以与后藤的约定为基础，与岩仓一道开始仔细研究政变计划。他们计划于召开全体大名会议之前，

在京都集中萨摩、土佐与艺州的兵力，召开进京的有实力大名参
加的会议，宣布王政复古，号召天下人响应。萨摩与长州、艺州
再次结下举兵的盟约，但此时却面临着不同的条件。德川庆喜此
时已经主动提出奉还政权，因而已经无法如之前那样谴责他的罪
行，他甚至因牺牲了自己的利益而赢得了天下的同情。正如大久
保返回京都后对岩仓所说的那样，如果不能举出“高明正大”的
条理即理由，就无法赢得天下的支持与庆喜对抗（岩仓三，第 380 285
页）。因此就要避免立即发动武力，而应首先尝试政变，而且要
在土佐之外把德川亲藩尾张、越前也拉入己方阵营，向天下昭示
公平，如此方为可行之策。

萨摩、长州出兵盟约的实际情况——萨摩主导的政变与长州保留进京

不过，至今也无法确定萨摩是否对长州明确通知了这一计划。在长州方面的记录中记载道，萨摩藩主忠义在三田尻与世子会面时，再次提到已经决定了的“三要件”，但文书原件未能保留至今（末松前引书，第 1188 页）。同一天，西乡与负责长州出兵的人员协商并决定的具体计划如下。第一，萨摩、长州、艺州以大阪为据点。第二，萨摩专门负责京都。第三，萨摩藩主于十月二十三日进京，长州于二十八日到达西宫（神户东面的城镇），接到萨摩的通知后前往京都。第四，若有万一，天皇经由西国街道（西日本主干道）前往西宫，转移至艺州（西乡二，第 298 页）。在这一计划中，似乎与之前一样，萨摩与长州只是商议了出兵计划，并未提及政变一事。然而，同一天岛津忠义在发给长州的亲笔信中写了下面几段话（末松前引书，第 1190 页）。“时

机变迁而处处不可之时，应细密复考，择其适宜者而行之，此为紧要之事”，“奉戴敕许，匡正条理名分，勿陷于轻举无谋”，“因
286 机密露见于四方，故应更深加庙议”。把这些话与西乡所说的第二点关联起来思考，可知萨摩已经与长州约定了用兵策略，但认为出兵计划此时已经泄漏，在政治策略方面反倒获得了更大的自由行事空间。盟约表面上只是涉及长州方面的军事行动。长州军布置于兵库与大阪之间的西宫，目的在于确保与牵制海路，万一京都发生战斗，萨摩兵可前往增援，如战况陷于不利，天皇可以向西撤退至西日本，将来可以利用其从西日本卷土重来。计划中考虑了各种情况，以鼓起队伍的士气，这对于武家而言是理所当然之事（幕府方面的永井也说过这样的话。丁卯，第 233 页）。不过，战斗并非首选项。

大久保回到京都之后，于十一月八日与获得允许返回住处的岩仓会面，仔细推敲政变计划。岩仓之后不仅担任与天皇外祖父中山忠能、正亲町三条实爱以及中御门经之之间的联络员，还与大久保秘密碰头，为计划政变与实行倾注心血。忠义到达京都的前二日，大久保委托岩仓执笔完成与政变有关的计划草稿。汇集于京都的萨摩骨干于二十五日在岩下方平的旅馆批准了这一方针，并立即向鹿儿岛发出了报告（岩仓三，168 号；大久保日记一，第 407 页）。报告的具体内容已无从确认，但其中确定的政变步骤如下。首先以萨摩、土佐、艺州、越前、尾张五藩兵力固守宫门，然后宣告王政复古，再采取措施证明庆喜的“反正”（岩仓三，168 号）。这一计划的点睛之笔是从一开始就把德川亲藩越
287 前、尾张加入其中。不过，此时尚未与越前、尾张协商，即使是对其军事力量寄予很高期待的土佐与艺州，也必须保密至政变前

夜。另外，未计划安排被认定为朝敌的长州进京。这一政变计划实际上是打算依靠萨摩一己之力完成的。

三　王政复古政变之路——公议派亲德川大名的参加

越前与土佐

这一期间，以土佐的后藤为中心人物而登上舞台的公议派是怎样行动的？朝廷受理了庆喜提出的奉还政权奏文后，便发出通知召集大名进京。与此同时，幕府老中板仓胜静则催促亲藩尾张与越前迅速进京。尤其是首倡公议、为了实现这一目标奔走了十年的越前，在实现奉还政权后的公议政体上是最可依靠的大名。然而，松平春岳却未立即答复。鉴于过去三次被庆喜背叛的经验，春岳掩盖住内心的喜悦，使用极其平淡的词语写了回信（丁卯，第 210 页以下）。不过，当庆应三年十月下旬尾张使者到来，邀请春岳与德川庆胜一道进京，以及受后藤象二郎委托访问福井的坂本龙马叙述了详细内情后，春岳决定立即进京（前引书，第 217—218 页），且不率领兵力。十一月八日到达京都后，次日福 288
冈孝悌代表正返回领国的后藤前来访问，介绍了奉还政权运动的前后经过，并证明庆喜的“英断”为真实的。同一日，艺州的辻将曹也来访，讲述了同样的观察（前引书，第 223—225 页）。十日在二条城与庆喜会面，确认了他改变立场的真挚态度。在听取了各方意见之后，春岳于二十五日再次与庆喜会面时，约定了双方将全面合作（丁卯，第 238 页）。

福冈孝悌向春岳讲述的复古改革方案中的主旨，是设立由庆喜主持的上下议事院。不必等待全体大名到来，提前召开由“有名诸侯”参加的天皇帘前会议决定设立此机构，然后将会议结果通报其他大名，如有反对者则追讨之（丁卯，第 225 页）。这一构想与小松带刀等在京都的骨干于十月从鹿儿岛带回来的方案内容基本一致。萨摩认为动用武力压制实为不可避免，而土佐与艺州则希望以和平方式完成政权移交，这是二者之间的区别。不过，二者均认为全体大名会议是非现实的，应该由有力大名参加的御前会议决定新政体的诞生，这一点成为土佐、艺州，以及亲藩越前与尾张参加王政复古的前提。

之后，土佐的后藤象二郎再次返回土佐统一藩内意见，取得了山内容堂出马的确定承诺后，于十一月二十一日返回京都。坂本龙马于十五日在土佐藩邸被暗杀，人们均被指向嫌疑最大的新选组的仇恨情绪笼罩着（玉里五，第 278 页）。后藤立即与幕府的若年寄永井尚志以及萨摩、艺州取得了联系。二十三日岛津忠义
289 到达京都时，后藤未见到小松带刀，深感失望。于是他在十一月二十五日前往越前藩邸时说道，无论是谁，凡“公明正大同一立场之藩皆应公开举起义旗”，依照“帘前会议之誓言”确立的“公议”方针向前推进，就能战胜萨摩等藩主张举兵之暴论。“多一藩赞同，则多一份力量，论说主张也易于成立”。于是为了联合各藩，后藤负责联系艺州与萨摩，越前负责联系尾张与肥后，艺州联系因幡与备前，各自分工开始行动（丁卯，第 243 页）。不知是否出于偶然，同一天十一月二十五日，萨摩在岩下的旅馆里决定的联合对象也在此范围内。二十七日，越前传呼了被视为暴论魁首的大久保前来问询，了解他的真意。大久保回答道，“会议公论”是当然之事，只是围绕实现方法，藩内尚存在意见分歧，

接着又说，庆喜“反正”之“御实迹”是明白无疑的（丁卯，第245页；大久保日记一，第407页）。虽未明言，但实际上已经表明大久保认为在帘前会议上必须决定政变的形式并排除庆喜。

萨摩与土佐之吴越同舟——竞争与协同

随着公议派的活动日益活跃，与萨摩和长州合作的公卿开始动摇起来。曾在制作讨幕密敕时向萨摩施以援手的正亲町三条实爱和中山忠能此时对实施政变一事露出难色。此时右大臣已经提出辞呈，关白也已透露辞职意向。于是正亲町三条实爱与中山忠能提出，或许可“以渐成之”（即放慢推进步伐）。大久保利通于 290
十一月二十九日与正亲町三条实爱会面时主张，如今“二三藩率领大军上京”，目的是作为“朝廷备用之兵力，于至理至当之上开拓基业，反命者则可扫荡之”，认为恰逢如此“一大机会为千载之一时”，请求三名公卿重新考虑。十二月一日，大久保又与中山忠能进行强硬谈判，终于使公卿们确定了态度。三名公卿还承诺以他们的支持为根据，向土佐等藩公开说明政变计划（大久保日记一，第408—410页）。

十二月二日，大久保和西乡一道访问了后藤，斥责山内容堂迟迟不来京都，然后通知了在岩仓等四名公卿的帮助下制定了排除二条摄政与朝彦亲王、发动政变的计划一事。在土佐方面的记录中，这一计划的主要内容如下。第一，排除二条摄政与朝彦亲王并废除朝廷两役（议奏、武家传奏）。第二，争取获得命令征夷大将军辞职的敕许。第三，会津松平容保与桑名松平定敬退职，并罢免其宫门警备职务。第四，削减幕府领地，以充当议事院的经费。第五，有栖川宫炽仁亲王担任总裁一职。第六，设置议定一职，不问“门地”选拔人才。第七，由土佐、萨摩、艺州、尾张、越前共同担任宫门警备，追讨持异见者（寺村，第501页）。大久保日记中记载道，后藤“雷同”。不过，这并非全盘公开了萨摩的计划。废除将军一职为当时已经确定之事，话题主要指向宫廷制度的修改与废止。大久保始终未提及他最为重视的打击德川权力的具体策略（后叙）。政变预定期限是十二月五日，后藤请求把政变开始时间推迟至容堂到达京都之后，萨摩方面同意推迟四至五日。

291 当时，处于政变计划中心的是岩仓具视与大久保利通，西乡则负责军事方面。政变日期的十二月五日，大久保在给领国发出的文书中这样描述了政变计划（大久保文书二，149号）。第一，废除摄、关、议、传与国事挂，设置太政官与三职（总督、议定、参与），选用人才（不分贤侯、有志公卿、官武），汇集众议，模仿议事院之法，参与之职不分原来堂上地下身份地位高低，即使为陪臣草莽，如为人杰即可拔擢之。第二，当日立即决定此根本并发令。第三，对德川庆喜之处置，以五藩（萨、土、艺、尾、越）加入朝议，通过尾张、越前命庆喜“反正、谢罪”，对其要求为“降官一等，返还领地降为列侯，戴罪侍奉于天皇阙下”。“如彼能真挚接受此结果，必有公平宽大之处置”。第四，会津与桑名因无“反正”之功，废止其守护职、所司代职务，命其返回领国。第五，对长州自即日起决定宽大处置，命其进京。第六，准备对条约国、各藩以及农工商的布告草案。

大久保最为担忧的是如何对摄政与朝彦亲王隐瞒这一计划。这是因为新政权必须排除他们，而任用岩仓等身份较低的下级公家（平公家，即家格身份低的公家）担任重要职务。相反，对庆喜则持乐观态度。“幕府方面断无动干戈之意，如今只有会津之事而已”。大概后藤已向大久保保证庆喜希望避免发生战争。大久保重视与土佐的合作，此时主要原因就在这一点上。至于会津，主张幕权复古的其他藩的“尊王”暂且不提，据观察均已经 292
停止了“尊幕”，因此其影响“可想而知”。他大概认为，即使发生军事冲突，也仅限于小规模而已。这一观测是否过于乐观了？一旦与会津发生冲突，不仅是桑名，幕臣也将奋力反击并由此产生连锁反应，最终恐怕连庆喜也无法控制。实际上完全存在这种可能性。不过，萨摩一直留意不去挑衅会津，也避免使会津和与其存在宿怨的长州接触。在政变计划中，决定在政体一新之后才考虑恢复长州权力的朝议一事，也不要求长州参加政变。估计天皇命令到达西宫后的长州队伍前往大阪，也是出于避免长州进京的考虑。

西乡发给鹿儿岛的报告中也同样存在着这一乐观情绪。他写道：“幕府反正之姿态日益明显，绝未发现动摇之迹象。然会津、桑名则实难令人安心”，“当此时节，反觉幕府实属难得”（西乡二，第82页）。

大久保利通以及岩下、西乡等人在实施政变前一天的十二月八日，为了坚定同盟的公卿决起的意志，便向岩仓发出书信。信中强调了政变的必要性，然后这样写道：“人心已受二百余年太平旧习之污染，故干戈一动，反将使天下眼目一新，成就夺取中原之盛举”，“以此决战，于死中求得活路之着眼最为紧要”（大久保文书二，第154号）。此时，最重视的就是迫使庆喜“反正、谢罪”一事。向庆喜提出谢罪要求，对于自文久二年政变以来的 293
长州，以及向公议政体过渡一事多次遭到庆喜阻挠的萨摩而言，或许是不言自明之事。然而，向主动申请奉还政权的庆喜提出这一要求实属不易。在京都的各藩代表中不少人这样认为。考虑到新政权最早实施的改革，庆喜可以说承担了近世政治社会政体的所有负面遗产。大久保与岩仓大概认为，如果庆喜经受住了这一考验并忍受了这一屈辱，新政府自然会接受他。然而，最终会出现什么结果，是谁也无法预测的。

隔离会津与长州

十二月五日从西乡那里听到政变计划后，后藤立即于当晚访问了越前藩春岳府邸，并向他转达了此事（书简集，第 87 页）。次日，春岳要求大久保向尾张、越前传达此事，但遭到拒绝。实际上在这之前，政变一事已经走漏了消息。容堂深感德川家之恩义，后藤作为容堂的忠实家臣，心中自然是希望“芋邸遗算失望”（芋指萨摩）。他不仅向越前，甚至还向幕府的永井尚志通知了此事。春岳也开始行动。当天就派遣心腹中根雪江前往庆喜处，次日又直接面见庆喜商量对策。当时他最关心的问题就是如何使京都避免遭受战乱的屠戮，尤以会津的动向最为令人担忧。

294 越前春岳进入京都后，就极力劝说会津的核心成员支持返还政权。然而，他们虽然承认德川家必须遵奉王命的原则，但仍然被藩内的大多数意见压制，认为朝廷无能力运营国政，故回答道“旧幕之制度以外，无治平之可能”（丁卯，第 245 页）。因此王政复古派中，就连土佐、越前、尾张等亲藩也开始认为罢免会津与桑名出身的官员并令其返回领国是不可避免的。与此同时，十一月末，长州的代表率领军队在西宫登陆。虽说此时朝廷之前命令长州代表前来大阪的传唤已经被取消，但长州则仍按照与萨摩、西乡之间的盟约，无视朝廷的安排出兵了。居中联络的艺州则以纯属联系上的失误为由含糊搪塞，但在京都，长州即将出兵的传言迅速传播开来。由西宫前往京都的所有交通要道与山崎关门均被津藩的藤堂家把守着。当时正处于幕府试图挽回权力的最重要时刻，该藩自然拒绝了来自长州的通行要求（末松前引书，第 1202 页）。万一在山崎发生了津藩与长州的战斗，政变后举行的帘前会议的前景就变得无法预测，如果会津再加入其中，就有可能演变成为大规模的内乱。因此萨摩要求长州暂不进京，而转向大阪。

另外，此时朝廷内部也围绕对长州的处置问题产生了争论（丁卯，第 254 页）。摄政与朝彦亲王接受了会津的建议，正准备命令长州退回领国，但议奏们表示反对。结果至十二月八日，摄政才作出了恢复长州官位并允许其进京的决定。不过，长州方面此后仍十分谨慎地行动，他们做好了“进京即战争”的准备前往京都，在获得朝廷的许可之后通过了山崎关门，但此后就停留于京都西南郊外，等待政变的进展。政变结束后，至十日，长州代表才进入皇宫参见天皇（末松前引书，第 1202 页）。如果长州也 295
加入实施政变的行列，或许无法避免与会津和桑名之间的战争。实施了政变的两个王政复古派，在长州不在场的情况下，终于确保了分离庆喜与会津、桑名，并将后者排除出去的可能性。

四　由政变转向内战——庆喜内定议定一职的幕后活动与其挫折

王政复古政变

庆应三年十二月八日，等待已久的容堂终于到达京都。当天，朝廷举行朝议讨论了长州处置、受到处罚的五公卿的赦免等问题，朝议意见严重分歧，解决了这些问题并散朝时，已是九日清晨，出席者全部离开。确认所有人员离去后，中山忠能宣布了禁止摄政、中川宫、左右大臣以下共二十一名公卿参加朝议的敕命。之后主宰朝议的是中山、正亲町三条实爱、中御门经之，另外，幕后主谋岩仓与大久保、西乡一道又在时隔很久以后参加了朝政。他们在前一天晚上在岩仓府邸召集了萨摩、土佐、尾张和越前的核心人物，下发了有关政变的指示文书与兵力部署的命令（书简集，第91页；大久保日记，第42页；丁卯，第255页）。
296 上面的四藩再加上长州共五藩按照命令的布置开始行动，他们进入皇宫的外郭九门，扼守了通往内郭的六门等处，防止应召前来者以外的人员随意出入，这一安排决定了处于宫门内外者各自的命运。被排除于皇宫外部者不仅失去了发言机会，也难以行使武力。与禁门之变时的长州一样，攻击五藩就意味着攻击天皇，于是就有可能被置于朝敌的位置上。

前一夜一同出席了朝议的尾张、越前与艺州藩主被命令留下，之后，晌午时分接到传呼的岛津忠义进入皇宫，然后容堂也受命上朝。朝廷方面的出席者则有栖川宫炽仁、仁和寺宫嘉彰、山阶宫晃等三名皇族。在朝议会场小御所里，五藩的数名骨干人物被命令陪同列席。下午五点开始的朝议上，首先由中山忠能说明了目的，对此春岳与容堂表示了强烈异议，焦点是庆喜不在场。尤其是容堂认为，保证了二百余年太平的德川氏、特别是主动奉还政权的庆喜被排除于朝议之外，是违反“公议”的行为，因此极力要求通知庆喜上朝。对此，岩仓与岛津忠义则表示反对，此时大久保从下位座席起身上前，表示支持岩仓与忠义的意见。大久保说道，欲判断庆喜的正邪，应“先贬其官位，收其所领”加以考验，确认他没有不满之后，再决定准许他参与议政（丁卯，第260页；大久保日记一，第414页）。

后藤支持容堂的立场，于是陷入意见分歧。支持容堂的除了越前，还有尾张与艺州，支持岩仓意见的仅有萨摩，五藩核心骨干的意见与各自主君的意见一致。产生意见分歧后，临时休会，297
其间大久保与后藤进行了谈判，但大久保拒不妥协。重开会议后，春岳与容堂作出了让步，答应按照岩仓与大久保计划的步骤，把“降官纳地”的要求通知逗留于二条城的庆喜，并取得他的承诺（见前引书）。同时还做好安排，解除会津与桑名守护职与所司代的职务。此时听闻庆喜已经做出解除会津与桑名职务的通知，故朝廷只需命令他们返回领国即可（丁卯，第261页）。当天，还公布了组成新政府核心的总裁、议定与参与的三官职任用名单。有栖川宫担任总裁；山阶宫、仁和寺宫、中山、正亲町三条、中御门、尾张庆胜、越前春岳、土佐容堂、萨摩忠义、安艺浅野茂勋等人担任议定；大原重德、万里小路博房、长谷信笃、岩仓具视、桥本实梁等人担任参与。剩余的参与位置，则由五藩各推举三人担任（玉里五，第296—298页）。散会时已是深夜时分。

率兵离开与萨摩的政略转变

翌日十二月十日，越前春岳与尾张庆胜前往二条城，此时城内充满了杀气。前一天尾张与越前的高官受岩仓的委托访问了二条城，说明政变并非讨幕之举，希望板仓胜静安抚众人。但当天依然群情激昂，其中不少人指责尾张与越前二位大名为叛徒。在这样的气氛之下根本无法传达朝旨，只得与庆喜单独密谈。二人

暂且要求庆喜提交辞去将军一职的保证书，至于降官纳地一事，可待众幕臣情绪平稳之后再作答复（丁卯，第262页）。对此，
298 西乡与大久保坚持要求庆喜立即承诺接受处分，春岳则以担心爆发冲突为理由，主张推迟处理（书简集，第83页）。与此同时，庆喜直接要求在城内的旗本保持冷静，他更担心会津与桑名方面的举动，便将两个藩号称四千五百人的兵力安排于二条城中，置于自己的掌控之下。十二日，庆喜又决定率领旗本、会津与桑名全体将士转移至大阪。他通过尾张庆胜向朝廷报告说，将接受尾张、越前二位大名的建议于次日前往大阪，并于当晚出发（丁卯，第265—266页）。庆喜转移队伍至大阪的决断，消除了京都发生兵乱的可能性。

次日十三日，岩仓具视向萨摩的参与们作出了两条指示，并命其接受其中一条。“第一等”的上策为仅依靠萨摩、长州的兵力进行决战，“第二等”是尾张、越前继续与庆喜周旋，庆喜如果能“反正”，则任命他为议定，并广泛任用除摄政与朝彦亲王以外的公卿、大名。萨摩方面根据八日以来的事态发展，答复说除“第二等”以外，别无选择（玉里五，第308页）。之后，政局的主题转移至围绕对庆喜的处置与待遇问题的谈判上。

王政复古的布告

同一天，即十二月十三日，新政府就王政复古的布告进行讨论，于次日十四日公布了成文稿。今天我们看到的王政复古布告，就是在前一日任命的出自五藩的参与们在朝议会议上经过反
299 复争论之后发出的（丁卯，第267页；玉里五，第301—302页）。下面引用布告开头部分。

> 一、德川内府奉还前所委任之大政以及辞退将军职位二事今已断然获准。自癸丑（1853年）以来，遭蒙未曾有之国难，先帝频年为之所苦，扰虑之情众庶所知。为此，圣意已决，实行王政复古，树立挽回国危之基，不论既往，更始一新。自此废除摄关、幕府等职，先暂设总裁、议定、参与三职，使之处理万机。诸事应按神武创业之始，无缙绅、武士、堂上、地下之别，皆需尽力于至当之公议。圣意欲与天下同休戚。故望各自勉励，一扫历来骄惰之陋习，以为皇国竭尽忠诚，努力奉公为要（文中括号为引用者所加）。

废除将军一职为既定方针。因此，全部废除以摄关为首的朝廷官职与建立新政体是这里的主题。其中最重要的是，不问公家与武家之别以及身份高低如何，皆处于同等地位，实行彻底的"公议"，举荐公卿与陪臣担任参与就是一个具体例子。不过，正如之后立即区分为"上参与"与"下参与"那样，去身份化无法一蹴而就。另外，这一变革以"神武创业"为目标，如果仅仅是要否定武家政治，那么回归摄关制就行了；要否定摄关制，回归律令制就够了。而王政复古是要跳过所有这些阶段，直接回归至 300
日本王朝创业之始，虽说是"复古"，却是以全无先例的时代为目标，于是创业就具有了极高的自由度。在这一条件下，才有可能在天皇的统治之下全盘引入西洋制度。不过，在实行变革中以久远的过去为参照物并非仅见于王政复古之时。第十四代将军在实施文久军制改革时，就主张回复至江户初期。在十八世纪产生于西洋的启蒙与进步思想尚未普及的东方世界，彻底的变革被以

“复古”的名义正当化了。不过，当人们意识到引入西洋制度是更重要课题时，“复古”立即被“进步”“文明”这些象征变革的口号替换掉了。

尾张、越前对庆喜参政问题的周旋与萨摩转向决战

新政府从公布复古令的十二月十四日起，就开始商议解决在大阪的德川庆喜的处分与待遇问题，目的是避免德川方面武装反叛，同时落实在小御所会议上决定委托给尾张与越前的对旧将军家的处分。此时，越前春岳与土佐容堂之间保持密切联系进行活动，希望降低岩仓和萨摩主张的“降官纳地”要求，把降低庆喜的官位改为辞去将军一职，称其为“前内大臣”，以减少对庆喜名誉的损伤。双方很快就这一点达成了一致。但纳地一事则成为问题，即使是一时措施，名义上也是庆喜交出全部领地，将自己
301 与旗本们的命运交给朝议。于是容堂亲自执笔写下“可将所领之内的收益每年上缴用于国政”一句，把萨摩与土佐最初谈判时确定的条件写入处置方案，然后交给后藤，由他再与岩仓交涉（玉里五，第 309 页）。岩仓一再表示无法接受，但最后还是接受了这一考虑。

之后双方的谈判陷入停滞。至十二月二十二日，尾张庆胜提出要前往大阪说服庆喜，于是双方又开始了交涉。经过二十三日至次日清晨的彻夜朝议，最后作出了决定，具体内容如下。“政务用途之部分，对德川领内进行调查，以天下之公论确定之（玉里五，第 312 页）”。岩仓与大久保以及西乡事前经过协商后，决定以“返还”“御决定”的领地为妥协的底线。中山忠能则立场摇摆，转而同意越前、土佐方案，于是朝议的决定又被推翻了。

朝议决定派遣尾张、越前二侯前往大阪通知庆喜，以自二十五日起三日之内为期限，到时报告结果。这一斡旋如能成功，庆喜将按照命令进京，接受任命他为议定的决定。

萨摩则实在难以接受这一决定。萨摩之所以计划政变，目的就是要从打破德川的权威入手，实现政体一新，所以才以决然态度损伤庆喜的名誉，甚至示以严苛条件，直至剥夺他作为一个大名的统治权。然而现在这一计划落空了。不仅如此，从庆喜奉还政权至举行政变为止的整个过程中最重要的盟友土佐竟然与尾张、越前联手，开始公开反对萨摩的主张。如此一来，也不能依靠土佐的兵力了，大久保、岩仓与西乡在新政府内开始陷入孤立。原先决定必须执行的令会津与桑名返回领国一事，在大阪也毫无动静，相反，在处于大阪与京都之间要害位置的淀与伏见等 302
地，原属于幕府的军队与新选组等支持幕府的势力开始实施反攻的迹象日渐浓厚。

在这一形势下，大久保等人开始寄希望于长州。长州军于十二月十八日将驻屯地从京都西南郊的光明寺转移至东南郊的大伽蓝东福寺，之后毛利元功（长州支藩德山藩的世子）率领的增援部队也从西宫赶来加入其中。二十一日，长州兵与萨摩、土佐以及艺州的兵力一道开始实施对伏见的警备。二十四日，接到新政府让毛利敬亲与元德父子进京的通知。二十六日毛利元功进入皇宫。次日，广泽真臣与井上馨被任命为参与。至此长州完全恢复了权力，并开始在京都市内显示其足具分量的存在。

与此同时，文久三年（1863 年）八月十八日政变以来，长州以及藏匿在太宰府的五公卿首次于二十七日进京并前往皇宫，三条实美立即被任命为议定，东久世通禧被任命为参与。当天，天皇在皇宫内郭的门内观看了萨摩、土佐、艺州三藩的军事操练。仅萨摩兵就达一千五百人，以至于大久保在记录中称当时场面相当“壮观”。大久保此时是否已经意识到使用这支兵力的日子即将到来（大久保文书二，第 141 页）？长州与五公卿的恢复权力，鼓起了在京都的反幕府势力的气势，萨摩从一开始就考虑的另一选项——对德川方面的开战也逐渐接近了。

庆应三年除夕，尾张庆胜与越前春岳从大阪返回京都，庆喜提交了辞官纳地的保证书。本来庆喜进入京都后，就应该开始履行任命他为议定的手续。与此同时，京都开始传播流言，称德川
303 家的旗本们听闻了政变一事后，正从江户赶往大阪，准备与会、桑一道武装进京。果真如此，政变以来的所有成果将归于乌有。大久保在被逼至绝境后，于庆应四年（1868 年）正月二日决意转变方针，决定于庆喜进京之前，与长州一道对庆喜展开决战。次日，战端由德川方面开启了。

为变革与避战而努力的一年

从庆应三年夏季的四侯会议至翌年年初的鸟羽伏见之战爆发时为止的中央政局，以先明确表示使用武力的可能性，再着力于形成多数派的活动为主轴展开。主导政局的萨摩认为必须使用武力威慑，才能使德川庆喜接受王政复古与公议政体，于是与长州结下了出兵盟约。对此，土佐则提出了抛弃原有的政见，建设未来政体的具体方案，推动庆喜主动返还政权，试图以此避免内战，保持德川的主导权。萨摩与长州则做出兵准备，同时也劝说庆喜返还政权，庆喜出人意料地作出接受这些建议的决断。结果，萨摩改变策略，决定与土佐联手以压制领国的反对出兵意

见，实现了藩主率兵进京的目的。萨摩依然维持与长州、艺州的出兵盟约，但暂时推迟出兵，在朝廷召开大名会议之前实施了王政复古的政变。长州未参加这一政变，参加政变的五藩中，坚持要打倒德川权威的只有萨摩，其余四藩土佐、尾张、越前等均为 304
支持德川庆喜的大名。

庆喜事先已经知晓了这一政变计划，但他冷静应对，率领会津、桑名的队伍退往大阪。萨摩实现了恢复长州权力的计划，但避免举兵，长州也未进入京都。长州止步于京都外围以及会津、桑名撤离京都，解除了在京都爆发战争的危机。在这一和平形势下，土佐与尾张、越前缓和了处罚庆喜与幕府的态度，并开始为使庆喜参加新政府而活动，至年末已经接近成功。

然而，庆喜未能压制住对政变愤激的幕臣，最终开启了通向战争的道路，错失了政治上的成功。处于庆应三年后半年的政治家们时刻警惕战争，但每次都选择了避免战争，运用各种政治手段解决纠纷。虽然最终还是走向了战争，但这一时期的政治智慧的较量并非全无意义。庆喜放弃了抵抗，全力拥护他的土佐、尾张与越前则继续留在新政府中，成为重要成员。他们进一步充实发展政变所提倡的“公议”理念，进行武力抵抗的大名仅限于东北一隅。维新中因政治冲突死亡人数不多的原因，就隐藏于在这一年实施的彻底政治改革过程，以及一直坚持通过汇集众议解决问题的不懈努力中。

305

第十二章　明治：政体变革的三年半

——“公议”“集权”“去身份”

庆应四年（明治元年，1868 年）正月三日，在京都南郊的伏见与鸟羽街道，企图进京的德川方面与埋伏于道路两侧的萨摩、长州军之间的战斗爆发了。战斗先是进入拉锯僵持阶段，第二天萨摩、长州方面开始占据优势，再往后一天，德川方面被驱赶至京都、大阪间的屏障山崎以南，最后撤退至大阪。在这一形势下，在大阪城的德川庆喜逃往江户，失去主人的大阪城燃起大火，德川方面陷入总溃败。

这一鸟羽伏见之战是小规模战斗，却成为决定政权与日本未来的分歧点，胜利者萨摩与长州获得了在新政府中的主导权，一直持观望态度的各大名先后追随附和，结果打开了建立新秩序的
306 根本改革道路。德川庆喜如果成为新政府的首脑，新国家将仅仅停留在基于王政的联邦国家水平上。以王政复古为契机，追求实现公议、集权与去身份化，这是两个王政复古方案所共同追求的目标。然而，萨摩与长州对德川权力的挑战与破坏，使得更加激进与彻底变革成为可能。

关于新政权之下，去身份——其支柱是武士身份集团的解体和受歧视集团被归为平民——如何最终成为追求“公议”和“集权”的终点，下文将勾勒出成为决定性节点的政治变革的轮廓。

一　“一新”的制度——国家基本法《政体》的意义

概观：明治初年的政治课题

在实现王政复古之时，新政府的领导者们并未准备好明确的政体蓝图。正如在土佐提出的奉还政权的建白与王政复古的诏书中所看到的那样，只在天皇之下实现统一，设立能体现公议的国家制度这两点上基本形成了意见一致。在为政治运动奔走的志士看来，这一政府不问身份录用合格人才也是理所当然之事。当中一些人也意识到在不久的将来必须实现中央集权，即日本的完全统合。然而，最后这一点却不容易公开提出来，新政府建立五个 307
月后爆发了大规模内乱。如果新政府首脑在平定这些内乱之前公开宣布废藩的意向，就会有不少大名站在东北大名一边反抗政府，或许会进一步加剧内乱。

跳过过程先看结果，这一系列课题都被彻底并顺利地解决了，结果完全超出了当事者们的预想。新政府在成立的四个月后提出了最早的一部国家基本法，公布了制定“政体”以及向中央政府集中权力的理念，同时制定了录用人才与采用公论的制度。戊辰内乱终结的翌年明治二年（1869 年），新政府召集诸侯与各藩的代表前来东京，对郡县化的可否和未来政体进行讨论，之后又实施了版籍奉还，还引入了不同于联邦制的制度。两年之后又果断实施了废藩置县，把日本转变为中央集权制国家。之后又公布了逐步废除武士俸禄的方针，在新政府成立第九年时，确立了这项制度。以废除武士带刀特权为标志，至此武士这一近世世袭的统治身份集团完全解体了。

在最初只有大致目标，然而十年后却实现了人类史上罕见的大规模社会变革。明治政府是怎样把一系列愿景变成现实的？下面首先概观一下新政府是怎样建立自己的组织的。

308 公议派大名的去就

在伏见、鸟羽发生战斗之后，正月七日，新政府发出了对庆喜的讨伐令，原先极力拥护庆喜的土佐、越前、尾张以及宇和岛的诸侯立即陷入了进退两难的尴尬境地。这一天，土佐的山内容堂决定抛弃庆喜，把自己的今后寄托于议事院的公议，此举也得到了友邻领国的赞成（伊达日记，第644—645页）。一部分土佐人与德川方面发生了战斗，但土佐还是在新政府保住了一定地位。此外，在萨摩与长州占据优势的情况下，在新政府中处于中心位置的岩仓具视，试图确保复古政变中的主要成员公议派诸侯在新政府中继续占据有利地位。仅仅依靠萨摩与长州，是无法完成处分旧将军家、组织新政府，以及争取全国大名的支持等一系列任务的。为此，在新政府把当前的课题转移至讨伐庆喜之后，公议派依然继续在新政府中占据重要地位。

公议派不仅在促使将军家投降，由此避免进一步内乱这一点上扮演了重要角色，还为新政府提供了组织构想与人才。新政府面临着沉重的工作压力，主要工作有供应战争所需物资，对扩大的直辖领地的统治，与西洋的外交往来，筹措经费借入资金，动员人才，以及完善组织建设等。政变之后，在最高层设立了三职机构，但如果没有下设的行政部门，政府就将无法运作。无疑，原有的朝廷组织已经无法胜任，需要建立取而代之的实务组织。这一改变起始于明治元年一月十七日设置三职七科与征士制度。
309 官制此后经历过多次改变，而最早制定的完整体系，是鸟羽伏见之战四个月后公布的《政体》(明治元年闰四月二十一日)。

《政体》(一)：作为目的的“五条誓文”

所谓《政体》，顾名思义就是记载政府之“体”的法令，政
府将这一法令制作成小册子出售(和泉屋市兵卫刊印)。小册子
开头处引用了一个月之前公布的“五条誓文”，并说明将以此为
目的组织政府，接着介绍了地方政府的组织原则，以及中央政府
与地方政府的官职概略。这可以称为近代最早的国家基本法。后 310
世的法制学家常常以近代西洋的宪法为基准，嘲笑说这一基本法
中没有有关国民人权的规定，故不能称之为近代宪法。然而，一
个几乎是在完全空白的基础上建立起来的政府将其组织原则明示
于天下，这不仅在处理实务上，在确保政府的正当性方面也是必
需的课题。这部法令中汇集了幕末政治十年间的成果，这一成果
赋予了之后的改革以出发点，可以说是一部联结幕末与明治、成
为维新原点的法令。下面对这部法令稍作详细介绍。

首先是五条誓文，引文如下。

> 一　广兴会议，万机决于公论；
> 一　上下一心，以盛行经纶；
> 一　文武一途，下及庶民，使各遂其志，勿使人心倦怠；
> 一　破除旧来之陋习，秉持天地之公道；
> 一　求知识于世界，以振皇基。

这一思想本来是土佐的福冈孝悌在鸟羽伏见之战后向会盟的诸侯倡导的，也因此，他与越前的三冈八郎(由利公正)合作

书写记录下来。召集诸侯汇集于京都建立新政体这一设想，开始于土佐提倡奉还政权之时，新政府要获得全国的支持，这是未
311 来必须具备的一个条件。福冈与三冈的这一倡议还具有短期的政治意义。土佐、越前虽然已经同意追讨德川庆喜，但认为尚有必要对追讨的方法与处分方案发表意见，如果把这一问题与召开诸侯会议相关联，就可以牵制萨摩、长州的势力，使处分方案尽量温和。福冈的这一倡议背后大概还有这样的考虑。然而，进入三月，长州的木户孝允提出确立“国是”时，福冈与三冈的手稿被修改并被赋予了更为广泛的意义。木户把原稿中“兴列侯会议”一句修改为“广兴会议”，并置于文稿起首处。由于这一修改，第一条获得了一种普遍意义。第二条以下规定出生于日本的人不问身份如何，均可参加国家的经营（第二条），并可以实现自己的人生价值（第三条），使日本兴旺，为此把“天地之公道”置于基础，大胆打破旧习（第四条），也应从外国引入先进的知识（第五条）。这里的“天地之公道”是横井小楠爱用的词语，指的是来自儒学的有关人类普遍性的“道”。从整体来看，这一段文字用简洁的词语表述了国家的目标，不仅在维新期，作为贯穿近代的“国是”，可以说一直至后世也都是被引以为参照的重要思想。

《政体》（二）：制定官制与去身份化的开始

《政体》在开头处引用了五条誓文，接着介绍了中央政府的
312 组织原则，第一条宣布、命令了“天下的权力总归于太政官”。现实的权力的一元化是政府必须死守的问题，这里把政府称为太政官，明确了权力之所在，要点是具备超越各藩的优越性。第一

条的后半段里有“分太政官之权力为立法、行法、司法之三权，免除偏重之患”这样的一句。这一三权分立的规定据说是起草者偶然参照了美国的组织形式后写下的。但实际的关系，参照后面有关官制的内容，可了解其真实含义。在太政官中，“议政官”的上局（议定、参与组成的会议体）掌握全权，其他官厅执行其作出的决定。其中“行政官”是指由议政当中的二人担任辅相辅佐天皇，统辖国内事务与宫中庶务的组织。此外还设置了神祇、会计、军务、外国、司法五官，分别掌管各自事务。

过去都认为《政体》规定了三权分立，但实际上司法权并非独立。后来由于行政权相对于立法、司法逐步占据了压倒性优势，因此《政体》不再被视为近代的国家基本法。然而，刚成立不久的政府没有深思熟虑的时间。同时，除了德川臣下里有熟悉西洋法体系的学者外，再也找不出合适人选了。于是新政府只得依靠有限的知识，制定出应急的制度来。评价《政体》时，比起关注成立过程，更重要的是观察在实际运用中何处受到重视以及何处被忽略。

在这一意义上，自始至终均具有重大意义的是第三条。在由九等构成的官制中，只有“亲王、公卿、诸侯”才有机会升任一等官，这是因为天皇“亲其所亲，敬大臣”。同时，还规定虽为
“藩士、庶人，也对其设征士之法，可升迁至二等官”，这是为了 313
体现“尊贤”。按照这个规定，原则上任何男子均可担任二等官及以下官职。

总之，幕末反复提倡的“录用人才”这一口号在这里被制度化了。至十年后的西南内乱时为止，平民出身者在政府上层已经占有百分之二十，这一事实表明录用民间人才这一规定得

到了实行（升味，1965）。安政四年（1857 年）时，越前的桥本左内已经提倡中央政府应不问身份录用人才。当时平民被录用为高官是不可想象之事。在十年的动荡中，这一建议已经成为政治家的基本理念。他们接受的教育要求不可表现私欲，因此极少有人直接提出这样的主张。然而，他们提出的“尊王”“攘夷”和“公议”这些口号，其实都是他们隐藏的出人头地欲望的间接表现。

自然，他们能登上历史舞台，是依靠他们的行动力、说服力、判断力与处理实务的能力。近世的政治决策必须经过主君的裁决方可生效，主君等待家臣准备好草案再加以裁决，这已成为不需怀疑的程序，即使是开展外交活动时，君臣双方之间也很少有直接交谈的机会。在这一政治惯例下，家臣方面积累了丰富的政治经验，储备了熟悉政务的人才。另外，在幕末政治斗争中生存下来的都是身经历练之人，政府通过征士制度录用他们后，就任二等官及以下官职的大名家臣掌握主导权是自然的趋势，所以
314 对一等官身份的限制并未成为很大障碍。第三条的“亲其所亲”与“贵贤”这些语句是吸收了坂本龙马死去之前与尾崎三良（三条家家臣）共同起草的官制方案中的内容后形成的，因此也可以说是龙马的另一个遗产（维新史五，第 30 页）。

第四条规定“各府各藩各县，皆推举贡士为议员。为执行舆论公议，建立议事之制”。以藩为首，地方组织应向中央政府的议政官输送“贡士”这一代表。议政官由上下两局组成，上局与下局为性质完全不同的组织。上局是全权负责太政官的机关，而下局则是“承接上局之命并议事之所”，即咨询机构，下局的主角是“贡士”。虽说只不过是咨询机构，但这一由地方代表担负

的“公议”在至废藩置县为止的过程中发挥了相当重要的作用。众所周知，由议政官下局更名而来的公议所对政府提出的废藩提案展开批评议论与答辩，政府则通过这一议事机构毫无遗漏地观察了解各藩动向，最后退而求其次，实现了版籍奉还（指大名向天皇交还各自的版图和户籍）。如果不通过公议所而想要了解掌握各藩的动向，是相当困难的。

征士与贡士是从全国网罗征集而来的。不仅是作为府藩县代表的贡士，征士的出身也各种各样。无论在鸟羽伏见之战中战胜的萨摩与长州，以及在王政复古政变中的大大名建立了何等功绩，也不可能完全由他们独占政权。在由二百余单位构成的国家联邦中，要使政府延续下去并提高其执政能力，就必须动员全国的人才。幕府中具有实务经验的幕臣与中下级武士被录用为新政府的中下级乃至高级官员是一个必然的趋势（涩泽，1984）。征 315
士们获得任用时被提拔为朝臣，这样就切断了与原主君的主从关系。起初各藩当中有戒备新政府选拔任用人才为征士的声音，但随着新政府逐步稳定，情况开始改变，转而试图利用本藩出身之征士的影响力来维护本藩的势力。

《政体》的其余各条还规定了对任官的限制，例如立法官不得兼任行政官，禁止在私人住宅会面商谈政事，限定任期为四年并以“投标公选”方式改选，限制随从人数，对在职官员征税，太政官的权限高于府藩县等。当中，第一、二项未得实行。《政体》里已规定了由行政官首脑的辅相兼任议政局上局的成员。当时政府面临政务工作量剧增与人才不足问题，人才集中于行政官，权力随之集中于此是一个必然的趋势。至明治元年（1868年），议政官被废除。另外，在私人住宅商议政事也逐渐成为平常之事。初期政府采用公卿、诸侯担任高级官员，但实际的决策权掌握在策划了奉还政权与复古政变的岩仓具视、大久保利通、后藤象二郎，以及鸟羽伏见之战前后加入了倒幕阵营的三条实美、广泽真臣、木户孝允等少数人的手中。他们在私人住宅聚会、互相往来，以此方式不断处理了不少悬案。正式的官职与非正式的决策集团之间的这一背离状态一直持续至废藩置县之际以太政官三院制取代《政体》，除三条与岩仓以外的几乎所有公卿、诸侯均退出政府之时。在这一过程中，明治二年五月实施了官员公选制（由三等官以上官吏选举产生上级官职）。这一制度被用
316 于消除官职与实际决定权之间的脱节状态。

《政体》发布之后，还修订了几次官职制度。在这一急剧改革的时代，制度被反复修订。当时，最重要的是处理频繁出现的紧急课题，制度也被随之变更修订。人事方面也同样，无能者立即被淘汰。另外，担任了官职的公卿、诸侯在会议议事时，也不得不与原先的家臣平等相待进行讨论（佐佐木四，第 63 页）。五条誓文中所说的“广兴会议，万机决于公论”，实际上是从政府官员的日常活动中开始落实的。新政府受其由多种成分组成的性质影响，在处理政府内部和与各藩的关系以及作决策时，也不得不依靠“公议”与“公论”。

新政府的对西洋外交

新政府独自掌控外交后，想方设法确保对外交往时的正当性。鸟羽伏见之战后，冈山兵在神户酿成攘夷事件时，新政府立即处决了当事人员，正月十五日又向各外国公使通告了王政复古与亲善的方针，逾二日又向国内发布了对外亲善的公告。之后又

于二月末安排各国公使进入皇宫参见天皇，举行了自古以来未曾有过的典礼。这之前在堺发生了与法国士兵的冲突，接着又发生了英国公使帕库斯进入皇宫时被袭击等一连串突发事件。新政府面对这如履薄冰的状况，断然表明了开国的坚定决心，竭力争取 317
西洋各国的支持。新政府与德川之间发生武力冲突后，西洋各国声明保持局外中立，旧幕府无法获得向西洋订购的军舰，由此避免了西洋各国干涉内政。与此同时，禁止各藩以“政体”名义与外国结盟或者雇佣外国人。中央政府对外交与战争权的独占，是维持联邦国家统合性的必要条件。

二　戊辰内乱——规模的限定性与次生效果的规模

西日本与尾张以西的倒戈

明治元年正月七日，新政府向在京都的诸侯发布了讨伐德川庆喜的命令，逼迫诸侯表明归顺态度。前一日，庆喜逃走，鸟羽伏见战争结束，新政府的课题转移至如何获得全国各藩的忠诚这一问题上（以下有关军事问题参照了保谷彻，2007）。在鸟羽伏见战争的最后阶段，老中稻叶正邦占据的淀城拒绝败走至此的德川队伍进入城内，原本为己方一员的津藩藤堂家在山崎关门从侧面炮击了德川队伍，这引发了德川阵营的总崩溃。听闻诸侯已经倒戈，京都附近的各藩立即闻风追随，这一冲击波向西日本各地扩散，西日本的诸侯以和平方式归顺新政府。唯一的例外是长州进攻至备后地方的福山城时发生了零星战斗，不久福山城立即打 318
开城门，战斗随之结束。实力雄厚的谱代大名有山阳地方的老中板仓胜静领有的备中松山，以及姬路、四国的伊予松山与赞岐高松等藩，均立即开城并接受了新政府指定的冈山藩与土佐藩的管理。在山阴地方，小滨酒井家发生了一些问题，也仅以监禁藩主的方式便解决了。西日本的诸侯在不到一个月内如雪崩一般倒向新政府，其中最显眼的是现任老中占据的城堡淀与备中松山，家臣抛弃了主君、倒向了对立阵营。

与此同时，东海道各藩的倒戈风潮也在扩大。新政府在桑名遭遇了预想之中的顽强抵抗，但家臣在主君不在的情况下最终打开了城门。在尾张德川家，德川庆胜斩杀了顽固支持旧幕府的十余名重臣，稳住了支持新政府的形势。这样，支持新政府的倒戈潮向本州中央地区扩散。之后以征讨大将军名义出征的仁和寺宫喜彰亲王于正月二十八日凯旋京都，奉还了锦旗与节刀。

江户开城

平息抵抗的工作至此告一段落，政局的焦点集中于如何处置已经返回江户的德川庆喜以及幕臣的去就问题上。如能顺利使庆喜投降，新政府将获得全国的支持，国内将恢复和平。新政府于二月九日任命总裁有栖川宫炽仁亲王为东征大总督，他于十五日率领参谋西乡隆盛和林玖十郎（宇和岛）等踏上东征之途。东征
319 军把大本营设置于骏府（静冈），从东海道、东山道、北陆道、奥羽四个方面出发进攻江户。对各方面的诸大名的方针仍如之前一样，以争取他们对新政府的支持为最优先课题，即使对方一时摆出敌对姿态，仍劝其归顺，归顺之后立即安排其担任征讨军的先锋，以稳固其决心。总攻江户的日期定在三月十五日。

面对这一形势，返回江户的德川庆喜表现出恭顺态度。正月

二十三日提拔胜海舟担任陆军总裁，矢田堀鸿担任海军总裁，大久保忠宽担任会计总裁，以实施德川宗家的彻底去身份化，同时加强箱根、碓井等进入关东的关卡的防卫，做了一系列武力动员的准备，不过拒绝了法国公使多次提出的武力反抗建议。此时庆喜陷入了与长州于禁门之变时的同样境地。自己的生命、对自家的处置、旗本的待遇，总之这一切均全无眉目。在京都时，与外部的交往是通过同出德川一门并且个人关系密切的松平春岳进行的，察觉到新政府的态度强硬时，庆喜便于二月九日罢免、处罚了鸟羽伏见之战的首领，自己也从江户城转移至宽永寺，开始闭门自省。同时命令会津与桑名离开江户返回各自领国。与长州对三名家老处以斩首刑并献上首级的处置相比，可以说是轻微的措施。新政府通过春岳了解到这一情况后，采取了严厉态度。宽永寺的轮王寺宫能久亲王于三月七日访问了静冈的骏府并传达了谢罪书，反复说服庆喜但未被接受，前将军夫人和宫出面请求也未奏效。这一系列动作的目的并非明确表示强硬态度，而是试探庆喜是否打算接受全面投降。三月十三日，沿东海道而来的新政府军到达了江户的入口品川驿站，东山道军到达了板桥驿站。

庆喜面对这一形势，决定全面恭顺。他把全权交给陆军总裁 320
胜海舟，胜海舟则派遣山冈铁舟前往骏府的总督府，开始与西乡谈判。预定发起总攻击的前一天即十四日，西乡与胜海舟在江户的萨摩府邸会面，就投降一事达成一致意见。西乡发出推迟总攻击的布告，先到骏府、接着前往京都以取得太政官的理解。之后，四月四日，先锋总督进入江户城传达了敕旨，至十一日，江户和平开城。在保留旧幕府的根基部分的问题上，新政府接受了庆喜的意向，于是幕府放弃抵抗向新政府投降。投降的条件如下。

第一，保留德川的家名，免去庆喜死罪，命其返回水户，并处以隐退、幽禁。第二，江户城移交给尾张藩。第三，军舰枪炮交给新政府方面，之后返还一部分。第四，居住于江户城的臣下退居城外，并处幽禁刑（包括大奥勤务的女性）。第五，帮助庆喜谋反的家臣免去死罪，加以处罚，并报告总督府。

与幕府处置长州的方案相比，这些处罚项目各有轻重，不过对所有人员均未处以重刑，可以称之为宽典。新政府希望尽可能避免使用武力、尽快平定关东的考虑在这里起了作用。

幕臣的去就

然而，幕臣当中仍然有心怀不满情绪者。古屋作左卫门率领
321 的步兵与近藤勇等人的新选组已经离开江户，朝北关东与甲州方向进发。江户开城前后，步兵奉行大鸟圭介率领的步兵两千余人以及散兵一千五百余人逃走，他们经宇都宫朝日光进发，得到会津的支援后，在北关东与白河口和讨伐军反复展开战斗。步兵与新选组解散后立即陷入失业，与享受世袭俸禄的旗本不同，他们把生计与出人头地的机会均寄托于战场厮杀之上。据讨伐军的板垣退助回忆，原幕府的步兵接受过集团行动的训练，战斗力远超各藩兵员（宇田，2009，第 426 页；野口，2002）。

江户开城进展顺利，但总督府仍未能完全掌控江户市内。牢人们组织的彰义队扩大了势力，进入宽永寺，两千余人固守上野山。新政府担心江户市内与北关东的抵抗相互呼应，便派出副总裁三条实美前往江户，首先公布了将保留德川家的方针，然后在五月十五日决定武力讨伐彰义队。此时彰义队推举的宽永寺的轮

王寺宫逃走，在品川搭乘幕府军舰与海军一道向北转移。

新政府于五月二十四日宣布将德川宗家转封至骏府并改称静冈，给予七十万石俸禄（以下部分参照了原口，1972，上）。原幕府家臣此时面临着被录用为朝臣、移居静冈与脱离士族身份的三项选择。其中有人为了维持与德川家的主从关系，与庆喜一道移居静冈，然后在新开设的沼津兵学校教授最新的西洋学与兵学，也有进入学校学习者，他们后来或者被新政府录用，或者受到有实力的藩雇佣、担任兵学教授。还有一些人返乡务农，或者 322
以种植西洋急需的茶叶维持生计。主君的领地急剧减少后，他们下决心脱离了武士身份，不久之后，其他大名的家臣也将迎来同样命运。

原为旗本的大多数人只得接受命运安排。不过，在人们接受新政府的录用与提拔的同时，也有一些人继续抵抗，海军就是这些人的代表，他们拒绝向新政府交出军舰，使用舰队继续向江户的镇将府施加压力，至八月向北逃走。在仙台收容了原步兵之后，转移至虾夷地箱馆，以榎本武扬为首领继续抵抗。

此外，原幕府家臣中也有一些人在进入民间后，继续以言论进行抵抗。柳川春三等人就是以在江户城摘抄西洋报刊的内容供传阅为生的洋学者，他们发行了商业报刊，宣传东北方面的抵抗与讨伐军的苦战（福地，1894）。西洋传播信息的最新手段报纸传入日本后，首先被用于政治宣传，遭到禁止后，这些人便从“文明”的立场出发，将报纸转用于监督与批评新政府。对新政府的抵抗支撑了“公论”，由此产生了大众传媒，原本仅限于一部分人当中的“公论”空间由此爆发式地扩大开来（三谷，2004）。

东北与越后的战乱

323 江户开城后，南关东以西地方基本归新政府统治，北关东以北地方则笼罩在不稳定氛围中（佐佐木，1977）。人们最为关注的，是复古政变时最受戒备、在鸟羽伏见之战时站在最前列抵抗的会津，以及上一年年末在江户攻击萨摩府邸、引起幕臣暴动的庄内的动向。正月十七日时就发出了对会津的讨伐令，萨摩虽然对庄内深怀遗恨，但缺乏明确罪名。征讨总督府于二月设立奥羽镇抚总督时，采取了对会津要求其首脑以死谢罪、对庄内则用与伊予松山以及赞岐高松同样办法处置的方针。镇抚总督于三月二十三日由海路到达仙台，二十九日向仙台、米泽发出了讨伐会津的命令（以下史实参照保谷，2007）。

第一次征讨长州时，幕府动员了西日本的诸大名布置了包围网，总督人选出自德川亲藩，但征讨则要求全体大名配合。在实际展开了战斗的第二次征讨中，只有亲藩与谱代配合。追讨军的总部设置于拥有领国的大名所居的广岛，并得到该藩的配合。庆应四年的新政府最初也采取了同样行动，从京都派遣九条道孝担任总督，又安排了长州与萨摩出身的参谋，但征讨的主力仍然是命令邻近会津的仙台与米泽藩派出的。

对此，会津与庄内于四月十日结成了抵抗同盟，庄内无法接受奥羽总督府定下的罪名，与会津联手选择了抵抗的道路。这一同盟以仙台为首，吸引了奥羽各藩加入，打算不日控制江户，再
324 进一步打破萨摩、长州对朝廷的控制。总督府在这之前先是命令仙台与天童，后来又命令秋田藩出兵追讨庄内。不过，此时尚无法预测东北诸藩是站在新政府一边，还是聚众反抗。

东北各藩几乎全部加入了反抗阵营，这是因为会津、庄内

与新政府之间的调停归于失败。会津已经支援了北关东的原幕府步兵，庄内也于四月下旬与进攻的萨摩、长州队伍发生了战斗。在这一形势下，接到新政府命令进行讨伐的仙台与米泽如同之前萨摩对长州一样，展开了调停工作，于三月末向会津派出使者，劝其投降谢罪，条件与之前对长州的一样，即打开城门、削减封地，再送上二三名家老的首级。之后谈判陷入僵局。至四月二十一日，会津只接受了开城与削封，向仙台、米泽派出使者谢罪并请求宽恕。名虽为请愿，但实际却与禁门之变之后长州向京都派出的使节一样，以强硬态度进行谈判。

对此，总督府于闰四月三日拒绝了会津的请愿，要求会津容保等人主动向总督府自首。仙台、米泽二藩于同月十一日邀请奥羽诸藩的重臣于白石（仙台藩南部）召开会议，汇集了将交给总督的十四个藩要求对会津予以宽恕的请愿书。次日，仙台、米泽二藩藩主主动前去会见九条总督，报告了容保表示伏罪的情况，并递交了请愿书，列藩的重臣们接着又陈述了“列藩众议”的结论，表示值此王政一新之时，应当避免战争，顺应舆论行动，尤其是农忙期的战争实为不妥，如能予以宽大处理，将有利于平定奥羽全境。然而，总督对此示以难色，并于十七日回绝了请愿。
仙台与米泽藩认为此举不妥，便撤回了对会津的讨伐军，随之其 325
他藩也采取了同样行动。二十日，总督府参谋世良修藏被暗杀，二十二日撤回了对庄内的讨伐军。至五月三日，制定了包括八条约定的盟约书，各藩署名后成立了奥羽列藩同盟。

与之前长州的孤立状态不同，会津与庄内得到了邻近各藩的同情，由请愿支援发展至结盟武力反抗。二者之间的区别在哪里？之前的长州也有津和野、鸟取以及冈山这样的同情自己的大名，但这些大名均未出手解救，更无人结盟相助，扮演调停角色的只有萨摩，但也仅仅是间接支援。萨摩与长州原本就是竞争对手，禁门之变时厮杀的情景记忆犹新。而庆应四年的会津并没有与东北各藩处于敌对关系中。在东北各藩看来，会津与新政府的对立与之前会津与萨摩、长州的对立一样，都是出于私心的权力斗争。大概仙台以及其他东北大名们此时野心开始膨胀，他们或许觉得此时与会津以及奥羽诸藩联手，就能夺回因之前错失介入机会而被萨摩、长州垄断的朝廷。翌年，战后的土佐为了对抗萨摩、长州，结成了四国同盟。由此看来，庆应四年的奥羽列藩同盟的背后也有着同样的野心。

然而，幕末的政治仅仅是权力斗争吗？安政四年以来，与会津同为德川亲藩的越前家的桥本左内主张，为了集结日本全国的力量，权力就不能仅归于德川一门，而应组成包括拥有领国的有
326 实力大名在内的政权，更应当超越身份登用人才（见本书第六章），这是在西洋主导的全球化危机形势下拯救日本所必需的改革构想。从这一观点出发，便可知王政复古后建立的新政府绝非萨摩、长州的私有物。而且，在萨摩与长州，有如木户孝允那样已经在思考废藩之后的下一个目标的人物，而奥羽列藩当中有谁描绘了日本未来的蓝图？白石的会议所至七月改名为“公议所”，难免有名不副实之感。

已有众多著作描述了此后战局的发展，下面只略作概述（见保谷前引书）。白河口、即关东进入奥羽的关口的战事胶着，迟迟未分胜负。同时在与会津一山之隔的地方，从闰四月二十日直至七月下旬，双方持续展开攻防战。追讨军的主力于六月由海路直指仙台，于磐城平以南的平潟登陆，然后兵分两路各自沿海岸

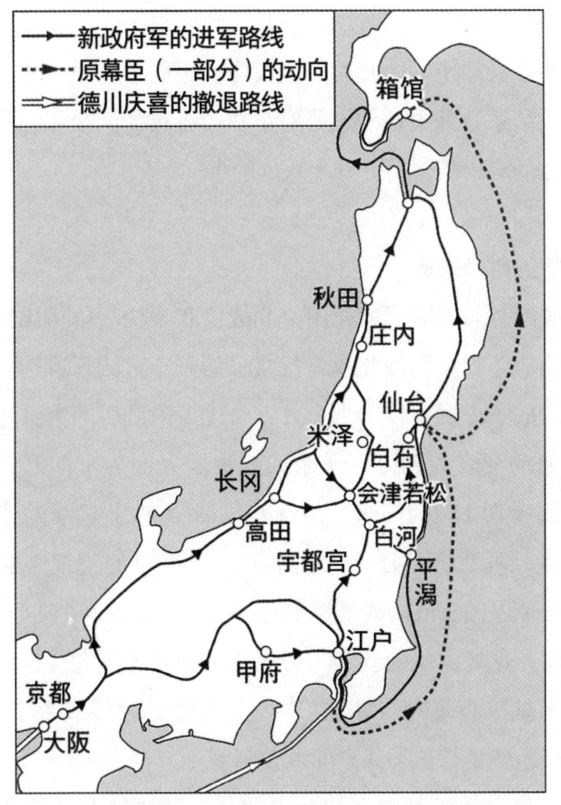

图 12-1　戊辰内乱示意图（以鸟海等，2015 为基础编制）

或由内陆北上。仙台于九月十五日投降，最早脱离同盟的秋田藩 327
成为进攻庄内的主力。讨伐军于七月一日南下，但遭到阻击后退回，庄内进攻至与城下一山之隔之处。会津陷落的次日，在战斗中取得胜利的庄内主动投降，战斗至此结束。

越后方面也开启了战端。长冈牧野家的重臣河井继之助决意对抗新政府军，由五月上旬至七月末为止，双方展开了激烈的攻防战。最后的高潮自然是会津。萨摩的伊地知正治与土佐的板垣退助率领的追讨军于八月二十三日进攻至城下，与会津方面展开激烈战斗。会津于一个月后开城投降。至此，日本东北与北越地方的内乱结束，虾夷地的原幕府军在箱馆过冬。翌年春季追讨军攻下城池平定内乱，是五月十八日的事。

战争的附带效应

戊辰内乱与同时代的美国南北战争和普法战争相比较，属于小规模的战斗。美国南北战争持续了约五年，战死者达六十一万人，普法战争先后持续了十个月，与戊辰内乱时间大致相同，但德国方面的死者为四万五千余人，法国方面为十四万人，共约十八万五千人（Clodfelter，2017）。如果再加上之前的普奥战争中的死者，死亡人数还会大幅上升。以战争的规模来看，死者
328 一万三千余人的戊辰内战规模不可谓大（奈仓，2005）。

然而，这场战争的政治与历史意义却颇为重大，这不仅是因为消除了抵抗新政府的势力。相反，战争的附带效果十分巨大。具体而言，就是打击了武家的世袭制度。

这一打击始于新政府的兵力动员。新政府在动员各藩兵力时，只要求派出配备步枪与大炮的队伍（保谷，2007），这是对传统武士的战斗队形的否定。至战国时代为止的基本战斗队形，是身披耀眼盔甲的武士跨于马上，率领众多随从出阵交战。然而，新政府的首脑从征讨长州的战争经验中认识到，只有步枪队才真正具备战斗力。以步枪队交战时，不问战斗人员身份高低，均只身加入队伍以对等身份参加战斗，这一任务只有事前接受过训练、熟悉战术者方能胜任。无法升任为将校者只得留在后方，而在战斗中建立功勋者自然会获得奖赏，地位随之上升，对无功

者的评价也会降低。新政府军以这一方式组织起来后，对抗的另一方也必须以同样方式组织队伍。这样，在各藩被动员起来、展开实战的过程中，敌我双方都逐步实现了武士地位的平等化。

此外，战争动员使各藩的财政状况急剧恶化。虽然暂时可以依靠借贷与发行藩札支撑，但同时也必须削减大名与家臣的俸禄。下级武士俸禄的削减空间有限，最终只得削减高级武士的俸
禄（落合，1999。有关土佐部分参照谷干城一，第 174 页）。这 329
样，武士的收入开始趋于平均。同时削减俸禄也影响改变了武家的内部组织。高级武士让家里的陪臣参加藩的直属部队，同时削减佣人数量，仅留有限人手料理身边事务（宫地，1999）。中级武士也逐渐接受了这一生活方式。

戊辰内乱几乎把所有的藩卷入其中。小藩没有实力提供兵员，中等规模以上的藩均被总动员，因此就必须改组家臣团，这成为废藩之后的去身份化得以迅速推进的重要条件。另外，各藩的财政日趋困难，甚至有人放弃了对藩的统治。姬路藩于硝烟尚未散尽的明治元年十一月提出了奉还版籍的申请，进入明治三年，盛冈藩返还了统治权。各藩财政陷于困境后，只得求助于东京政府（松尾，2001）。

三　地域间的竞争与“公议”“集权”“去身份”

不到半年，除虾夷地以外，戊辰内乱归于平息，武力反抗的主体已经消失，政府的课题转为使权力集中于东京。战争动员结
束后，如何维系各藩与新政府之间的联系，即如何摘除发生新战 330

争的萌芽，加快向东京集权的步伐，已经成为紧要课题。解决办法就是在天皇之下实行全国规模的“公论”，即召集人员在东京举行会议。戊辰内乱并未剿灭一个大名，与近世一样仍存在二百余个小国家。与同时代的德国不同，日本此时还没有出现如普鲁士那样以工业化为背景一味追求霸权的藩，解散兵员后也不可能实行军事化的强制统治。因此，推进集权的方法只有依靠在诸藩之间展开公论（以下有关政府方面的动向问题参照了松尾前引书；奥田，2016）。

通过“公议”完成统合

新政府在会津开城前夜，天皇把江户改称东京并到达东京后，立即命令各藩推举“公议人”以取代“贡士”。向“公议人”首先询问的是如何处置奥羽越各藩，把最紧要的课题交给各藩的公论评议（见奥田前引书）。当年年底设置了“公议所”，天皇命令公议人来年春季再开会议事。之后，在太政官机构内又设置了“议事体裁取调御用”（总裁为山内容堂，挂秋月种树、森有礼、神田孝平等人），进一步准备议事组织与议题。

明治二年二月二十五日，政府以诏书公告设置公议所，三月
331 七日，召集了公议人二百二十七人开局议事。这时，“自诸侯至上士处置规则案”被下发至公议所以接受咨询，十二日以后每隔五日召开一次会议，经修改通过后上奏朝廷（《公议所日志》，《明治文化全集》四）。其间，官员、公议人再加上民间人士以投书信形式提交的议案依次列入议事程序，至六月公议所闭会时，至少提出了六十六件议案（《官版议案禄》），其中最重要的是萨摩、长州、土佐与肥前四藩主提出的有关版籍奉还问题的议案。

森有礼向公议人提出了“有关国体之形式的问题四条”，具体内容如下。第一，现在的国体为封建与郡县参半，将来如何处理？第二，是归于封建，抑或是归于郡县？第三，若采用封建制，如何使之符合人情时势？第四，若采用郡县制，又当如何？（《公议所日志》）之前新政府领导中就有一些人趋向于采用郡县制，至此终于向具有极深利害关系的各藩代表公开了这一打算。

王政复古前后就出现了将大名联邦改变为中央集权国家的构想（青山，2012），最早出现于庆应三年（1867年）十一月二日萨摩的洋学者寺岛宗则写给主君的上书。鸟羽伏见战争结束之后，长州的伊藤博文曾向英国公使官员阿涅斯特·萨托谈到打算与木户孝允一道奏请奉还版图。木户从长州进京接受参与的任命之后，于二月三日写给三条、岩仓的上书中主张应奉还土地与人民。他还在返回领国时，向毛利敬亲介绍了这一构想，得到了敬亲的认同。不过，由于藩内存在着强烈的反对意见，之后他就一直闭口不谈此事。伊藤于明治二年正月上书“国是纲要”，主 332
张实现中央集权与废除官职世袭制，但同样遭到批评攻击，只得后退妥协。森有礼则把这些在水面下展开的博弈公开于制度空间中。

森于五月四日得到四十藩与昌平校的赞同，提出了题为“国制改正之议”的议案，议案的第一条主张是“皇国一元，要将私有土地收公，政令出于一处”。与此同时，同一日有六十一藩提出了“郡县议”，四十六藩提出了“封建议”，二十一藩提出了“国体封建议”，三十六藩提出了“国体论节略”，六藩提出了“国体议”，七藩提出了“奉对国体问题四条”等议案（《公议所日志》）。包含“郡县议”在内，这些都是旨在维持联邦体制，同时又不断提高统合程度的议案。政府在会津开城之后即公布了“藩治职制”，命令在府、藩、县引入同一制度（执政、参政、公议人等），登用人才。维持现有体制，但“寓郡县于封建之中”，即维持藩体制，同时更有力地体现太政官的意向，这是大多数人的意见。

这一时期，政府也曾多次召集诸侯前来东京。五月二十二日，命令在东京的诸侯等上朝，咨询县知事的任选与虾夷地的开拓等问题（法令全书二，第 184 页），之后又于六月二日，对戊辰内乱中有功者赐予“赏典禄”，十七日，听取了关于在时势与公议的名义下奉还版籍的建白。此时，允许诸侯作为“知藩事”与过去一样以朝臣资格对藩实施统治。公议所本来有使知藩事成为世袭官职的议案，太政官面对木户孝允的强烈反对，最后改为
333 非世袭。同时代，以普鲁士为盟主创建了北德意志联邦。普法战争之后，德意志帝国扩大了版图，但领邦君主的地位仍得以维持（富尔布・洛克，2005）。明治初年的日本在知藩事非世袭这一点上，在版籍奉还时，已经向更高程度的集权迈进了。

同一天，废除“公卿、诸侯之称呼”，改设“华族”这一共通身份；二十五日对知藩事发出命令，要求实施“诸务变革”，调查藩治的实际情况，规定知藩事的俸禄为藩收成的十分之一，家臣均被称为“士族”，同时实施俸禄改革（法令全书二，第 238 页），目的是在维持联邦制框架的条件下，在各藩各自水平上实施去身份化与平均化。基于“诸务变革”的地方制度改革，至翌年九月，以“藩制”这一形式结出成果。这个时期，实施郡县制的条件已经成熟了。

有力大名的霸权战争——处理藩的军事力量

此外，在刚成立的府、藩、县三治体制下，一部分藩准备
与萨摩、长州争夺主导权。追求军事霸权的机会暂时丧失，但 334
是，如果再发生战乱呢？在鸟羽伏见落后于萨摩、长州的大名，例如土佐，试图从萨摩、长州手中夺回新政府的主导权，采取挑拨萨摩与长州的关系、利用东北大名的不满以及与朝鲜的纠纷等问题的手段，捕捉举兵的机会（佐佐木四，第12、365、400、434页；宇田前引书，第443页；谷干城一，第209页；川田，1939，第177页）。不仅土佐，和歌山等藩也在等待再次爆发战争的机会，为此不断强化军事力量。

然而，东北各藩已经不再具备东山再起的力量，就连主张摧毁新政府的势力也未有发展。对大村益次郎、横井小楠等政府要人接连不断的暗杀，导致政府强化对敌对势力的监视。经调查而浮出水面的云井龙雄等公家、牢人，在事前就被拘束和处罚（宫地，1999）。问题是在戊辰内乱中建立军功的军队的待遇问题。恰恰是萨摩、长州、土佐的部队，凯旋之后在领国内形成了强大的势力。他们不仅在各藩内造成严重的倾轧，也成了新政府最大的威胁。

面对这一难题，政府于明治二年十月，命令萨摩、长州、土佐三藩率兵前来东京，又命令毛利敬亲、岛津久光以及西乡隆盛等人进京商量对策。政府安排萨摩派出步兵两个大队、炮兵一个大队，长州派出步兵一个大队，土佐派出步兵一个大队、骑兵一个小队以及炮兵半个大队（川田，1939，第184页），并于翌年正月完成了这一部署，但未能将萨摩、长州的首脑抽调至东京。本来是命令木户孝允与大久保利通返回各自藩，陪伴毛利敬亲、

335 岛津久光以及西乡隆盛一道进京（大久保传中，第727页以下；佐佐木四，第216、300页）的，但大久保未能说服久光与西乡，而木户则将面对藩内的脱队骚动。

长州于戊辰战争之后解散了兵员，翌年打算重新组建部队。明治三年一月下旬，因长州战争以来构成主力的奇兵队与振武队的改编问题，士兵们积怨甚深，最终演变成叛乱。恰逢此时返回长州的木户率领其他队伍最终镇压了叛乱（木户传下）。此时受到东京政府录用的同藩人士风光无限，而留在领国的人们则难免心怀怨恨，特别是在戊辰战争中建立了功勋、战后却未得到升迁的军事骨干更是如此，他们大多被镇压或者投降了，但也有一些人逃往其他藩，由此播下了士族叛乱的种子。不过，长州以这一事件为契机很快完成了整顿军队的任务，于是，木户等人的注意力转移至其他藩，尤其是萨摩，将在多大程度上支持向东京政府集权这一问题上。

此时，土佐也在迅速加强军事力量。王政复古的中心人物后藤象二郎以及被任命为司法官的佐佐木高行在东京政府中十分活跃。而在领国，板垣退助、片冈健吉以及谷干城等戊辰战争的功臣果断实施了大胆的削俸以及随后的军制改革（宇田前引书，第419页以下）。板垣是幕末举兵论的急先锋，在王政复古前后并无太多表现，鸟羽伏见之战爆发时，他作为土佐的军事指挥官如鱼得水般活跃一时，凯旋后被提拔为家老，版籍奉还后作为大参事参与了藩政。此时，防止天下再乱是他关注的焦点（佐佐木四，第400页）。明治二年九月，他在四国琴平召开了四国十三个藩
336 参加的会议，并使会议常设化。土佐派兵前往中央时，他时刻提防着周边藩袭击土佐（宇田前引书，第445页；佐佐木四，第

169—170页；谷干城一，第209页；川田，1939，第177—181页)。《政体》中规定禁止诸藩之间结盟，所以他特意说明十三藩会议并非结盟，不过仍于明治三年八月末被命令解散（佐佐木四，第413—414页)。

明治三年五月，政府将“藩制”方案下发至公议所的后身集议所向议员咨询。方案中有一条规定，以各藩的总收成的一成作为藩知事的收入，剩余的九成政务费中的百分之十八充当海陆军军费，其中一半作为海军军费上缴政府（青山，2012，第211页)。对此，萨摩、长州、土佐的议员均表示反对，鹿儿岛的大参事伊地知正治抵制会议。土佐的谷干城与片冈健吉辩解道，对戊辰战争中有功的藩应给予特别待遇（佐佐木四，第389页)。版籍奉还后，土佐计划招募兵员，于常备的四个大队之上再增加四个大队的乡兵，以此组建法国式的三兵种部队（宇田前引书，第441页)。此外，东京的容堂等人滥用经费的情况严重，造成领国财政极度困难。为此，谷干城停止招兵，准备实施更加激进的财政紧缩政策。然而容堂对此大怒，派遣后藤与板垣返回领国，实施与之对抗的改革。于十一月七日发布宣言说“废止士族文武之常职，归于同一人民中的族类”，决定终止士族的世袭俸禄，代之以发给禄券（国债)(佐佐木四，第474页)。家禄处分是去身份化的终点，而土佐的这一举动是推动家禄处分的先驱性措施。不过，此时虽说举出了“人民平均之理”为依据，但这并非经过深思熟虑的改革，而是在来自东京的集权压力之下，仍 337
设法维持藩的军事力量而采用的苦肉计。中央政府命令各藩简化“士族”内部的等级，对此板垣的抵制一直持续至实施之前，然后突然转变立场表示要“解除士族自身的常职”(宇田前引书，第

452—453 页）。他之后也热心投身以藩为单位的政治运动，翌年明治四年废藩之前，他还对长州提倡的设置议会一事表示赞同，并主张应把选拔议会公议人的基础置于藩层次上（佐佐木五，第 118 页）。然而，废藩置县摧毁了这一各藩之间对抗的基础，地方各藩组织之间的竞争转变成为东京政府内的地位竞争，转变成为政府内部的“藩阀”以及党派之间的争斗。藩军事力量的解体降低了发生战乱的可能性，但之后各藩之间围绕权力的斗争仍在持续。不过，一个明显的例外一直遗留至废藩之后，这就是萨摩。

西乡隆盛的处境与凯旋后留在土佐的板垣十分相似。他不仅返回了萨摩藩，还以接受温泉治疗为由隐居乡间（家近，2011）。政府方面希望他前来东京任职，明治二年春季，大久保返回鹿儿岛对他进行说服，但他从乡下返回鹿儿岛后，仍执意参与藩政。此时藩内得胜归来的士兵势力扩大，与两年前反对举兵讨幕、此时已经与国父久光互通气息的保守势力之间发生了激烈冲突，西乡则竭力居中调停。翌年明治三年春，大久保再次返乡劝说久光与西乡进京，但仍未成功。此时，久光当着大久保的面严厉批评新政府设置知藩事与改革身份制等各项措施，使大久保非常震惊，久光批评的矛头似乎直指身在鹿儿岛的西乡（大久保日记
338 二，第 89 页；家近，2011；西乡三，第 50、75 页）。板垣有一个享受新时代氛围的主君，但西乡的处境却恰恰相反。西乡并未试图依靠藩的军事力量牵制中央政治，或者制造事端。在这一情势下，当岩仓具视于明治四年春作为敕使与大久保一道来访时，西乡应允了进京一事，久光也未制止西乡。

西乡的进京可以说是所谓三藩献兵的一环。为了守卫朝廷，政府于上一年命令萨摩、长州、土佐派出常备兵前来东京。“藩

制”公布后，军事集权进一步得到推进。闰十月二十日，政府命令各藩向大阪的兵学校派出学生，目的是把各藩挑选出来的优秀人才培养成为政府直属军队的将校（佐佐木四，第 467 页）。之后为了“全国招兵”，又于十一月十三日命令府、藩、县按照每一万石五人的比例选拔兵员送往大阪（前引书，第 478 页）。在实施这一系列政策的同时，政府又命令各藩献出兵员，具体任务是萨摩步兵四个大队、炮兵四队；长州步兵三个大队；土佐步兵一个大队，骑兵、工兵与炮兵各两队（川田，1939，第 188 页）。这些部队被称为御亲兵，与其说是守卫东京，或许解释为把军事力量从藩组织中剥离出来更为合适一些。如果直接解除藩的军事力量，会面临很大阻力，但以选拔至东京担任亲兵的名义来处理，就减少了抵抗。这一举措最初是仅以萨摩与长州为对象进行的，后来根据岩仓的判断，土佐也被纳入其中（佐佐木四，第 482 页）。西乡之所以接受政府这一安排，是有其原因的。亲兵如果成为中央政府的常设军事力量，尤其可以减少被长州批评的萨摩“尾大不掉之弊”（西乡三，第 81 页）。他所追求的理想是实现王政复古，确立天皇政府权力，因此通过三藩献兵加强中央政府 339
的分量，减轻萨摩方面的比重，对他而言是一个理想结果。与其他藩相比较，萨摩藩过于强大的军事力量将增加财政压力，献兵则减轻了这一负担。献兵的同时，萨摩人还被大量雇用充当东京的警察力量，这也具有同样效果。另外，这一措施或许还将缓和领国内部凯旋派与保守派之间的对立。西乡如果到了东京，就能避开久光的当面批评指责。

总之，三藩献兵是中央政府为了增加政府稳定性的一个巧妙措施。然而，三藩的庞大兵力集中于东京后，如何调整这些兵力之间的关系？如果这些兵力与各藩之间的政治势力联动，就有在天皇的眼皮底下爆发军事冲突的可能性。当时政府内部集中于讨论官职改革与人事问题（佐佐木五），而对结集于东京的军人而言，调解三军之间的关系是更为紧要的课题。众所周知，在七月突然执行的废藩置县中，长州的军事指挥官掌握了主导权，原先的提倡者木户孝允等人奔走于政府要人之间，最后得到了西乡的承诺，事情才得以解决。对亲兵的将校而言，这是一个难以回避的课题，考虑到这一点，便可理解此事的原委了。

明治四年（1871 年）七月十四日，政府向被召集于东京皇宫的藩知事宣布了废藩的诏书。对此，木户在日记中发出了下面一段著名的感慨。

> 余尝定郡县之策，向三条公、岩仓公建言，其中有绝不
> 340 可行之言，故仅与少数同志相谋。闻者或默而不语，或以为难以为期。于是余设一谋略，曰今日诸侯之封土，皆呈现由朝敌德川授予之姿，而不见天子之玺章，此愈明为大不正，以此如何立名分于天下？故余作版籍奉还之说，余先说服萨，再及土、肥，终奉奏于朝廷。然虽至此，种种议论仍满于天下，世间亦不乏欲杀余之说，虽为同藩同志，或酿危疑或闻诽谤，无一日无之。然机运已至今日，先年敌视余者，反助余之力，不觉间已至达成宿志之期。人世之事实为不可预期也。

他于鸟羽伏见之战后进入京都之时，曾向三条以及岩仓秘密提出实施郡县制的建议，奥羽越内乱结束后，于十二月再度提出

建议，其中写道：如果一年前在全国实施废藩，则无与会津开战之必要（木户日记一，第 159—161 页）。不知当时会津人能否理解这一点？其他藩的大多数人也同样。土佐的佐佐木高行在日记中冷语嘲讽木户为不平不满者。在缺乏远大的理想、只关注日常事务之人眼中，或许是这样。然而，就连新政府的高官也不能与他共同拥有维新的理想，木户对这一状况感到十分焦虑，他始终感叹同藩人对他的构想缺乏理解。实现版籍奉还是始终依靠公议才勉强取得的成果，不过，对照木户的理想，这个成果并非令他十分满意，自己不得已而容忍了奉还，虽不能说是完全败给了现实，但也是从自己思考的战略后退的结果。木户如此一番回顾之后，方得勉强释怀。

341 第十三章 明治：急进改革与武力叛乱

概观：集权、去身份化与期待内乱

经过了幕末十年政治斗争，日本政界设定的公议、集权、去身份化的三个课题当中，废藩是实现集权的重要关口。要实现集权，就必须要扩大东京的行政中枢，并把废藩后获得的税收与军事力量以及人才集中于此，这一努力自决定废藩起就已经开始了。另外，废藩使原先仅限于政府内部的去身份化运动迅速扩大至整个社会。宣布废藩的次月，政府发布废除受歧视身份的法令，接着又宣布废除各种身份限制。藩的解体也促进了去身份化，由此，三分之二的士族失业，被迫过上坐吃山空的生活。但
342 这一过程也给中央政府带来了巨大负担，中央政府不仅接收了各藩的租税，同时由于继承了各藩的负债，还不得不取消士族的俸禄。构成近世身份制核心的武士身份就这样解体了。出生、成长于日本列岛的人们，除了极少一部分皇族与华族以外，都变成了在天皇之下获得平等权利与义务的“臣民”，即“国民”。

在这一系列集权化与去身份化的过程中，公议发挥了重要的作用。不过，在明治头十年里，戊辰内乱的硝烟未散尽，尤其是在萨摩、长州、土佐等戊辰战争的胜利者的领国中，仍有一部分士族在期待内乱重来，他们做着使用言论与武力打倒东京政府、自己取而代之的美梦。政府在废藩之前已经命令三藩献出兵力，

以预防士族的叛乱。之后受征韩论政变的影响，萨摩与土佐的大部分兵力返回了领国，于是发自地方的反叛再度成为令人担忧之事。明治九年（1876 年），政府禁止士族带刀，接着又决定对士族俸禄做最终处理，于是西日本的一部分士族举兵反叛，尤其是鹿儿岛士族发动的叛乱，造成的牺牲者人数可以与戊辰内乱相匹敌。东京政府最终平定了这一场叛乱，这一结果大大提高了成立于戊辰内乱中的中央政府的生存几率，同时也促使在野的野心家们改变了追求政权的方法，即放弃武力，转而采取了专注于使用言论与政府对抗，以设立议会为突破口介入权力，参与政权运营的战略。在西南内乱之后，明治十年代的日本，“公议”的制度化成为斗争焦点，由何人创造怎样的国民参与政治的框架，以及由谁、如何进行政治动员成为课题。至此，始于安政五年政变的政治动乱终于画上了句号，人们着眼于未来，围绕政府与民间应该建设怎样的政治社会这一问题展开竞争的时代到来了。 343

太政官的官制

在概观废藩后的政治之前，先看一看在这一阶段制定的太政官官职制度。图 13-1 中是官职制度基本稳定后的情况。政府继承了《政体》，被称为太政官，太政官以由大臣（太政大臣、左右大臣）与参议组成的正院为核心，加上由官选议员组成的左院以及由各省代表组成的右院，共由三院构成（法令全书四，第 296 页以下、第 317 页）。正院为辅佐天皇决定所有政务的机关，由三条实美担任太政大臣，左大臣基本空缺，右大臣由岩仓具视担任。太政官的决定由他们以及若干名参议的合议作出。右院只是由长官、次官（卿、大辅）组成的联络机构，后被废除。行政事 344

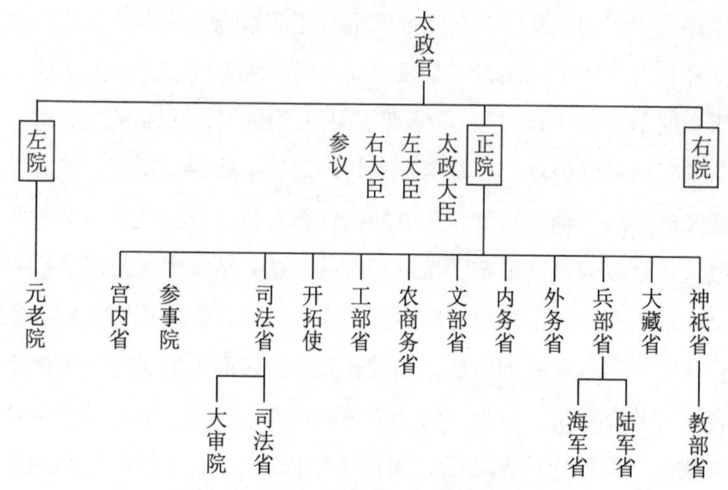

图 13-1 太政官官职制度（废藩置县后）

务由神祇、外务、大藏、兵部、文部、工部、司法以及宫内这八省分别掌管，其中神祇省是将曾一度与太政官并列的部门归入太政官之后形成的，明治五年（1872 年）改称教部省，于明治十年（1877 年）废除。兵部省于明治五年分割成陆军省与海军省。也有后来增设的省，例如明治六年（1873 年）增设了内务省，明治十四年（1881 年）又增设了农商务省。

左院是议事机关，正院不受其决议束缚，只是作为参考。不过，左院受理民间提交的上书，将其中有价值者转送至正院，另外还被授予了将上书提案公布于报刊的权限，这就发挥了吸收与促进民间"公议""公论"的作用。明治七年（1874 年），左院受理了"设立民选议院建白"之后，转载于专属报纸《日新真事志》上（牧原，1990）。官制还经历过多次修改或者废除，大体框架一直维持至明治十八年（1885 年）引入内阁制度，前后延续了约十四年。

一　去身份化——身份解放政策

废藩之后，政府发布了一连串废除世袭身份的措施。首先，明治四年（1871 年）八月九日公布了对剪去发髻与免去佩刀的许 345
可，这是促使人们除去当时最易识别的身份标志的措施。至近世为止，基本可以依靠发型辨别日本人的身份。占据人口多数的武家、町人以及农民结成发髻，四民以外的阶层不结发，僧侣、医者则剃去头发，或者留全发，从远处看，大致可以辨别出身份来。佩刀也是重要的身份标志，庶民也有带短刀的，但只有武士才有资格佩长短两把刀。这一公告发布以后，还有人继续结发，是否佩刀也由个人决定。一律禁止带刀则是明治九年开始的。不过，实施剪发和免去带刀的措施以后，身份标志变得模糊，已经难以辨别身份了。

接着在八月十七日，政府禁止士族要求庶民对其敬礼与斩杀平民。二十三日从平民至华族的婚姻均自由化。二十八日，废除秽多、非人的称呼，其身份、职业与平民同样。年末十二月十八日公布了对华族、士族从事农工商业的许可。这些措施相互结合，体现了政府以废藩为契机，积极推行将去身份化的方针运用于社会整体的激进政策。

制定这一连串的去身份化政策并付诸实施的是大藏省，其核心人物是涩泽荣一（丹羽，1995；涩泽荣一详细年谱；今西，2004）。涩泽荣一出身于北关东血洗岛（现在的埼玉县深谷市）的豪农商家，幕末参加了尊攘运动，后来在一桥家任官。幕府瓦解之际，作为德川庆喜胞弟清水昭武的随员前往法国，回国后移居静冈，致力于建设藩的财政。明治二年（1869 年）年末，受东 346

京政府召集，出任民部省租税正一职。民部省是掌管地方统治的官厅，他与兼任民部大辅和大藏大辅的上司大隈重信（佐贺出身）以及下属杉浦让（幕府出身）一起工作。上任不久就设立了“改正挂”，为建立户籍、邮递，以及其他联系政府与民间、覆盖整个日本的社会基础设施系统努力工作。废藩之后民部省被撤销，涩泽便作为大藏大丞与上司井上馨（长州出身）一道投入废藩之后的紧张工作。八月，他制定了大藏省官职制度与事务章程方案，同时作为改正挂长公布了由他制定的秽多、非人解放令等法令。

这一去身份化的政策看似唐突，涩泽也没有留下相关文件材料。不过，他在自传《雨夜谭》中记录下了参加尊攘运动的动机。他被领主的代官要求献金时，受到了难以忍受的羞辱，因此痛感“农民实在是太受屈辱了”，对世袭身份制的仇恨深入骨髓，这也是他制定解放被歧视身份法案的背景之一。对此，新上任的大藏卿大久保利通早已对大藏省的激进集权政策感到担忧，并想尽办法予以牵制。废藩后，大久保担任了大藏卿，便安排保守人士担任大藏省的要职。然而，涩泽的工作别人无法替代，而且此后大久保作为岩仓使节团的副使出游海外。于是，涩泽之后仍与井上馨、参议大限重信一道，在大藏省的重要岗位上继续发挥作用。

把秽多、非人纳入平民身份，使这一集团丧失了赖以为生的职业。近世期间，秽多从事处理尸体的工作，非人为乞丐的重要成分。废除对这些人群的身份歧视的措施得到实施，意味着一般
347 平民也可以进入这些行业，这就使这些群体陷入经济困境。同样的措施也适用于盲人，明治四年十一月三日废除了当道的“官职”。从长期观点来看，明治初期的解放和自由化政策具有重大

意义，但短期来看，当事者仿佛突然遭到了大浪袭击。法制上虽然实现了平等化，但众所周知，社会偏见仍长期存在。

在去身份化的根底，是贯穿于王政复古之中的实现“王土王民”这一理想。这一方针的目的是在原本被身份与地域束缚的日本实施统一公平的制度，为生活在这一片土地上的人们提供充分实现自己人生价值的条件。民部、大藏省为了实现公平负担租税的理想，计划对过去未被课税的人口与土地实施课税（丹羽，1995）。近世期间，对统治者身份的公家、武家的城堡和领地是不课税的，寺院神社领地也属于非课税对象。被统治者身份中，对城市里的商业手工业者以及被歧视群体也是不课税的。大藏省认为，国家的费用应当由全体国民来负担，仅仅依靠农民租税的现行制度是不公平的，于是于明治四年下半年设计了多种全面课税的制度。实施解放秽多、非人身份的措施，一方面也是为建立统一的税赋制度创造了前提条件。

二　培育“国民”的措施——教育与征兵 348

学校教育的普及与奖励

去身份化政策不仅缓和了对身份的束缚，还实施了普及全体国民教育以及动员国民参加国民军等积极的平等化政策。废藩后新设置的文部省于明治五年（1872年）八月制定了“学制”，在全国设置了大中小三个层次的学区，计划开设大学八所，中学二百五十六所，小学五万三千七百六十所。这一以法国为样板的大规模制度构想并未完全实现，但小学的普及获得了成功。文部省在《奖励学事书》中，如福泽谕吉在《劝学篇》中所提倡的那样，期待全体国民“农工商以及妇女子”均致力于学习，成为自立的人，并宣言将实现“村无不学之户，家无不学之人”，鼓励家长们至少要让孩子进入小学学习。各个学区负责设立小学并自行运营，国家给予支持与奖励。六年后，半数的学区开设了小学，之后入学率也稳步提升（中村，1992）。教育的内容是在近世的民间私塾寺小屋的“读写算”基础上，再加上从西洋翻译过来的地理等知识。平民教育的累积效果巨大，成为后来经济文化发展的重要基础。

349 与此同时，政府直接投入资金的是高等教育机关，目的是培养掌握西洋科学技术的人才（东京大学，1984）。早期是继承了原幕府的昌平校（汉学）与开成所（洋学）、医学所（洋学），再加上国学教育组建的“大学校”，因汉学者与国学者争夺主导权而闹得不可收拾，最后排除了双方，只保留洋学校再加以扩充。不过，文部省设立的东京大学也只是其计划中的一部分。至明治十九年（1886年）为止，接受过高等教育的学生的半数出自中央各省（部）独自设立的学校，例如工部省的工部大学校、司法省的法学校、开拓使的札幌农学校、农商务省的东京农林学校、海军的兵学校、陆军的士官学校等。当时的日本政府急于学习、引入西洋的实用性科学、社会技术，所以倾注全力建设与西洋注重人文教育的大学不同的高等教育机关。这些学校中，一些学校设有官费生制度，早期入学的学生大半是士族子弟，因此这一制度也含有向废藩与家禄处分后处于解体状态中的士族伸出救援之手的目的。学生入学与升级时要经过严格考试，通过了这些考试，并且身体健康者可以通过努力学习，作为有用人才进入社会，毕业生中的一部分还会以官费形式被派往欧美留学，他们归国后取代了原先雇佣的外国人教员。

不过，作为小学与大学衔接环节的中学直到后来也不甚完备。地方社会试图把藩校改造后充当中学，但不易聘得通晓洋学的教员，有意接受高等教育的学生们直接前往东京、大阪游学，进入教授“英数汉”（英语、数学、汉文）的私塾学习，福泽谕吉 350
的庆应义塾与中村正直的同人社就是其中的翘楚。这些私塾通过阅读“原书”即西洋原版书让学生接受高水平教育，为明治日本培养出大量知识精英。

从国民中征兵

此外，政府还引入了征兵制。这一政策的含义是，政府既然保护了国民，就要求国民也要相应地承担国防的义务。明治五年十一月，陆军大辅山县有朋在公布征兵令之前，发布了“征兵告谕”，其中写道，“我朝上古之制，无不取兵于海内，列藩奉还版图，及辛未之岁（明治四年），恢复远古郡县之制，坐食世袭之士减其俸禄，许脱刀剑，使四民渐得自由之权。是为上下平均，人权齐一之道，为兵农合一之基”，把征兵定位为去身份化的一环。这里虽然也要求平民配合，但更多的是强调“解除武士之常职”。告谕中写道，“佩带双刀，称为武士，抗颜坐食，至于甚者则杀人，官似不问其罪”，严厉批判了士族整体。

当时的政府在军事力量方面主要依靠萨摩、长州、土佐三藩的“近卫兵”（明治五年三月改组为亲兵），但他们更容易受到出身藩意向的左右。全国设置的四处镇台（明治六年增加至六处）的主力部队也是由各藩出身的士族组合而成的，上司为防备士兵

逃亡或者反抗而煞费苦心（谷干城一，第239页）。对政府而言，
351 即使战场经验不足，但仍以自己训练的兵员最可信赖，因此多把他们布置于各镇台，委以维持治安的任务。萨摩出身的熊本镇台司令长官桐野利秋调任别处时，面对后任谷干城，怒骂山县的征兵政策道："召集此类愚钝百姓训为人偶，又有何益处？"（见谷干城前引书）面对当时频繁发生的大规模请愿暴动事件，府县每次都征集当地士族前往镇压，因此桐野利秋所言是基于实情之词。不过，对政府来说，没有比军队不服从指挥更可怕的事了。桐野后来成为西南内乱的主谋之一并率部进攻熊本，面对其指挥部队的猛烈攻击，由征兵组成的驻守熊本镇台的部队出色地完成了防守任务。

三　地域间统合政策——调查土地与人民、交通与通讯基础建设

除了教育与征兵，废藩后的政府还接二连三地兴办许多事业，其中与集权化关系最为密切的，是之前已经开始准备的对人口与国土实际情况的把握、交通通讯的基础设施的建设等（丹羽，1995；中村，1992）。如果没有这些条件，就不可能实施伴随废藩的租税集中与士族家禄处分等。

352 **对人口与国土情况的把握**

首先是对人口情况的把握。政府在废藩之前的明治四年四月公布了户籍法，这是以近世的宗门人别账（宗教类别人口台账）

为基础作成的，台账记录了每个村、町里每个家庭成员的姓名与年龄等现状，不过此时尚缺乏对人口移动情况的把握，也没有考虑到秽多与非人的身份解放。翌年实施了第一回调查之后，这些遗漏得到修正。另外，废藩之后，家禄处分开始成为主要课题。为了做好实施准备，政府在废藩十日之后命令对旧藩的士族、士兵的家禄与人员情况进行调查，于明治六年三月确定调查结果（落合，2015）。

其次是对国土情况的把握。政府要对全国实施统治，就要有标示出日本全国国土信息的地图。明治三年六月，政府把原幕府制作的领国绘图分发给各府、藩、县，经修正作成新版地图，之后的计划是使用三角测量作成精确地图。为此，废藩之后的明治四年八月，工部省设立了工部寮测量司，培养测量技术人员，明治九年着手对本土与岛屿的测量。

建设交通通讯基础设施

同时，东京政府也在积极着手建设交通通讯等基础设施（中
村，1992），这是大藏省规划的经济发展所不可缺少的基础条件。 353
在政治方面，要把中央命令传达至地方，或者应对地方的反叛等，都必须具备这些条件。近世时期，主干道道路狭窄，车辆难以通行，大河上也未架设桥梁，无法输送人员与信息，物流仅依靠海路与内河水路。幕末与戊辰内乱时，各个交通要道上的交通量急剧增加，使用驿站与征用人夫等造成了沿途乡村的疲惫。而且，交通工具也发生了变化，幕府引入的蒸汽船已经开始运行于太平洋与濑户内海上。为了应对这些变化，新政府于明治五年废除了驿站制度，减轻了民间负担，在原有的近世民间递信业基础

上组织了陆上运输公司，重建成纯商业性质的运输公司。同时政府还设立了定额先付制的邮政制度，不久之后，就把邮政业务委托给了陆运公司。当时道路与桥梁的整备情况参差不齐，东京至大阪的邮政业务依靠铁路、马车、船只与人力等多种手段衔接完成。至明治六年，政府禁止民间公司从事邮政业务，转为由国家独自经营。这一措施的目的是确保政府内部的通讯手段，同时还可以检查民间的书信。

废藩后的东京政府开始与府县之间发生大量的通讯联络。政府要不时发布新制度，地方政府也要就一些问题向东京请示。邮政制度准备了通讯基础设施，但仍然不够。要把政府制定的法令传递至地方，首先需要把法令制作成所需数量的印刷品。但当时政府方面除了造币局，没有性能优越的印刷机。于是政府就指定专属新闻机构，在报纸上刊登法令或者人事信息，然后政府再采购报纸分发至地方（岗田，2013）。

354 把政府的公文传达业务委托给民间的这一做法，对普及报纸杂志以及挖掘人才方面产生了巨大影响。作为对投稿人投稿的鼓励，政府免除了地方向中央报社投稿者的邮费，这一措施使得投稿者急剧增加，报纸成了地方与中央之间双向交流公论的媒介。报纸还进一步从投稿者中物色优秀人才，录用为报社记者，其中不少人借此机会进入了政界或者产业界。在中学制度尚不完善的时代，报纸成为吸收地方人才并将他们输送至中央的渠道（三谷，2005）。废藩后政府开展的运输通讯基础设施建设，使政府与民间双方以及地方与首都之间的信息与人员交流更为紧密。

在这一过程中，政府利用了西洋最先进的交通与通讯技术，首先利用的是西洋海运公司的蒸汽船。幕末的 1867 年，太平洋邮轮开通了联系日本的定期航线，1870 年又开通了联系横滨、神户、长崎以及上海的航线，翌年又开通了横滨与箱馆之间的航线（小风，1995）。这意味着向国内主要港口提供了运输量大且迅速的运送手段以及通讯基础设施。政府为了在海运方面摆脱对外国的依赖，在废藩后设立了日本邮政蒸汽船公司，把从各藩收缴上来的船只低价出售给该公司，开设了东京至大阪的定期航班。后来出兵台湾时，这家公司拒绝承担运输任务，于是政府立即从香港购入十三艘汽船，委托岩崎弥太郎（土佐出身）负责运送兵员、物资，三菱汽船公司即起家于此时。

接着，政府建设了联结各开港城市与首都以及其他大城市的电信网络与铁路网。明治二年九月，开通了横滨与东京之间的电信线路，翌年三月着手建设横滨至东京新桥的铁路，后者于明治五年五月开通，明治七年又开通了神户与大阪之间的铁路。民部 355
省改正挂于明治三年三月向上级提出“兴建电信机、蒸汽机”的建议，并说明此建议的目的就是模仿英法将电信与交通网普及至全国，促进各地方的经济发展与各地域之间的文化交流，实现日本整体的富强（丹羽，1995）。对此提议，政府中也有反对意见，认为无必要、不着急等。例如，西乡隆盛断然批评道：“羡慕外国之盛大，不知节省财力，漫然拼争，终使本体疲惫。此次蒸汽机关之大排场，建造铁道之类，一律废止。”（西乡三，第 85 页）后来他参与叛乱时，东京政府立即向九州派出援军，如果没有利用汽船的海运以及明治七年四月开通的长崎、东京之间的电信线路，是不可能完成的。

政府主导的产业培育政策涉及各个方面，以交通通讯为首的官营事业主要由工部省负责，农业以及以此为基础的轻工业的培育，则是由征韩论政变之后设立的内务省管辖的，后者的目的是引入西洋技术并支持民间产业发展，富冈制丝厂的生丝生产技术改良与普及就是一个代表事例。有关这一问题已经有众多专门研究，本书不再赘述（中村，1992；杉山，2012；梅村、山本，1989）。

356 四　财政统合与家禄处分

明治四年七月决定废藩后，政府于十一月制定了县治条例，决定设置县令、副县令，以取代藩知事，分别掌管县事务，并把此时的二百七十余藩改编为七十二县。翌年春，被任命为县令的外府县出身者分别赶往各地赴任。

政府的增收措施与地租改革

废藩后，政府成为名副其实的日本全国的政府，政府已经掌握了全国的租税收入，但同时也意味着承担下了各藩累积的负债（藩债、藩币）。首先是增加岁入问题。废藩后的1873年一月起的一年中的财政收入与之前1869年十月至翌年九月的岁入相比，由二千零九十六万日元增加至八千五百五十一万日元，迅速增长了四倍，废藩前政府的通常收入中一大半来自原幕府领地的租税年贡，其总收成为全国的四分之一，可知废藩后通常收入按比率增长了。其中租税收入占比从百分之四十五增长至百分之七十六，这意味着戊辰内乱时政府为了解决财政危机而发行太政官币以及依赖借贷的状况已经逐步得到改善（森震，2014）。

废藩后，政府为了稳定岁入并获得稳定数据，立即着手实施 357
地租改革（丹羽，1962；中村，1992；佐佐木宽司，2016）。废除了近世的年贡杂税与劳役，在全国承认土地私有并允许正式买卖，在此基础上认定土地所有者并发给土地券，按照土地券上记载的土地价格对其课税。政府向第一次地方官会议下达了地租改革法案，通过决议后于明治六年七月公布。政府定下了全国平均地租不增不减的基本方针，在全国进行土地面积与地价调查、确定工作，这是一项工作量巨大的作业。其间，各地爆发了担心增税的请愿与上诉运动。政府于明治九年完成了对土地与住宅用地的几乎全部调查登记，明治十四年完成了对山林原野的调查登记。中途的明治十年一月，出于对农民骚动与士族叛乱的担忧，政府把地租税率从地价的百分之三下调至百分之二点五，结果，地租的负担比幕末时的年贡降低了，但提高了府县的地方税以及村町的民间费用，整体来看，税负没有发生太大变化。

地租改正之后，政府可以有效地编制预算，收入大致稳定下来，但实际可使用的预算更容易受到物价波动的影响。另外，国民方面也发生了相当大的变化。近世的年贡是以村为单位征收的，各种原因造成的生活困难由村里一同设法解决，但此时由于实施了对一家一户课税的做法，已经无法依靠村民相互扶助渡过难关。

消化藩的借贷与藩币 358

与此同时，东京政府承担了士族的家禄以及各藩于戊辰内乱前后积累的借贷，此外还有大量由各藩发行的藩币。幕末的各藩大多依靠不断借贷来应对财政赤字，戊辰内乱时为了提供兵员物资，更加剧了这一情况。为了推进战争，各藩发行了大量纸币，并向国内外借债。有的大藩在内战结束后不仅未能解散部队，甚至为了对抗萨摩与长州，不得不招聘外国教官并进行大规模扩军，于是造成了进一步借贷，土佐与和歌山藩就是这样的典型例子（谷干城一；中村，1992，第 85 页）。不过，废藩也意味着解散了藩的军队，因此可以说政府以承担各藩的债务等为代价，降低了各藩武力叛乱的可能性。

明治政府于明治四年十二月末发行新纸币，并宣布可以与藩币兑换（中村，1992）。据推算，当时流通的藩币总额在四千七百万日元至九千数百万日元之间，政府应允兑换的是其中约二千三百万日元，不到全部藩币的一半。另外，掌握藩债的实际情况需要花费大量时间，至明治六年，终于决定了处理办法（中村，1992；落合，2015）。总额为七千八百万日元，是相当于政府全年收入的数额，其中外债约为三百七十万日元。屈从于西洋的东京政府全部使用现金偿还了外债。与此同时，国内债务当中约一半被拒绝偿还，加上公债的价格无论新旧均急剧下跌，结
359 果，相当于藩债中约八成被拒绝偿还。戊辰内乱以来向政府发放贷款的主要是大阪的商贾巨富，经此一劫，三十四家债主中生存下来的仅有九家。

家禄处分

政府的负担还不限于此，最大的问题是从各藩手中继承了士族的家禄。例如，1873 年一年间士族的家禄再加上对华族、士族的赏典禄（对戊辰内乱的战功以及王政复古的功业的奖赏）所需的经费占政府总支出的百分之四十三（森震，2014）。废藩等

于解雇了所有士族，能够在县厅重新就业的不过是其中的三分之一。政府承受着返还借贷的压力，也痛感国家建设中新兴事业的必要性，而向这些“被解除常职”的人的支出成为政府苦恼之根源。于是，政府在废藩之后不久，就立即开始认真思考家禄处分的办法（落合，2015）。

主导家禄处分的，是岩仓使节团出发后在大藏省掌握实权的井上馨大藏大辅。他提出把华族、士族的家禄削减三分之二，再折换成家禄券并一次性支给，然后国家回购家禄券，以此方式解决家禄问题。作为大久保的代理兼任大藏卿的参议西乡隆盛同意了这一处理办法，该案于明治五年二月获得太政官的内部决定。不过，如果同时全部售出华族、士族家禄券，必将引起价格暴跌，为了避免这一结果，由政府出资回购以支撑市场，并募集 360
外债作为其资金。负责这一任务的是吉田清成（大藏少辅，萨摩出身，有留学欧美经验），他前往美国和英国募集外债。在美国，驻美公使森有礼把家禄视为私有财产，因而反对家禄处分的做法。其时恰逢岩仓使节团中逗留美国的木户孝允转向慎重论，导致募集外债未获成功。在英国则成功募集到一千零八十三万日元外债。大藏省于明治六年三月确定了需处理的家禄总数额与人员，放宽了处理条件，并做好了准备工作。然而，岩仓使节团外出时，各省竞相要求增加预算以扩大事业，与井上馨发生了冲突，井上陷入困境。参议西乡此时已返回鹿儿岛不在东京，大隈重信也不支持他。五月，井上馨与涩泽荣一一道被迫辞职，家禄处分因此一时陷入停顿。

同年，征韩论政变平息后，政府于十二月制定了家禄税与家禄奉还制，着手处理家禄问题。家禄税以赏典禄之外为对象，全体削减一成余家禄。以筹集陆海军经费的名义，从无常职的士族手中征税，同时以对在职的高等官员也加以课税为由，力图使这一课税正当化。家禄奉还制是大隈大藏卿设计的方案，目的是引导士族参与农工商事业，家禄与赏典禄均为对象，凡申请奉还者，对其发给相当于六年家禄的现金和高利率家禄券，其中现金与家禄券各占一半，同时还可享受以低价购买政府出售的山林原野的优待政策。以外债充当此项计划所需资金。翌年，适用对象从最初的仅限于年家禄一百石未满者扩大至包括一百石以上者。

之后，政府为了提高事务处理效率，于明治八年（1875 年）九月把各地以现金或者大米支给家禄的做法统一为现金支付。翌年明治九年八月，公布了家禄公债证书发行条例，这一制度规定
361 将所有的家禄、赏典禄均置换成金禄公债，与家禄数额成反比例下发相当于五年至十四年家禄的公债，政府于三十年后回购。至此，华族、士族世袭的所有家禄被最终处理完毕。对此，很少有士族公开表示反对（落合前引书）。政府内部，如木户孝允等有力政治家持慎重态度，但大部分士族均平稳地接受了这一结果，他们接受的教育阻止他们对生活发出不满的声音。另外，已经对舆论形成影响力的报纸也围绕士族的存在意义频繁展开讨论。一些意见认为，支撑天下国家的“元气”与公私两方面的“廉耻”是士族固有的性质，应当保持发扬。另一种对立的意见认为，平民百姓也并非不具备这些品格，而“坐享其食”的士族不过是“无用之人”。士族已经被解除常职，因而后者的主张自然处于优势地位（落合前引书）。

不过，对士族自身而言，被剥夺权利后反倒获得了一种解放

感。矶田道史分析了幕末至明治初期加贺藩的下级武士的生计情况，发现他们收入的大部分都用于婚丧嫁娶等交际上，其中用于葬礼的费用占比最大，达到年收入的四分之一（矶田，2003）。家禄处分自然促使士族减少了这些交际中不可缺少的与亲戚以及佛寺的交际费用。削减士族家中佣人与随从数量也有同样效果，这些措施意味着士族得以从近世武士地位的“身份费用”中解放出来。

不过，家禄处分后，士族陷入生计困难也的确是事实。仅仅
依靠金禄公债的利息就得以维持已经紧缩后的生活支出者仅占士 362
族的百分之五，剩余的大多数士族必须寻找新的经济来源（中村，1992）。政府最初打算引导他们从事农工商业，然而，鼓足勇气进入不熟悉的行业之后，不少人最终归于失败。同时，他们还要为后代的教育煞费苦心。相反，在新时代中胸怀志向者则面临着机会。虽说亲族之间的相互扶助已不再如从前，当某一个人寻找到生存发展道路时，整个家族也可以随之实现之前的时代无法想象的社会地位上升。废藩与家禄处分把统治者身份从共同体中解放出来了。平民与被歧视集团也是同样情况，不过，可以说士族最鲜明地体现了去身份化这一社会巨变。

五　留守政府的宫廷政变与征韩论政变

岩仓使节团的冒险

在废藩之后不到半年的明治四年十一月，政府派出一半首脑进行环绕世界一周访问欧美的考察旅行，废藩后政府的激进政策

在这一行动中也反映出来。正使岩仓具视（右大臣）与副使大久保利通（大藏卿）是王政复古的首谋者，副使木户孝允（参议）
363 是长州战争的指挥者，也是率先提倡废藩的政治家。留在国内的政府首脑是太政大臣三条实美与参议西乡隆盛（萨摩）、板垣退助（土佐）、大隈重信（肥前）等人。使节有副使伊藤博文、同为副使的山口尚芳，以及书记官十名（大多为有留洋经验者）、理事官六名、大使随员六名以及包括其他人员在内的约五十人，再就是包括山川舍松、津田梅等五名少女在内的约六十名同行赴西洋的留学生（田中，1977）。这是除十七世纪俄国彼得大帝访问西欧之外最大规模的遣外使节团，使节团的成员对这一点也十分清楚。

这是一次名副其实的冒险旅行。把他们送至加利福尼亚的美洲号轮船于同年夏天在横滨港内因火灾沉没，两年后，僚舰雅班号在香港与横滨之间失踪。不仅要冒海上航行的风险，在政治上也是一场豪赌。留在国内的正院成员中，除了三条与西乡，均为鸟羽伏见之战之后进入政府的新成员，参议中没有长州出身者，因此在出身藩这一点上已经失去平衡了。井上馨担心这一点，于使节团出发前与政府首脑和各省主副官员约定，使节们不在国内期间，“内地的事务待大使归国后方可做大改正，使节们出访期间尽量不做新的改动”（西乡三，第174页；佐佐木五，第235页）。然而，留守政府并未遵守这一约定。

364 **留守政府内部的纠纷**

明治五年初期并未掀起太大波澜。然而，五月开始编制预算时，各省（部）为了开展新事业，均争先要求增加预算（中村，

1992；胜田，2017；涩泽，1984）。山县有朋陆军大辅要求的预算额为一千万日元，大木乔任文部卿要求二百二十五万，江藤新平司法卿要求九十六万，山尾庸三工部大辅要求三百六十万。井上馨大藏大辅为了应对藩债整理，打算储备剩余资金，他保守估计每年财政收入为四千万日元，并以此数额为限，计划分配给陆军省八百万，文部省一百万，司法省四十五万，工部省二百九十万。这一预算分配方案造成了他与各省之间的严重对立。井上不满意正院的调整方案，于当年十月下旬至明治六年一月一直闭门不出。经过大隈的调解，以及文部与工部两省作出妥协后，井上才重新出山。然而，这时以江藤为首的司法部干部提出了辞呈，拒不执行公务（胜田，2017；佐佐木五，第366页）。西乡于十一月起为了应对久光而返回鹿儿岛、不在东京，板垣则对此情势视而不见、不予过问，大隈也是畏首畏尾，重担全部落在三条实美一人身上。三条甚为困惑，不得不于一月使用刚刚开通不久的电信线路电告在欧洲的岩仓，要求大藏卿大久保与参议木户尽早回国。

这一混乱的起因，是留守政府的成员为了在使节团带着欧美视察的成果回归之前，争相做出“文明”“进步”的成果来（大隈，1972；佐佐木五，第379—380页），同为长州出身的山尾与 365
井上之间的对立也是出于同样原因。不过，这也与出身藩之间的权力斗争有密切关联，处于对立中心的是江藤司法卿（肥前）与井上。江藤于明治五年四月就任司法卿后，立即提出了新方针，把原来属于大藏省管辖之下的府知事、县令掌握的裁判权收归司法省，八月制定了司法事务职权制，设计了成体系的制度，并于九月付诸实施（中村，1992）。然而，井上打算削减这一计划所需的预算。当时大藏省正以东京掌握地方统治与整理藩债为主要课题，并利用地方的行政司法一体体制推进这一计划。对大藏省与井上馨个人而言，江藤的政策都是一个重大打击。

与此同时，陆军省也发生了问题（中村，1992）。山县大辅与萨摩出身的川村纯义、西乡从道少辅一道制定了以征兵制为基础的军制改革政策，于明治五年三月首先废除了亲兵，新设置了近卫兵，并逐步替换了原先由萨摩、长州、土佐献兵组成的驻扎于各个镇台的亲兵。西乡隆盛认可了这一方针，但筱原国干与桐野利秋以下的萨摩出身者则对此大为不满，事实上，由板垣统率的土佐出身者也同样。同年七月，发生了鹿儿岛出身的近卫兵排斥其都督山县有朋的骚动。此时恰逢西乡陪同天皇行幸鹿儿岛，于是西乡紧急返回东京。结果西乡就任陆军元帅并接替山县就任都督，骚动才得以平息（家近，2017）。可是山县依然执意推行征兵制，并于翌年一月实现了计划。然而，江藤司法卿则以上一年被揭露的山城屋和助侵吞公款事件为由追究山县的责任，最终
366 山县于明治六年四月被迫辞去陆军大辅职务。

佐贺出身者的人事政变

这样，留守政府中长州出身的主管实务者进一步陷入孤立。与此相反，佐贺出身者则明显抬头。除了参议大隈之外，还有副岛种臣（外务卿）、大木、江藤等人担任了各省的首脑。佐贺在近世期间担任长崎的警备，并于佩里来到日本之前就铸造钢制大炮，是一家与西洋联系比较密切的大名，但与幕末的中央政界几乎没有联系。原因是安政五年政变之后，锅岛直正因与井伊大老往来密切而遭到其他藩排斥，然而也正因为如此，藩内的人才得

以完好保存。戊辰内乱时，佐贺被安排担任北陆道先锋，以强大火力为新政府作出了贡献，因而迅速提高了藩的声誉，并以大隈为首，优秀人才被陆续输送至东京（佐佐木四）。佐贺藩虽然是与王政复古以及鸟羽伏见之战等均无关系的后到者，但其人才受到重用。

佐贺出身者又进一步与土佐联手，开始着手夺取太政官的权力。明治六年四月十九日，司法卿江藤、文部卿大木以及左院议长后藤象二郎被任命为参议。这一人事安排的目的是加强正院，以解决上一年以来的纠纷以及决策失灵的问题，所以各省首脑同时兼任参议（胜田，2017）。正院于五月二日又以“润饰”的名义变更了太政官官职制度，把决定权集中于太政大臣与参议手中，只有太政大臣才有资格上奏天皇，并掌握裁决许可大印的盖章权力，参议则被定位为“内阁”的议事官，被赋予处理所有事 367
务的决定权。从权力的观点来看，肥前与土佐出身的政治家从卿上升至参议后，就等于将各省置于其管辖之下了，尤其是大幅削减了大藏省的权限，这一系列措施违背了与岩仓使节团在出发前作出的约定。由于这一举措，在王政复古与鸟羽伏见之战中作出了贡献的萨摩与长州的参议仅剩下二人。虽没有动用武力，但事实上可以说是佐贺与土佐发动的人事政变。

井上大辅因此陷入了困境，于五月五日与部下涩泽一道提出了辞呈，西乡与山县极力挽留，大隈则未有任何表示。此时井上与涩泽上奏了记录详细财政状况的文件，然而这一文件被泄漏传出民间，引起了一场骚动。于是，内阁任命大隈兼任大藏省事务总裁，至六月九日公布了会计预测表，证明财政尚有余地，试图以此平息舆论（佐佐木五，第 389 页）。此时，舆论对井上的辞职并无同情的声音。此时正值大藏省把扣押的尾去泽铜矿山交予拍卖，井上友人的公司以低价购得，但遭到江藤的追究。涩泽自此之后与政府再无联系，全力投入发展民间事业。

面对这一政变，西乡返回东京后未发一言，明治六年五月二十六日大久保归国，也没有留下与西乡会面交谈的任何记录。大久保归国后没有返回大藏省任职，他拒绝了担任参议的任命，于八月登上富士山，之后出发前往关西旅游。岩仓大使直至归国
368 时为止，对此故意保持泰然态度袖手旁观（大久保文书四，第522页）。此时的西乡则似乎因考虑如何应对率领二百余带刀结发藩士进京的岛津久光而甚为苦恼。据说他辞去参议一职后，本打算与大久保交换角色（家近，2017），而正于此时，征韩问题发生了。

征韩论的论争焦点凸现

七月二十九日，西乡突然开始对朝鲜问题表示关注。他在给板垣的书信中写道：希望派遣自己前往朝鲜，为纠缠已久的朝鲜问题打开局面，朝鲜方面一定会残杀自己，这样就有了武力讨伐朝鲜的名目（家近前引书）。一方面，在此之前，明治政府于戊辰内乱已经接近终结的明治二年一月，希望从对马向釜山派遣使节，以重启国交，但朝鲜方面不予回应。之后，两国关系始终不佳（参照下一章）。另一方面，在明治政府内部，以木户与板垣为首的一些人从国内政治的观点出发，不时发出主张征韩的论调，与幕末的攘夷论一样，他们的目的是把对外战争作为推动国内改革的手段。明治六年之时，一种希望通过战争证明士族存在意义的情绪在受到征兵令威胁的近卫兵当中蔓延，至于战争矛头指向的对象，可以是朝鲜也可以是中国台湾。熊本镇台分营的桐

野利秋（萨摩出身）注意到萨摩人在台湾被杀事件，于是就派遣
鹿儿岛分营的部下前往台湾进行调查，以备出兵之用（谷干城
一，第431页）。副岛外务相也于上一年开始研究鹿儿岛县令大 369
山纲良提出的征台方案。有关朝鲜方面，也出现了同样动向。副岛于上一年前往北京出差时，感到清朝并无介入朝鲜的意向。当时，有情报说釜山倭馆出现了侮辱日本的标语，政府内外的征韩论者一时群情激奋，其中以板垣最为热心，他主张向朝鲜派出军舰，以强迫朝鲜重开国交。

西乡原本并不关注朝鲜问题，但一旦开始注意朝鲜问题，便仿佛着魔一般深陷其中而难以自拔（以下部分参照家近，2017）。他推动三条召开内阁会议，并于八月十七日作出了向朝鲜派遣使节的内部结论，于十九日获得了天皇的裁决。不过，按照岩仓使节团出发时的约定，必须等待岩仓大使回国后方可作出决定。面对这一动向，于七月二十三日回国的木户反复向三条与西乡表示了反对意见，板垣也劝阻西乡说不必如此急于去寻死。实际上，西乡认为派遣使节到达朝鲜后即会被虐杀的想象过于牵强。朝鲜政府在江华岛与法国和美国开战时，虽然冷淡对待外国使节，但也并未杀害他们。然而，西乡坚信自己想象的朝鲜虐杀使者与之后引发的武力征讨的两个步骤，并委托板垣与伊地知正治这两个戊辰会津之战的军事英雄在自己死后负责制订发动征韩战争的军事计划（家近前引书）。

政府的大分裂 370

岩仓大使于九月十三日归国。他认为朝鲜问题并非紧要课题，反倒更加重视在桦太发生的俄国人与日本人之间的冲突事

件，试图推迟征韩的决定。此时，鹿儿岛出身的陆军高官、西乡的胞弟西乡从道与野津镇雄、道贯兄弟均担心军备不足，因而对可能直接引发开战的遣使至朝鲜一事持反对态度，西乡因此陷入了焦虑，便催促副岛召开由三条主持的内阁会议。与此同时，木户通过伊藤博文形成了对征韩持反对意见的阵营，打算说服大久保担任参议，由他出面阻止这一事态发展。对此大久保逡巡良久，但最终下决心与西乡对决，他给在美国留学的儿子留下了遗书后，于十月十二日就任参议。十四日召开了内阁会议，围绕三条与岩仓的延期论与西乡的立即实施计划的意见展开了争论。大久保、大隈以及大木以外的参议（木户因受伤而缺席）始终未表明对西乡意见的态度，会议未得出结论。次日再召开会议，三条本打算作出延期的结论，然而大久保以外的参议们则支持立即实施，尤其是副岛、板垣与大久保之间展开了长时间激烈争论，会议只得交由三条与岩仓作最后决定。他们作出的决定是立即向朝鲜派遣使节，作出这一决定的背景是担心西乡与板垣背后的近卫兵以及东京的巡警组织暴乱。对此，大久保于十七日前往三条府邸提出辞呈，接着木户与岩仓也提出辞职。三条和西乡会面，向他表示了希望重新考虑决定的意向，但遭到西乡的拒绝。次日早上，三条过度苦恼以致陷入昏迷。

于是，王政复古政变的首谋者岩仓与大久保试图利用这一偶
371 发事件挽回局势。天皇按照太政官官职制度指定岩仓为太政大臣代理。于是，西乡、板垣、副岛与江藤等四名参议前往岩仓府邸，要求将十月十五日的决定上奏天皇。岩仓回答说，将同时向天皇提交内阁会议决定与自己的意见。此时大久保已经对内廷展开了活动，他已经与宫内卿德大寺实则取得联系，由德大寺向天

皇转达了延期的意见。结果，岩仓于二十三日将两种意见一起上奏，次日，天皇下达了采纳延期意见的敕命。

西乡未等作出最终决定就提出辞呈，辞去参议与近卫都督的要求获得了批准，但仍保留陆军大将军衔。接着板垣、后藤、江藤与副岛也提交了辞呈，二十五日，四人的辞职均获批准。明治政府成立后的第六年，围绕征韩论的意见对立终于酿成了首次大分裂。

六　西南内乱——维新动乱的终结、暴力与公论的分歧点

革命政府通常处于不稳定状态中且不断分裂，此时政府通常会倾注全力压迫下野的政治家，而下野势力方面也组织反抗，于是就引发了暗杀与内战。在这一点上，征韩论政变也不例外。

萨摩、土佐士兵的归国与佐贺之乱 372

政变之后，萨摩、土佐的近卫兵返回了领国。萨摩的近卫兵与巡警同西乡一道先后返回了鹿儿岛，土佐出身的近卫兵的大部分也都离开了东京（谷干城一，第423页）。废藩前后各藩献出的兵员中，只有长州出身者还留在东京。与此同时，东京政府再次开始意识到萨摩与长州之间军事力量对峙的可能性，很难确保留在东京的士兵的忠诚心。岩仓于翌年明治七年一月遭遇了暗杀未遂事件，于是不得不下决心实施另一个计划选项、即出兵台湾，以缓和近卫兵的不满情绪。

与东京政府的疲软无力相反，下野的参议们则精神饱满，他

们依靠公论或者武力叛乱反抗政府。西乡以外的四名前参议联名起草了有关设立民选议院的建白，并于明治七年一月提交左院（鸟海，1988；胜田，2003），左院把这一建白书登载于《日新真事志》上。政府当中也有与左院对抗的势力。建白书的提出者把自己不久前还置身其中的政府指责为“有司”专制，提出为了矫正其弊害并广布公议于天下，就必须建立民选议院。他们利用诞生不久的报纸这一媒体，广泛宣传幕末以来作为“大义”的公议，以推动公议的制度化。有关民选议院的建白书登载于《日新真事志》上，引起了其他报纸的关注，于是便引发了各大报纸之间围绕民选议院问题的论战。其中否定民选议院的意见为极少数，论战焦点主要集中于开设议院时间的迟早问题上。这一论战
373 又激发了其他论点的公论。在给左院的建白中，有很多有关日本改革的提案。之后，就在报纸这一公开的媒体上不断展开活跃的公论（牧原，1990；三谷，2005）。

不过，在当时的日本，公论与暴力并行。江藤新平在民选议院建白书上署名之后，就立即赶往佐贺，于二月初被当地的“征韩党”“忧国党”等叛乱组织推举为首脑而卷入其中。政府迅速采取措施，授予大久保全权处理权限，紧急派其前往佐贺，以镇台兵为主力迅速击破了叛乱军。江藤逃离佐贺前往鹿儿岛，后来又转往高知。然而，西乡与板垣均未与其呼应。江藤在高知被捕后被送回佐贺，于四月十三日被处刑并枭首（佐贺之乱）。政府之所以用暴力应对暴力，是为了警示萨摩与土佐。

起用岛津久光以及木户与板垣的回归

这样，东京政府度过了分裂之后的首次危机。然而，东京

也发生了大问题。木户为抗议出兵台湾提出了辞呈，与此同时，政府出于把岛津久光与西乡等人分化开来的怀柔目的，于四月二十七日任命久光为左大臣，然而久光却从政府内部立场出发全盘否定明治政府的改革政策。木户此后回到山口县，他安抚前原一诚等同乡旧友，劝阻青年们不要轻举妄动，还讲解士族授产的 374
方法，把脱队骚动的参与者也列入授产对象，努力防止长州再次成为反叛策源地。而起用久光则给政府内部造成了不小的混乱（胜田，2003）。久光任职后，立即于次月上书表示反对采用洋装为礼服、实施地租改正以及征兵制等政策，并要求道：如果大久保不接受这些建议，就请免去自己的职务。他还进一步要求罢免大隈，恢复副岛的职位。对此，三条担心如果逼迫久光辞职，会引起暗杀或者反叛。岩仓则断然拒绝了久光的要求。对此久光闭门不出表示抗议。政府担心出兵台湾将引发与清朝之间的战争，于是就暂时搁置了这一问题。政府委任大久保为全权大使前往清朝，同时于八月末做好了应对开战的准备。经过大久保的努力以及英国驻清朝公使的居中调解，纠纷终于得到解决，避免了开战。虽然度过了对外危机，但国内问题依然未得解决。

解决了台湾问题，使得大久保的声望急剧提高。他以上一年设立的内务省为基础，着力于涵养民力，同时为了加强政体实力，力图推动木户重返政府，为此而展开活动的是伊藤博文。伊藤于下关听取了木户的意向之后，立即着手安排木户与大久保在位于东京与山口之间的大阪见面会谈（大久保传下；木户传下）。大久保特意安排了两个月的休假前往大阪，于明治八年一月与木户会谈，但未达成和解。之后又传唤伊藤再次进行会谈，终于获得了木户应允重新参加政权的承诺，但条件是进行设立元老院

与大审院、召开地方官会议等制度改革。与此同时，与伊藤一道
375 参加了斡旋的井上馨要求板垣前来大阪面谈，就在汲取上一年的民选议院建白趣旨的基础之上逐步走向立宪政治的方针取得了一致意见，之后又安排板垣与木户见面，获得了他对会谈意见的同意。经过这一过程，二月十一日，大久保、木户与板垣举行了会谈，决定木户与板垣重返政府。

逐步建立立宪政体的公约

木户与板垣担任参议后，伊藤担任负责政体调查的职务。根据他提出的方案，于四月十四日发布了设立元老院、大审院以及召开地方官会议的公告，其中元老院是相当于上院的组织，规定主要法案必须经过其审议。大审院是位于全国三处高等法院以及地方法院之上的最高法院，这是后来把司法权从行政权中分离出来的前提条件。本应于上一年召开地方官会议，但因与清朝之间的危机而被延期，现又按原计划召开。一些观点认为这是从地方积累民选议院经验的出发点。天皇在这个时期的诏敕中曾写道："朕今扩充誓文，于兹设立元老院，以广开立法之源，设立大审院，以巩固审判之权，又召集地方官，以通民情图公益，渐次树立国家立宪政体，朕欲与汝众庶共赖其庆。"这里虽然只是大致展望了引入立宪政体一事，但由天皇以自己的宣言表示赞同这一点，对后来政府内外产生了巨大影响。

376 上面提到的所谓大阪会议的意义在于以木户与板垣的回归牵制岛津久光，同时抑制土佐的分离倾向。然而，成为参议的板垣在审议元老院章程时又回到了原来的激进立场，主张限制天皇权限等，开始与木户的渐进论产生对立。久光则不断要求三条与岩

仓回答自己提出的复古建言。为了安抚久光，三条与岩仓一时曾考虑安排他担任元老院的议长（岩仓公实记下，第262页），但最终未得实现，最后是由有栖川宫炽仁亲王担任议长。岩仓后来因出兵台湾失策的冲击而闭门不出，进入疗养生活。进入九月后，他又试图在三大臣之间进行调解。但久光始终执意恢复古代服制与历法，不久又表示赞同板垣提出的内阁与省卿分离主张，久光与板垣原本在民权论问题上是处于相反立场的。此时朝鲜发生了江华岛事件，政府再次被紧张氛围笼罩。板垣与久光仍坚持原有主张，最后上奏要求罢免三条。天皇与政府自然不会接受这一要求，结果二人于十月末同时辞去职务离开政府。至此，政府内部的混乱平息了。然而，东京政府很快又要受到萨摩与土佐的威胁。

公论与批评政府声音的高涨

板垣于大阪会议之后设立了爱国社，不久立宪政体的诏书公
布之后，在民间以报纸杂志为舞台，公论的浪潮日益高涨，反映 377
这一动向的有杂志《评论新闻》（三谷，2005）。创刊于明治八年
三月的这一杂志，与以学术性文章启蒙社会的《明六杂志》同属
小型杂志，利用大型报社的印刷机的空闲时间，不定期地刊印发
行。杂志的目的不是提供信息，而是以登载“评”与“论”为特
色，主要依靠读者的投稿。在编辑方针上也别出心裁，常常在同
一版面上登载几种不同意见，同时登载主张开化论与守旧论乃至
复古论的文章，将民权论与国权论的文章并列。然而，同年六月
政府公布改定新闻报纸条例与诽谤律之后，杂志撤换了编辑，之
后转为专门攻击政府。在鹿儿岛出身者的经营之下，杂志披露说

大久保与清朝的谈判难以称为成功，江华岛事件发生后又主张征韩，最后甚至登载“颠覆压制性政府之论”一类主张人民的抵抗权以及肯定革命的投稿。政府逮捕了编辑，对杂志施加压力，然而该杂志对政府的批判更加激烈，发行数量也有增长，至明治九年七月被禁止发行时为止，共有二十五名编辑被逮捕。该杂志的发行量并不太大，不过在鹿儿岛大受欢迎。阅读了这份杂志的鹿儿岛人士会坚信东京政府就是专制政府，认为首都充满了强烈的不满情绪。

378 **鹿儿岛的反政府体制**

此时，在西乡回乡之后，鹿儿岛发生了新的变化。西乡定居于乡下，在农耕与狩猎之余巡游各大温泉放松身心，此外不做其他事。但追随他回到领国的原近卫兵在鹿儿岛创立了新的军事组织，召集年轻人，还开始支配县政（以下主要参考小川原，2007；家近，2017；猪饲，2004）。明治七年六月，他们在鹿儿岛城内开设私学校，其中枪队学校由原近卫局长官筱原国干任指导、炮队学校由原宫内大丞村田新八任指导，又在县内各地设置分校（猪饲，2004；小川原，2007）。另外，依靠西乡、桐野等人的赏典禄，开办了供戊辰内乱战死者子弟就读的学校。这些学校教导年轻人追求士道，若有万一，不惜献出生命。为了培养士官，更雇用了外籍教员。此外，为了救济失业的原下级士官并帮助其锻炼身心，在鹿儿岛北部开设了吉野开垦社。和全国其他地方不同，鹿儿岛县令由本地出身的大山纲良担任，大山协助开展以上事业，还为实行地租改革而拜托西乡，任命私学校的人才为各地区长、户长、校长。由此，鹿儿岛县开始仿佛成为受私学校支配的独立国家了。

私学校在《评论新闻》发表了题为《确议》的檄文，说日本屈从欧美乃是屈辱，批判政府和“洋癖”，主张要由“天下的士族”来矫正这些问题。私学校普遍认为，东京政府对外一向弱势，而对内却是十足的“专制”政府，处处可见腐败（小川原， 379
2015）。应该说这种论调继承了幕末的幕府批判。

西乡感到，挽回颓势的机会和对外危机一起到来，期待这一时刻鹿儿岛士族能够真正发挥作用。然而，台湾的危机已经解除，围绕桦太问题与俄国的紧张关系随着明治八年五月《库页岛千岛群岛交换条约》的签订而得到缓和，西乡本人下野的导火索——朝鲜问题也随着《江华条约》(日本称《日朝修好条规》)的签订而得到解决。这样，私学校出身人士蓄积的郁愤便无法消除。他们从未想到平时努力工作、出人头地、报效社会，反而只想着以动乱为机会，建立战功，一步登天。其间，东京政府于明治九年三月禁止带刀，同年八月决定最终处分家禄。虽说教育使然，这些人不会在金钱问题上公然表达不满，但必定内心感到士族的存在价值被否定而难以平静。桐野嘲笑说西乡的等待外患论已经过时（小川原前引书）。在鹿儿岛，到处都念着“讨伐东京的奸臣，拯救民众于疾苦”“改革内政，伸张民权”之类的口号，弥漫着要举兵打倒政府的狂热气氛。

西日本的连续叛乱与西乡的举兵

此时，西日本接二连三地发生了小型叛乱。明治九年十月
二十四日，首先在熊本发生了敬神党暴动，叛乱者们斩杀了熊本 380
县令和熊本镇台司令长官。暴乱者在举事当天抽取神签决事，据

说就算是西洋枪炮也要避开他们的团伙。但叛乱很快就被镇台兵镇压下去了。三天之后，秋月的士族决起，次日长州荻藩的前原一诚举事叛乱，参加这些叛乱的人数均为二三百人，缺乏相互联系，在很短时间内就被镇压下去了。

鹿儿岛方面也有试图呼应这些叛乱的声音，但被西乡设法压制了下去。然而，翌年一月末政府派遣蒸汽船来到鹿儿岛，试图从鹿儿岛的弹药库中收缴弹药时，私学党袭击了弹药库，掠夺了武器弹药，有一千人左右参加了骚乱，此时已经开始事实上的叛乱。西乡接到紧急通知后立即返回鹿儿岛，二月五日与桐野、筱原以及骨干召开了会议。在此之前，内务省警视局长川路利良（鹿儿岛出身）派遣了十余名鹿儿岛出身的警察返回鹿儿岛查明情况，私学党徒们抓捕了其中数人，经拷问，逼迫其供述了所谓暗杀西乡的计划。正如家近氏指出的那样，西乡最初对私学党暴徒的轻举妄动感到愤怒，但听到有关这一阴谋的报告后，态度大变，下决心要打倒东京政府。西乡似乎是被私学党巧妙的情报操纵术蒙蔽了。西乡甚至相信主谋川路背后还有人在操纵，此人一定是大久保。他在通过大山县令公布的举兵理由中说道：有要向政府方面询问之问题。西乡似乎感觉在之前的政变中已经遭到大久保的背叛，认为大久保在背后的秘密活动是违背了武士应有品格的卑劣行为。有了这一先入为主的看法，西乡就把前来秘密侦查的警察视为暗杀者，因此也就很容易接受大久保就是幕后操纵者的解释了。的确，由此时开始，他的战斗姿态变得非妥协，他
381 翻山越岭返回鹿儿岛后继续战斗的执念，仿佛是在抗议大久保对他的再次背叛。如此解释，方可理解他此时的真实心境。

萨摩迅速组织了远征军（图 13-2）。首先把城下士（居住在

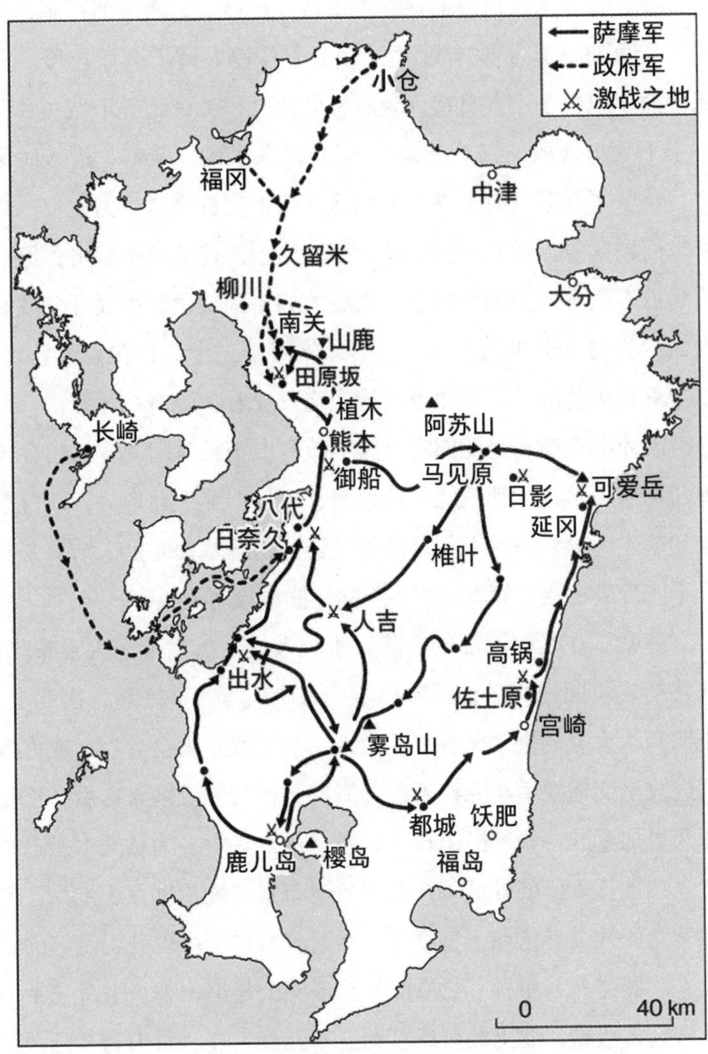

图 13-2　西南内乱略图（根据小川原，2007 作成）

鹿儿岛城下的藩士）与辎重兵约一万六千人编成了七个大队，由二月十五日起依次出发前往熊本镇台，虽然是大雪中的行军，但仍于十九日到达了熊本近郊，二十一日侵入城下开始攻城。对此，熊本镇台于十九日接到政府来电命令，考虑到谷干城司令长官手下兵力薄弱（三千余人），于是采取了固守策略，进入防御战。萨摩军判断一时不易攻下城池，二十二日决定主力北上。政府方面则紧急派遣驻守在小仓分营的第十四连队迎头阻击，但被迫后退至熊本北面的田原坂，之后的战斗围绕田原坂展开。政府
382 方面的应对十分迅速，第一、第二旅团于二十二日在福冈登陆，二十五日到达战线。田原坂的战斗陷入胶着，政府军耗费了一个月时间才有突破。与此同时，熊本镇台由于长时间固守，粮食与弹药均已不足，预计只能坚持到四月中旬。鉴于此形势，政府军绕到熊本南部，三月下旬从两处登陆，越过八代北上，结果于四月十四日成功攻入熊本城内，至此，熊本攻防战结束。

萨摩军在九州西部的登陆归于失败，之后南下至人吉布阵，六月初攻占此地之后，即转移至东海岸的宫崎，之后再次北上。先期到达大分的别动队有三千余人，与这股兵力会合后，或许可以进攻至交通要道小仓以及关门海峡。不过，攻陷人吉后，粮食弹药更加紧缺，并不断出现逃亡者。逃亡者大多为从熊本撤退时被强制性征入伍的外城（在藩内各地布置的统治据点）士兵，但私学党的残余者依然士气高昂。然而政府军则可以获得足够的兵员、武器弹药与粮食，之后的战斗事实上是追击战。七月三十一日宫崎陷落后，北上的萨摩军约三千五百人在八月中旬在延冈展开决战。战斗最激烈时，由各地前来参战的诸队先后向政府军投降。十七日，西乡宣布解散队伍，烧毁了陆军大将军服，于深

夜突破了包围圈攀登上可爱岳，然后消失于山中。此时成功逃脱的将兵共约五百人，他们纵向穿越九州脊梁的山脉，于九月一日突然出现在鹿儿岛，并占领此处在城山构筑阵地。政府军展开了
包围战，战斗持续不断，二十四日，拒绝劝降的西乡在战斗中 383
死去。

西南内乱之谜

这一西南内乱有不少难解之谜。如果叛乱者的目的是攻击东京政府，那么为何不向东京湾派出兵力？即使雇用的船只不足，如果能运送精兵前往，政府也会陷入恐慌。萨摩军在地面选择北上道路，如果这是一项合理选择，沿途应该有不少前来支援者。实际上，熊本的民权论者宫崎八郎（曾参与《评论新闻》）的协同队也前来参战，从东海岸的日向至延冈、高锅、福岛、佐土原、饫肥、都城、大分县中津各地均有支持者前来助战（小川原前引书），支持者们都有批判东京“专制”这一共通特点。然而，却几乎没有来自九州以外地区的支援者。土佐虽予以关注，却并未有任何行动。维新时期的政治家时常参照中国的王朝末期的事例，认为要如滚雪球一般不断争取到支持者，就必须拥有明确的大义名分。西乡是格外注重大义名分的人，在第一次征讨长州和征韩论论争时，他竭力解释其意义。然而当西乡发起这一轰动一时的大叛乱时，却未作任何解释。可以称之为一个谜。

总之，西南内乱最终造成了可与戊辰内乱中全部牺牲者
一万五千人相匹敌的结果，在死亡人数较少的明治维新中，属于 384
规模比较大的战斗，尤其是在实施了全民总动员的鹿儿岛，青年人口的牺牲更为明显。然而，在当地却很少听到指责西乡的声

音，反倒是对大久保等政府内人物的冷漠态度一直持续至今。这也是一个不解之谜。

与武力反抗诀别

放眼此时的整个日本，这一战斗为自戊辰内乱以来的军人叛乱时代画上了句号。地方最大规模的军队被摧毁，同时反政府的形态也发生了改变。板垣等土佐民权派一直在寻找支援萨摩军的机会，但中途放弃了，甚至反而逮捕了企图进行武力反叛的势力（小川原，2017）。被迫放弃了武力反叛的在野政治家在这之后只得转而依靠言论。纵观世界的近代史，在民主化的初期，暴力与言论是同时存在的，这两者何时、以何种形式分道扬镳，这是研究近代史时值得关注之点。在日本，西乡引发的大规模内乱却恰恰成为与暴力诀别的转折点，可以称之为一个悖论。

翌年明治十一年五月十四日，已经名副其实地成为明治政府台柱的大久保为解决士族授产问题访问福岛县令山吉盛典时，说了下面一番话（胜田，1928）。

> 385 盖自皇政维新以来，虽已经过十载星霜，至去年仍兵马骚扰。不肖利通，虽辱内务卿之职，未能尽其一责，加之东奔西走前往海外，以至职务不举，不堪惶恐，然实为时势不得已也。今事渐平息，故于此决意勉力贯彻维新之盛意。贯彻此盛意需以三十年为期，此为余素志。兵事繁多则为创业时间。三十年分为三段，明治元年至十年为第一期，十一年至二十年为第二期，第二期为最为紧要之时间，整内治殖民产在于此时。利通虽不肖，然决心尽内务之职。二十一年至

> 三十年为第三期，三期之守成，唯待后进贤者继承修饰。利通之素志如斯。故于第二期中之事业需倍加谨慎，以垂将来可承之基为要。……

这之后，大久保在前往皇宫途中突遭袭击身亡。他在这里展示的过去和对未来的展望，只有待西南内乱爆发与终结方成为可能。大隈与伊藤等“后进贤者”也的确是创造明治十年时代的优秀政治家，但是如果没有如大久保那样从幕末起就为实现“王政”“公议”的日本而奋斗，并处理了戊辰内乱之后战争诱惑的先行者，大隈与伊藤的工作一定会更为困难。 386

387 终　章　明治维新与人类的“近代”

确定明治维新在世界史中的位置

本书前面各章依次叙述了明治维新中发生的政治事件，描述了伴随权力结构以及社会结构的急剧变化发生的种种历史场景。用一个比喻来形容，近世末期的日本社会就像一个装满了已经开始发酵液体的瓶子，佩里来到日本，日本社会受到种种政治运动的动摇冲击后，瓶中的液体猛然喷出，最后甚至连瓶子也炸碎了。

结束本书之前，笔者拟从宏观且跨长时段的观点出发，对这一变革作一重新思考。首先要观察日本是如何被纳入触发了维
388 新，并与之同时进行的全球化、即交通与通讯网络联结全球的运动之中去的。接着考察日本的这一急剧变化是如何向周边扩散，并产生出“东亚”这一地域的想象力。最后，回溯人类的近代，从十七世纪以后出现的有关秩序的构成原理中选取几个例子，观察十九世纪的日本是如何与此发生关联的，再以此为线索，思考如何确定以明治维新为起点的近代日本在世界中的位置这一问题。

一　被纳入全球化的交通与通讯网络

横跨太平洋航路的实现与视察西洋、派遣留学人员

美国向日本派遣 M. C. 佩里所率的舰队时，其背后有一个建

立环绕世界一周的交通网的宏大构想，提出这一构想的是国务卿丹尼尔·韦博斯塔，他说：这一航线将成为联结诸大洋的蒸汽船航线的最后一环（三谷，2003）。然而，太平洋定期航线的首发船离开加利福尼亚开启航程，则是日美亲善条约签订后的第十二年，即 1867 年 1 月 1 日的事（佩里，1998）。此时美国西海岸的人口仍然稀少，人口密集的东海岸将依靠已经开通的经大西洋和印度洋的航线获得所需要的中国茶叶与蚕丝。鸦片战争之后，中 389
国与欧洲之间的贸易量日益增长，与日本签订了修好通商条约之后，把中国航线延伸至日本的英国 P&O 邮轮公司于 1859 年开通了上海至长崎的航线，1864 年开通了上海至横滨的航线，法国邮轮则于 1865 年开通了上海至横滨的定期航班（小风，1995）。此时恰逢法国蚕种瘟疫流行，这些航线依靠从日本进口蚕种而获得丰厚利润。蒸汽船发展后，由印度洋通过无风的红海，在苏伊士运河登陆后再穿过地中海的航线成为可能，印度、中国与欧美之间的时间距离迅速缩短了。1869 年开通的苏伊士运河成了欧洲与亚洲之间贸易的主要通道（赫德里克，1989）。在这一趋势中，1867 年开设太平洋航线，是来自贸易以外的其他目的的需要。此时建设横贯北美大陆铁路已成为热潮，但北美人口依然稀少，铁路公司只得从中国引入劳工，以满足对劳动力的大量需要。横贯北美大陆的铁路成了全球交通网中的主要一环，而在建设这一环时，又创造了成为全球交通网上的另一个环的跨越太平洋航线。

明治政府充分利用了跨越太平洋航线与横贯大陆铁路的这一组合。1871 年 6 月从主要大藩中选拔了有实力者派往欧美，实地见证了普法战争等欧美的实际情况（石附，1992）。半年后，全权大使岩仓具视率领的大规模使节团与众多留学生一道前往欧美

考察与学习。他们在欧洲逗留期间，法国科幻小说家儒勒·凡尔纳完成了冒险小说《八十天环游地球》，书中描绘的航线与岩仓
390 使节团经过的航线大致相同。

来自欧洲的电信电缆

岩仓使节团出发前往欧美的那一年，日本因为另一条纽带与世界连接在一起。1871年，海底电缆在长崎登陆了（大野，2012；山有，2013）。本书的序章中也曾提到，1866年，英国公司实现了连接英国与加拿大的横跨大西洋的海底电缆实用化。以此为契机，以电信网联结地球上主要地点之间的事业开始爆发式普及。从欧洲出发联结中国的电信网有陆上与海底的两条线路，一条是由总公司在丹麦的大北电信公司敷设的经西伯利亚至符拉迪沃斯托克（海参崴）的线路。另一条是英国公司敷设的南向线路，经海底通往印度再到达中国香港，后者又增设了至上海的延长线，为了联结符拉迪沃斯托克（海参崴）而在长崎设置了中继站。至此，日本与世界联结起来了。大北电信公司敷设了上海—长崎—符拉迪沃斯托克（海参崴）的电缆之后，又于翌年敷设了经由关门海峡联结东京与长崎的电缆，于是以长崎为窗口，东京也与世界联结在一起了。岩仓使节团晚于预定日期返回日本时，面临内部混乱的留守政府立即使用这条电信线路催促岩仓使节团尽快回国。不过，当时的通信联系还很不稳定，各点之间有很多中继站，每一次均需重新使用摩尔斯电码发送，因而噪声增加，致使判读困难，另外，在中继站还可以窃听或者截断通话。于
391 是，岩仓使节团在需要与国内进行正式联系时，使用定期航班的邮件（大野，2012）。

这样，十九世纪后半叶的日本，在全球规模的交通与通信网的形成过程中提供了重要一环，并于维新之后立即利用了这一网络，为后来的发展打下了基础。

二　“东亚”的诞生

原有的东亚秩序

日本被纳入十九世纪的全球化之后，不仅改变了自己的内部，对外部也产生了重大影响。在欧亚大陆的东端、北太平洋的西岸产生了“东亚”这一与过去不同的地域想象力，并于十九世纪末作为世界政治的一员登上历史舞台。

本书第一章中曾提到，在日本的近邻，有着以中国王朝为中心的地域国家关系。以维新之前的十八世纪后半叶为例，存在着清朝这一巨大的王朝，周边的国家（朝鲜、琉球、越南等）接受清朝皇帝的册封。还有一些国家（例如泰国等）虽然未接受册封，392
但保持着向清朝朝贡的关系。通过这些关系，周边国家均从中获得了利益。其中也有一些国家与清朝之间没有政治关系，仅维持互市即贸易往来关系。以长崎为窗口吸引中国商人的日本，以及前往广州进行茶叶贸易的英国等西洋国家就是这样的典型。清朝西北方面的国家也与大汗（与皇帝为同一人物）建立了类似朝贡的关系，从中分沾贸易利益。

这样的国际关系是以两国之间的关系束形式存在的，同时具有由上下关系构成的特征。与中国结成册封朝贡关系的周边国家的首脑要与皇帝或者大汗结成君臣上下关系。如果仅仅进行互市贸易，君主之间并无上下关系之分，清朝把来访进行贸易的商人视为比册封朝贡国更次一等的存在。

在这一传统的地域关系中，国与国之间的关系也甚为疏远，处于大海中的日本自不必说，朝鲜与中国之间也并无频繁往来。清朝要求大陆上的周边国家臣服，被拒绝时就派出军队。清朝迫使周边国家臣服后，并不将其置于自己的统治之下，其目的是接受来自诸君王的臣服之礼，以此体现作为天下的主宰者的地位。朝鲜是与清朝保持最密切关系的国家，虽然朝鲜作为藩属国每年向清朝派出数次使节，但是朝鲜的内政外交均未受到清朝的直接干涉。另外，周边国家之间的关系也很疏远，日本与朝鲜之间的关系就是一个典型例子，作为国家间仪礼的派遣朝鲜通信使在二百余年中仅进行了十二回。

393 与邻国的外交和西洋主权原理

然而，十八世纪末开始来访的西洋国家使节带来了另一种秩序原理。十七世纪欧洲的三十年战争终结时，创造了“主权”原理，即规定各君主之间无论国家大小均为对等关系。十八世纪他们访问中国时，不得不遵守中国的规则。进入十九世纪，他们要求中国皇帝与本国国王之间遵守对等的礼仪，由此产生了不少摩擦（以下详细内容参照三谷、并木、月脚，2009）。

明治维新后的日本加剧了这一摩擦。其原因之一，就是与原来比较疏远的邻国的关系开始变得更加密切了。自近世初期以来，日本与中国之间就没有国家关系，缔结了《中日修好条规》(日本称《日清修好条规》)(1871年）之后，改变了无国交的状态。与朝鲜也是一样，根据条约，两国准备建立更为密切的关系。正式的国家关系将促进原有的经济关系。就这样，维新改变了日本的外交态度，由此东亚的国家间关系开始变得更为密切了。

日本同时也引入了主权的原理，无视清朝的册封、朝贡与互市等规则，和对待西洋各国一样，与东亚各国之间建立“独立国家”之间的关系。这一努力在与中国的关系上取得了一定的成功。不仅根据《中日修好条规》与清朝建立了对等关系，在为交
换批准书谒见清朝皇帝时，也使用了几乎对等的礼仪。全权大使 394
副岛种臣虽被清朝政府安排于正殿侧面的房间里，但对皇帝采用了三拜九叩以外的其他礼仪。这一做法也被适用于过去无法见到皇帝、无法享受对等礼仪的西洋各国公使身上。

然而，引入这一主权原理后，引发了与朝鲜之间的剧烈摩擦。1868 年，戊辰内乱基本终结时，明治政府通过对马向负责处理日朝关系的东莱府申请重开国交，但遭到了拒绝，原因是使臣携带的书信上有“皇上”字样。对朝鲜而言，只有清朝的皇帝才有资格使用“皇”字，朝鲜国王已经与近世江户的“大君”形成了对等关系，因此无法接受这一变化。此时，提供上下关系的原有秩序观与来自西洋的对等秩序观之间发生了冲突。后来两国的外交官为了避免冲突，防止对立扩大，采取不使用君主名称的办法签署了条约。自日本提出重开国交起至完成这一任务为止，花费了八年时间。日本在琉球的问题上也试图引入主权原理，由此与清朝发生了尖锐对立。

明治政府当时有一个方案，打算由日本政府取代萨摩直接管 395
辖之，天皇册封琉球王为藩王，以维持二重朝贡贸易体系，但依据主权原理废除琉球王国，将其领域完全纳入日本国土的意见逐步占据了上风。于是政府把琉球国王视为藩王命其移居东京，并

禁止其向清朝朝贡，之后于1879年吞并琉球，设立了冲绳县。

“亚洲”这一想象力的诞生

396 此时，“亚细亚”这一概念作为与“西洋”对抗的概念被重新加以解释。“亚洲”本是产生于欧洲的概念，原本并无具体内涵。中世末期的欧洲人把世界一分为三，把欧亚大陆的东方与南方的非洲并列，称其为“亚洲”。这是一个与基督徒的欧洲不同的空间，包含了伊斯兰教、印度教、佛教以及儒教等多种宗教与文化，是一个被赋予“此外的大多数”待遇的地方。此外，东亚共同拥有诞生于中国的汉字与儒教，还有大乘佛教等文化要素。居住于这一地域的人们尚未意识到自己与世界其他地域相异的一体性。然而，当日本与清朝围绕琉球问题发生对立时，为了缓和这一对立关系，便以来自西洋的威胁与共通文化为根据，开始谈论“亚洲”的共通性。此时，日本与中国的知识阶层关注着西洋对土耳其至中亚以及印度以西地域的侵略。然而，当人们提到“亚细亚”时，他们实际联想到的是汉字文化圈。虽然同时还有“东亚”一词，但更多是使用“亚细亚”来指代这一地域。

这样，位于欧亚大陆东部海上，因锁国而孤立的日本被起源于西洋的全球化浪潮卷入其中，并以此为契机实现了国内的变革，然后主动与邻国发生关联。日本以西洋创造的“主权”原理取代了原有的国际关系原理，不仅以此为准则使自己成为西洋
397 式的主权国家，而且在欧亚大陆的东边创造出亚洲、或者说“东亚”这一全新地域概念。十九世纪的全球化不仅改变了一个个国家，还产生出了有关地域的新的想象力。

三 人类的“近代”与日本的明治维新

与西洋秩序原理之间的距离

明治维新实现的变革不仅在对外关系方面，在近代西洋创造的秩序原理方面也有不少相符合之处。所谓符合，是指并非一味模仿。例如，王政复古时的政权一元化就是日本的内在因素促成的，而非参照西洋的“主权”原理实现的。世界大多数君主制国家的政体中，君主通常为一人，而日本于六百余年间均不同于这一常规。然而，当日本感觉到面临西洋侵略的深重危机时，立即认识到政权的一元化已是紧急课题，于是产生了将权力集中于超越国内各个大小领主的君主身上的运动，最后创造出与发源于十七世纪西洋的“主权”原理相符合的政治体制。王政复古之
后，日本开始有意识地依照西洋国际法，与各国对等交往以及确 398
保排他性的领土均为其中内容。结果，日本变成了“欧洲的帝国”(井上馨语)。

此外，引导了幕末政治的“公议”“公论”等主张创造出了“国民”概念，并以此为基础实现了立宪制，在这一方面也可以看到类似现象，这就是向“民主”的接近。幕末并无多少刻意参照西洋的政治家，但进入明治以后，人们均争相出国考察、留学，学习西洋的事物，这一点已经为众所周知。

历史时间的三个层次

这样对照史实之后，便可知要俯瞰明治维新的历史意义，就必须同时考察日本是如何与近代西洋创造的秩序原理相关联的。下面参照由费尔南·布罗代尔创造，并经过两位日本研究者进

一步解释的“时间的多层性”概念，以对明治维新作一俯瞰性考察。

某一戏剧性事件并未转瞬即逝，而是创造出形成秩序的新规范时，这一新规范又反过来开始制约日常发生的种种事件。在规范中，存在着拥有超出千年的“长期持续”生命的例子，但大多数拥有的是可保持百年乃至数百年的中等长度的生命。上面所提到的“主权”“国民”“民主”以及“帝国主义”等，均为属于中
399 间层秩序规范的代表事例。而诞生于近代初期的“科学”这一概念渗透于社会之后，必将超越其他处于中间层的规范，达到长期持续的高度。

费尔南·布罗代尔曾指出，历史的时间并非平均地流逝，长期结构中包含长期持续的一方面与短时期内急剧变化的另一方面这两个层次，而中间层则是位于这两个层次中间的媒介（布罗代尔，1985—1999）。饮食习惯就是长期持续的一个例子。例如，在东亚的北部，以小麦为原料的加工食品加上肉类，是食物的基本搭配。而在日本，蒸米饭加上鱼类则是常见食物。最近早餐吃面包的日本人也多起来了，中国北方也有不少人变得喜欢吃米饭。但在漫长的历史中，这只不过是在短暂时间中发生的事情。这样观察生活文化，就可以在各个地域发现超越一千年、两千年的某些结构的长期稳定性，这就是长期持续性。我们几乎是毫无察觉地生活于其框架之中，而从未曾思考过框架之外的情形。相反，我们平时察觉到的是大大小小的各种事件，这些事件不会改变社会结构的框架，但有时某些事件也会引发比较大的、持续的结构性变化。以日本的近代为例，明治维新与太平洋战争就是这样的代表事件。另外，经济每天都在引起人们的关注，但其结构

变化却不如政治那样显眼，不过，却有可能如工业革命那样，在经过长期积累之后，会引发巨大的结构性变化，例如全体社会成员饥饿的消失、社会成员趋于富裕趋于长寿等。

在长期与短期之外，布罗代尔还思考了中间层这一介于二者之间的媒介。日本物理学家金子邦彦与经济学家安富步基于布罗代尔的这一思想，设计了复杂系统的模型。他们研究了宏观层次与微观层次的长期持续相互作用机制，提出了对应的抽象模型 400
（金子、安富，2002）。这里的图终 -1 是把这一模型套用于全球化第三、第四波的时代，再把当时生成的秩序结构原理代入中间层而制成的。主权国家、国民国家、民主主义、帝国主义等一系列政治框架一旦产生之后，就束缚住每日发生的各种事件，使人们难以置身于其外。

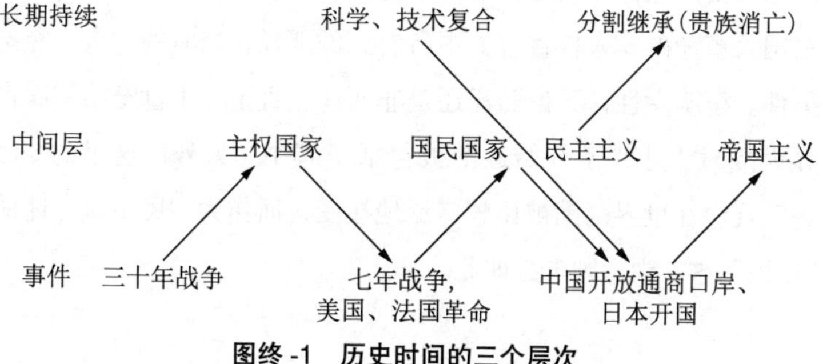

图终 -1　历史时间的三个层次

最早形成的秩序规范“主权”是有关国际关系的原理。这一原理起源于以英国国王为首的各国君主反抗罗马教皇权威的事件，为结束十七世纪席卷欧洲的三十年战争灾祸而签订的《威斯特伐利亚和约》将这一规范确定下来（高泽，1997），这一点前面曾经提到过，不再赘述。这里只想指出，现在地球表面尚未被主权分割的只剩下南极了。

十八世纪末，在北美与法国先后发生了革命，从这些革命中
401 产生了“国民”“民主”等秩序规范（霍布斯鲍姆，2001；三谷，2012）。这一秩序规范的原则是，政治秩序的主体不再限于王族、贵族等世袭身份，而是由所有成年人构成的，这一主体的名称为“市民”，英语为 citizen，或者国民 nation。构成两者的成员常常是重合的，市民多用于与国内秩序有关的情境，国民则多用于有关与国外对抗的语境。市民一词除了与自己家族经营有关之外，还时常与地域秩序的形成有关，即为“民主”的主体。离开个人日常领域，置于更大的政治共同体中时，就产生了选出“代表”担负实现民主任务的制度。实现“民主”的方法通常是依靠在公开场合的讨论，即“公论”。与此相反，国民则是保卫国家免受外国攻击的主体，因此被要求承担牺牲自己的义务。不过，如在法国大革命的《人权宣言》中所看到的那样，当时的“人”专指男性。至于女性，无论西洋还是非西洋，直至二十世纪第一次世界大战时，才终于开始逐渐被包括于其中。另外，这里的“国民”观念在世界范围被比较广泛地接受，而作为“民主”主体的“市民”这一观念则未必如此。

明治维新与“国民”“民主”

对照产生于十九世纪初期西洋的秩序原理，明治维新与之处
402 于何种关系？如本书中所叙述的那样，政治制度的变革导致创造出相当于“国民”的主体之后，再逐步向其中注入“民主”的要素。在日本，至维新的后半期才开始有意识地模仿这一过程。幕末的政治运动的内在动机是防御西洋的侵略，其中也混杂着类似

祈求千年王国的运动，以及追求理想政治体制的愿望。但政治运动的主流中，防御西洋入侵这一课题被置于首位，其他诉求均被压制下去了。安政五年政变时登上政治舞台的“公议舆论”或者“舆论公论”以及“王政复古”等课题，都是从国家防卫这一根本要求中派生出来的。其中，“王政复古”这一课题，在西洋就是试图恢复革命以前的世袭贵族的统治、从而否定“国民”“民主”这些秩序规范的“反动”运动。而在维新期的日本则恰恰相反，“王政复古”促进了人们的“国民”化与“公论”。武士的政治家们以“王政复古”的名义动员庶民投身于国家防卫，水户的天狗党与长州的奇兵队就是这样的典型例子。新政府成立后立即公布了《政体》，设计了平民也可以担任二等官的制度，废藩之后立即着手使秽多、非人等被歧视群体汇入平民中去，接着又实施了征兵制，其根底存在着动员全民的思考。这一系列去身份化的措施虽然标榜“一君万民”的理想，但是却形成了拥有同等权利的“国民”。

幕末产生的另一个课题，即“公论”这一主张，促进了“国民”的形成。“公论”在幕末，本来只是一部分大大名要求参与政治的主张，在新政权下，首先在五条誓文的第一条（广兴会议，万机决于公论）中得到进一步解释。在政府内部作出各种
决定时得以实现，对民间也开放了参加的机会，鼓励民间提出建 403
白，这些都可以视为国内政治运动的延长。然而，明治六年政府的大分裂之后提倡的民选议院，如果没有参照与引进同时代西洋的理想与制度，就不可能实现。从民间选出议员，把法律与预算的决定权交给他们的这一主张，在东亚的传统中是找不到的。

经过西南战争，把政府视为专制政府、要求承认人民参与政

治这一主张终于实现了与暴力的分道扬镳。公议的主张演化成自由民权运动并进一步普及扩大，支持这一主张的拥有财产与教养的上层庶民成为“国民”的主干成分（牧原，1998）。十九世纪初以来出现于北美与欧洲的“国民”与“民主”的潮流，在日本也由同样的阶层承担起接受与推进的任务。

起源于国家防卫这一动机的政治运动，产生了“公议”与“民主”这两个课题，一方面以王政复古与中央集权为契机，去身份化得以实施，由此产生了形成“国民”的条件；另一方面，“公论”发展成为民间运动，由此产生了事实上的“民主”运动。在明治政府成立二十三年之后开设了基于西洋型宪法的国会，这一系列成果作为制度确定下来了，这已是众所周知的事实。

404 秩序原理的消长与持续性——“帝国主义”“分割继承”“科学与技术的复合”

进入十九世纪，帝国主义进一步扩展（坡塔，2006）。自古代以来，人类不时会出现由特定的国家扩张统治领域，试图把多种多样的语言、宗教、文化的人们组织在一个广域秩序之下的动向，推动这一运动的民族统治其他民族，剥削并居高临下地鄙视其他民族成为常态。另外，为了形成并维护这一广域统治秩序，就必须建立起具有普遍性的制度，把异民族的人民纳入其中，同时还伴随着传播种种知识与技术的另一侧面。近代的帝国主义与传统的广域统治秩序不同之处，在于帝国的领域不仅限于某一个地域，而是扩展至世界各地，而且各个“帝国”之间展开竞争。二十世纪初期，欧洲列强（超级列强）竞相分割在这之前还是人口稀少的沙漠与密林的非洲，就是这一进程的极限状态。在东亚，日本于甲午战争之后也加入了这一行列。然而，因科学技术在社会中的普及与运用而加剧的“再现帝国”运动在经历了第一次与第二次世界大战之后，已经稍显后退，这与“国民”仍然根基牢固形成鲜明对比，这大概是因为世界大战过于沉重的代价教训了人们。美国至今仍以作为“帝国”而自负，但达成目的的方法也已经转为更多地依靠软实力，而非传统的硬实力。

人类的“近代”在政治以外的领域也产生了属于中间层或者长期持续的原理，并持续支配着事件层，资本主义就是其中最为 405
明显的一例。此外也还有其他重要现象，美国与法国的民法中规定的分割继承制就是一个这样的例子。如果没有一子继承制度，王族与贵族的统治就不可能持续下去（托克维尔，2005）。在中国的辛亥革命与欧洲列强发动的第一次世界大战之后，人类自古代以来与之相处已久的君主制政体急剧减少，而实际上在这之前这一政体的存在基础已经被掏空了。与此同时，在先进工业国家中，近年来一些特定群体占有大量财富的现象在加剧（皮凯蒂，2015）。不过，现在参政权已经在国民中扩散，统治权的基础也与以前不同，不再是依靠对土地的控制支配。现在的富裕阶层与贵族不同，不再干预国家权力，但也并非完全消除了与权力之间的联系，只不过他们与政治权力之间的联系比以前更隐晦了。

“近代”中还包含技术与科学的结合。通过依靠狩猎以及烹饪，人类依靠技术的发明成为与其他动物不同的存在。然而，进入十九世纪，技术与科学结合之后创造出飞跃发展的能力。例如，离开了科学，人类就不可能使用电这一能源。科学的应用给人类带来的威力也体现于覆盖世界的电信网络这一事例中。科学与技术的这一结合将超过前面提到的属于中间层的秩序原理，或许将达到长期持续的程度。过去的长期持续，如饮食习惯那样，产生于与自然环境直接联系的领域，或者是像语言、法律那样产生于社会管理技术领域，因此带有明显的地域特征。然而，人类自十九世纪以来已经把有计划的技术开发、制度化的科学研究植
406 入社会，人类将依靠不断增殖的技术生存下去，并在全球范围实现普及与平均化（马尔尼克父子，2015）。这一过程消失之时，也就是人类、至少是文明灭亡之时。

在人类的“近代”，西洋产生了一些重要的秩序原理与知识框架，十九世纪后半期日本的明治维新就是发生于这一环境中的一个事件。当时的日本人在出发时尚未意识到同时代已经形成了这样的框架。然而首先为了应对军事威胁而关注了科学与技术的结合，接着又下决心着手变革政体，使之符合“主权”“国民”等概念。明治政府建立之后，便开始有意识地应用这些概念，将“公论”发展为“民主”，并延续至今日。

在这一过程中，也有一些人对采用西洋模式持批判立场，他们强调日本“古来的样式”或者儒教道德的重要性，不过这也只是停留在意识形态抵抗的层次上。不仅日本，至今人类也未创造出足以替代上述模式的新秩序规范。世界各地都有人在谈论对不得不接受西洋秩序规范的不满情绪，然而，他们并未能提出可以实现社会公正、平等、安宁与自由的替代模式。究竟何处能产生足以超越近代西洋模式，并受到人类普遍欢迎的秩序规范呢？

参考文献

青山忠正『高杉晋作と奇兵隊』吉川弘文館、二〇〇七

青山忠正『明治維新』吉川弘文館、二〇一二

赤嶺　守『琉球王国』講談社、二〇〇四

G. アキタ『明治立憲制と伊藤博文』東京大学出版会、一九七一

秋田　茂『イギリス帝国の歴史』中央公論社、二〇一二

秋月俊幸『日ロ関係とサハリン島』筑摩書房、一九九四

秋月俊幸『日本北辺野探検と地図の歴史』北海道大学図書館刊行会、一九九九

秋月俊幸『千島列島をめぐる日本とロシア』北海道大学図書館刊行会、二〇一四

朝尾直弘 編『日本の近世　一　世界史の中の近世』中央公論社、一九九一

朝尾直弘 編『日本の近世　七　身分と格式』中央公論社、一九九二

安達裕之『異様の船』平凡社、一九九五

鮎沢信太郎・大久保利謙『鎖国時代日本人の海外知識』乾元社、一九五三

鮎沢信太郎『山村才助』吉川弘文館、一九五九

有山輝雄『情報覇権と帝国日本　I』吉川弘文館、二〇一三

荒野泰典『近世日本と東アジア』東京大学出版会、一九八八

荒野泰典・石井正敏・村井章介『アジアの中の日本史　II　外交と戦争』東京大学出版会、一九九二

『井伊家史料』五・六（東京大学史料編纂所編）東京大学出版会、

一九五九・六九

飯島　渉『感染症の中国史』中央公論新社、二〇〇九

家近良樹 編『もう一つの明治維新』有志社、二〇〇六

家近良樹『西郷隆盛と幕末維新史』ミネルヴァ書房、二〇一一

家近良樹『徳川慶喜』吉川弘文館、二〇一四

家近良樹『西郷隆盛』ミネルヴァ書房、二〇一七

猪飼隆明「士族反乱と西郷伝説」、松尾正人編『明治維新と文明開化』吉川弘文館、二〇〇四

生田美智子『外交儀礼から見る幕末日露文化交流史』ミネルヴァ書房、二〇〇八

生田美智子『高田屋嘉兵衛』ミネルヴァ書房、二〇一二

石井　孝『日本開国史』吉川弘文館、一九七二

石井　孝『増訂　明治維新の国際環境』吉川弘文館、一九六六

石井英一ほか編『講座　前近代の天皇　二』青木書店、一九九三

石川松太郎『藩校と寺子屋』教育社、一九七八

石附　実『近代日本の海外留学史』中央公論社、一九九二

李　元雨『幕末の公家社会』吉川弘文館、二〇〇五

磯田道史『武士の家計簿』新潮社、二〇〇三

板垣退助 監修『自由党史』五車楼、一九一〇（岩波書店、上、一九五七）

板沢武雄『日蘭文化交渉史の研究』吉川弘文館、一九五九

井上　勲『王政復古』中央公論社、一九九一

稲田雅洋『自由民権の文化史』筑摩書房、二〇〇〇

井野邊茂雄『新訂増補　維新前史の研究』中文館書店、一九四二

今井宇三郎・瀬谷义彦・尾藤正英編『水戸学』岩波書店、一九七三

今西　一「『四民平等』と差別」、新井胜紘編『自由民権と近代社会』吉川弘文館、二〇〇四

岩井茂樹「朝貢と互市」、川島真編『東アジア近現代通史一』岩波書店、二〇一〇

『岩倉公実記』(多田好問 編) 全三巻、原書房、一九八六

『岩倉具視関係文書』一、三 (日本史籍協会編) 一九二七・三〇 (復刻　東京大学出版会、一九八三。オンデマンド版　二〇一四)

上田美和『石橋湛山論』吉川弘文館、二〇一二

J. ヴェルヌ『八十日間世界一周』全二巻、光文社、二〇〇九

I. ウォーラーステイン『史的システムとしての資本主義』岩波書店、一九九七

A. ウォルソール『たをやめと明治維新』ぺりかん社、二〇〇五

宇田友猪『板垣退助君伝記』一、原書房、二〇〇九

宇津木六之丞・佐々木克 編『史料　公用方秘録』サンライズ出版、二〇〇七

海原　徹『近世私塾の研究』思文閣出版、一九八三

梅村又次・山本有三 編『開港と維新　日本経済史　三』岩波書店、一九八九

大石慎三郎『田沼意次の時代』岩波書店、一九九一

大久保利謙『大久保利謙歴史著作集』二、吉川弘文館、二〇〇七

『大久保利通日記』全二巻 (日本史籍協会編)、一九二七 (復刻　東京大学出版会、一九六九)

『大久保利通文書』全十巻 (日本史籍協会編) 一九二七－二九 (復刻　東京大学出版会、一九八三)

大隈重信『大隈伯昔日譚』早稲田大学史編纂所、一九七二

大谷　正『日清戦争』中央公論社、二〇一四

大野哲弥『国際通信史でみる明治日本』成文社、二〇一二

大平祐一『目安箱の研究』創文社、二〇〇三

大山　梓 編『山県有朋意見書』原書房、一九六六

岡田昭夫『明治期における法令伝達の研究』成文堂、二〇一三

小川亜弥子『幕末長州藩洋学史の研究』思文閣出版、一九九八

小川原正道『西南戦争』中央公論新社、二〇〇七

小川原正道『西南戦争と自由民権』慶応義塾大学出版会、二〇一五

奥田晴樹『維新と開化』吉川弘文館、二〇一六

落合弘樹『秩禄処分』中央公論新社、一九九九（改訂版講談社、二〇一五）

『鹿児島県史料　忠義公史料』(鹿児島県歴史資料センター黎明館編) 全七巻、鹿児島県、一九七三—一九七九

『鹿児島県史料　玉里島津家史料』(鹿児島県歴史資料センター黎明館編) 全十巻，鹿児島県、一九九一—二〇〇二

笠谷和比古『主君「押込」の構造』平凡社、一九八八

笠谷和比古『近世武家社会の政治構造』吉川弘文館、一九九三

勝田孫弥『大久保利通伝』全三巻、一九一〇（復刻　臨川書店、一九七〇）

勝田孫弥『甲东逸话』富山房、一九二八

勝田政治『〈政事家〉大久保利通』講談社、二〇〇三

勝田政治『明治国家と万国対峙』角川書店、二〇一七

勝俣鎮夫『戦国時代論』岩波書店、一九九六

加藤栄一・北島万次・深谷克己 編著『幕藩制国家と異域・異国』校倉書房、一九八九

加藤康昭『日本盲人社会史研究』未来社、一九八五

金井之恭『校訂　明治史料顕要職務補任録』柏書房、一九六七

金沢裕之『幕末海軍の興亡』慶応義塾大学出版会、二〇一七

金子邦彦・安富歩「共依存的静滅の論理」、社会经济史学会、『社会経済史学の課題と展望』有斐閣、二〇〇二

紙谷敦之『大君外交と東アジア』吉川弘文館、一九九七

刈部　直『「維新革命」への道』新潮社、二〇一七

北川　稔『工業化の歴史的前提』岩波書店、一九八三

川路聖謨『長崎日記・下田日記』平凡社、一九六八

川田瑞穂『片岡健吉先生伝』立命館出版部、一九三八（復刻、湖北社、一九七八）

芳　即正『島津久光と明治維新』新人物往来社、二〇〇二

D. キーン『日本人の西洋発見』中央公論社、一九六八

岸本美緒「東アジア・東南アジア伝統社会の形成」、『岩波講座世界歴史　十三』、岩波書店、一九九八ａ

岸本美緒『東アジアの「近世」』山川出版社、一九九八ｂ

鬼頭　宏『文明としての江戸システム』講談社、二〇一〇

木戸公伝記編纂所『松菊木戸公伝』全二巻、臨川書店、一九七〇

『木戸孝允日記』一（日本史籍協会編）一九三二、（復刻　東京大学出版会、一九六七）

木村紀八郎『大村益次郎伝』鳥影社、二〇一〇

桐原健真『松陰の本棚』吉川弘文館、二〇一六

久住真也『幕末の将軍』講談社、二〇〇九

久住真也『長州戦争と徳川将軍』岩田書院、二〇〇五

久米邦武『現代語訳　特命全権大使　米欧回覧実記』全五巻、慶應義塾大学出版会、二〇〇八

A. クレイグ「木戸孝允と大久保利通」、S. クレーグ編『日本の歴史と個性』下、ミネルヴァ書房、一九七四

黒田明伸『貨幣システムの世界史』岩波書店、二〇〇三

Clodfelter, M., *Warfare and Armed Conflicts: A Statistical Encyclopedia and Other Figures 1492—2015,* 4th ed., Jefferson North Carolina: McFarland, 2017

桑野栄治「高麗・朝鮮王国をめぐる国際環境と王権」、原尻英樹・六反田豊 編『半島と列島のくにぐに』新幹社、一九九六

小泉順子「ラタナコーシン朝初期シャムにみる『朝貢』と地域秩序」、村井章介・三谷博編『琉球から見る世界史』山川出版社、二〇一一

黄　遵憲『日本雑事詩』平凡社、一九六八

『孝明天皇紀』（宮内庁蔵版）全五巻、吉川弘文館、一九八七

小風秀雅『帝国主義下の日本海運』山川出版社、一九九五

小杉　泰『イスラム帝国のジハード』講談社、二〇〇六

後藤敦史『開国期徳川幕府の政治と外交』有志舎、二〇一四

五野井隆史『日本キリスト教史』吉川弘文館、一九九〇

ゴロヴニン著、井上満訳『日本幽囚記』全三巻、岩波書店、一九四三－四六

『西郷隆盛全集』全六巻、大和書房、一九七六－八〇

斎藤　真『アメリカ政治外交史』東京大学出版会、一九七五

斎藤　真『アメリカ革命史研究』東京大学出版会、一九九二

『再夢紀事』(中根雪江著、日本史籍協会編）一九二二（復刻『再夢紀事・丁卯日記』東京大学出版会、一九七四)

『昨夢紀事』(中根雪江著）全四巻（日本史籍協会編）一九二〇、(復刻、東京大学出版会、一九八九)

佐々木克『戊辰戦争』中央公論社、一九七七

佐々木克『幕末政治と薩摩藩』吉川弘文館、二〇〇四

佐々木高行『保古飛呂比』四、五、東京大学出版会、一九七三・七四

佐々木寛司『地租改正と明治維新』有志舎、2016

E. サトウ『一外交官の見た明治維新』全二巻、岩波書店、1960

佐藤誠三郎『「死の跳躍」を越えて』都市出版、一九九二

佐野真由子『幕末外交儀礼の研究』思文閣出版、二〇一六

塩出浩之 編『公論と交際の東アジア近代』東京大学出版会、二〇一六

斯波義信『華僑』岩波書店、一九九五

渋沢栄一『楽翁公伝』岩波書店、一九三七

渋沢栄一『雨夜譚』岩波書店、一九八四

渋沢栄一『徳川慶喜公伝』全八巻、龍門社、一九一八（復刻、『徳川慶喜公伝』全四巻、平凡社、一九六七－六八。うち「史料編」全三巻復刻、東京大学出版会、一九七五)

「渋沢栄一詳細年譜（ウェブサイト）」渋沢栄一記念財団、https://www.shibusawa.or.jp/eiichi/kobonchrono.html

清水唯一朗『近代日本の官僚』中央公論新社、二〇一三

S. シャーマ著、栩木泰訳『フランス革命の主役たち』全三巻、中央公論社、一九九四

M.B. ジャンセン『坂本龍馬と明治維新』時事通信社、一九七三
M.B. ジャンセン『日本と東アジアの隣人』岩波書店、一九九九
新保博・斎藤修 編『日本経済史　二　近代成長の胎動』岩波書店、一九八九
末松謙澄『防長回天史』全十二巻、一九二一（復刻　柏書房、一九八〇。同　マツノ書房、一九九一）
杉原　薫『アジア間貿易の形成と構造』ミネルヴァ書房、一九九六
杉山伸也『日本経済史』岩波書店、二〇一二
杉山正明『クビライの挑戦』講談社、二〇一〇
鈴木暎一『藤田東湖』吉川弘文館、一九九八
鈴木　淳『明治の機械工業』ミネルヴァ書房、一九九六
鈴木　淳『新技術の社会誌』中央公論新社、二〇一三
S. ズナメンスキー『ロシア人の日本発見』北海道大学図書刊行会、一九七九
『周布正之助伝』全二巻（周布公平監修）東京大学出版会、一九七七
『続再夢紀事』全六巻（村田氏寿・佐々木千尋著、日本史籍協会編）一九二一－二二（復刻　東京大学出版会、一九七四）
『続徳川実紀』全五巻、経済雑誌社、一九〇五－〇七（復刻）『新訂増補　国史大典』45 － 52、吉川弘文館、二〇〇七
園田英弘『世界一周の誕生』文藝春秋、二〇〇三
J. ダイヤモンド『銃・病原菌・鉄』全二巻、草思社、二〇〇〇
高木博志 編『藤波言忠「京都御所取調書」』上・下、二〇〇四
高澤紀恵『主権国家体制の成立』山川出版社、一九九七
高埜利彦『近世日本の国家権力と宗教』東京大学出版会、一九八九
高橋　敏『国定忠治』岩波書店、二〇〇〇
高橋　敏『小栗上野介忠順と幕末政治』岩波書店、二〇一三
高橋秀直『日清戦争への道』東京創元社、一九九五

高橋秀直『幕末維新の政治と天皇』吉川弘文館、二〇〇七

高橋裕史『イエズス会の世界戦略』講談社、二〇〇六

高村直助『小松帯刀』吉川弘文館、二〇一二

高村直助『永井尚志』ミネルヴァ書房、二〇一五

瀧井一博『ドイツ国家学と明治国制』ミネルヴァ書房、一九九九

瀧井一博『文明史の中の明治憲法』講談社、二〇〇三

太政官『政体』和泉屋市兵衛、一八八六（http://id.ndl.go.jp/bib/000000440866）

田代和生『近世日朝通交貿易史の研究』創文社、一九八一

『伊達宗城隠居関係史料』（宇和島伊達文化保存会監修、藤田正編集・校注）創泉堂出版、二〇一四

『伊達宗城在京日記』（日本史籍協会編）一九一六（復刻　東京大学出版会、一九七二）

田中　彰『岩倉使節団』講談社、一九七七

『谷干城遺稿』全二巻、（日本史籍協会編）靖献社、一九一二（復刻　東京大学出版会、一九七五－七六）

田保橋潔『近代日鮮関係の研究』下、朝鮮総督府中枢院、一九四〇（復刻　宗高書房、一九七二）

田保橋潔『増訂　近代日本外国関係史』刀光書院、一九四三、（復刻　原書房、一九七六）

C.M. チポラ『大砲と帆船』平凡社、一九九六

塚田　孝『近世身分制と周縁社会』東京大学出版会、一九九七

塚本　学編『日本の近世　八　村の生活文化』中央公論社、一九九二

辻達　也編『日本の近世　二　天皇と将軍』中央公論社、一九九一

堤　隆『黒曜石　三万年の旅』日本放送協会、二〇〇四

角山　栄『茶の世界史』中央公論社、一九八〇

坪井善明『近代ヴェトナム政治社会史』東京大学出版会、一九九一

鶴田　啓『対馬からみた日朝関係』山川出版社、二〇〇六

鶴見祐輔『後藤新平』勁草書房、一九六五

「寺村左膳手記」、『維新日乗纂輯』三（日本史籍協会編）一九二六（復刻　東京大学出版会、一九六九）

東京大学『東京大学百年史』通史一、東京大学、一九八四

A. ド・トクヴィル『アメリカのデモクラシー』一、岩波書店、二〇〇五

徳富猪一郎『陸軍大将川上操六』第一公論社、一九四二

徳富蘇峯『吉田松陰』岩波書店、一九八一

R. トビ『近世日本の国家形成と外交』創文社、一九九〇

豊見山和行『琉球王国の外交と王権』吉川弘文館、二〇〇四

鳥海　靖『日本近代史講義』東京大学出版会、一九八八

鳥海靖・三谷博・渡辺昭夫『現代の日本史』山川出版社、二〇一五

永積　昭『オランダ東インド会社』近藤出版社、一九七一

中村　哲『明治維新』集英社、一九九二

並木頼寿・井上祐正『中華帝国の危機』中央公論社、一九九七

並木頼寿『近現代日中関係を問う』研文出版、二〇一二

奈倉哲三「招魂　戊辰戦争から靖国神社を考える」、『現代思想』二〇〇五年八月号

波平恒男『近代東アジア史の中の琉球併合』岩波書店、二〇一四

西澤美穂子『和親条約と日蘭関係』吉川弘文館、二〇一三

丹羽邦男『明治維新の土地変革』御茶の水書房、一九六二

丹羽邦男『地租改正法の起源』ミネルヴァ書房、一九九五

野口武彦『幕府歩兵隊』中央公論新社、二〇〇二

野口武彦『長州戦争』中央公論新社、二〇〇六

羽賀祥二『史蹟論』名古屋大学出版会、一九九八

荻原延寿『遠い崖　アーネスト・サトウ日記抄』全十四巻、朝日新聞社、一九九八－二〇〇一

『橋本景岳全集』二（日本史籍協会編）一九三九（オンデマンド

版、東京大学出版会、二〇一六)

橋本政宣『近世公家社会の研究』吉川弘文館、二〇〇二

羽田　正 編『海から見た歴史』東京大学出版会、二〇一三

浜下武志「東アジア国際体系」、有賀貞・山本吉宣『講座国際政治』一、東京大学出版会、一九八九

速水　融『江戸時代の農民生活史』日本放送協会、一九八八

速水融・宮本又郎 編『日本経済史　一　経済社会の成立』岩波書店、一九八八

原　剛『幕末海防史の研究』名著出版、一九八八

原口　清『明治前期地方政治史の研究』全二巻、塙書房、一九七二－七四

原尻英樹・六反田豊 編『半島と列島のくにぐに』新幹社、一九九六

伴五十嗣郎 編『松平春嶽未公刊書簡集』福井市立郷土歴史博物館、一九九一

坂野潤治『明治憲法体制の確立』東京大学出版会、一九七一

坂野正高『近代中国政治外交史』東京大学出版会、一九七三

東久世通禧述、高瀬正卿 編『竹亭回顧録　維新前後』博文館、一九一一（復刻　東京大学出版会、一九八二)

T. ピケティ『二十一世紀の資本』みすず書房、二〇一四

尾藤正英『日本の国家主義』岩波書店、二〇一四

平川　新『紛争と世論』東京大学出版会、一九九六

フォス美弥子 編『幕末出島未公開文書』新人物往来社、一九九二

深井雅海『図解　江戸城を読む』原書房、一九九七

福岡万里子『プロイセン東アジア遠征と幕末外交』東京大学出版会、二〇一三

福地源一郎『懐往事談　附・新聞紙実歴』民友社、一八九四

藤井譲治 編『日本の近世　三　支配のしくみ』中央公論社、一九九一

富士川英郎『菅茶山と頼山陽』平凡社、一九七一

藤田　覚『幕藩体制国家の政治史的研究』校倉書房、一九八七

藤田　覚『幕末の天皇』講談社、一九九四

『復古記』(太政官編) 一八七二－一八八九 (刊行　全十五巻、内外書籍、一九二九－三一。復刻　東京大学史料編纂所編、全十五巻、一九七四－七五。同　マツノ書店)

古田元夫『ベトナムの世界史』東京大学出版会、一九九五

M. フルブロック『ドイツの歴史』創土社、二〇〇五

F. ブローデル『物質文明・経済・資本主義』全六巻、みすず書房、一九八五－九九

D.R. ヘッドリク『帝国の手先』日本経済評論社、一九八九

J.C. ペリー『西へ !』PHP 研究所、一九九八

E. ベルツ『ベルツの日記』全二巻、岩波書店、一九七九

『奉答紀事　春嶽松平慶永実記』(中根雪江著) 東京大学出版会、一九八〇

保谷　徹『戊辰戦争』吉川弘文館、二〇〇七

保谷　徹『幕末日本と対外戦争の危機』吉川弘文館、二〇一〇

A. ポーター『帝国主義』岩波書店、二〇〇六

B.M. ボダルト＝ペイリー『ケンペルと徳川綱吉』中央公論社、一九九四

『堀田正睦外交文書』千葉県史料近世編、千葉県、一九八一

E.J. ホブズボーム『資本の時代　一八八四－一八七五』全二巻、みすず書房、一九八一・八二

E.J.　ホブズボーム『帝国の時代　一八七五－一九一四』全二巻、みすず書房、一九九三・九八

E.J.　ホブズボーム『ナショナリズムの歴史と現在』大月書店、二〇〇一

前田耕作『玄奘三蔵、シルクロードを行く』岩波書店、二〇一〇

前田　勉『江戸の読書会』平凡社、二〇一二

『真木和泉守遺文』(有馬秀雄 編) 伯爵有馬家修史所、一九一三

牧原憲夫『明治七年の大論争』日本経済評論社、一九九〇

牧原憲夫『客分と国民のあいだ』吉川弘文館、一九九八

W.H. マクニール『疫病と世界史』全二巻、中央公論新社、二〇〇七

W.H. マクニール『戦争の世界史』下、中央公論新社、二〇一四

W.H. マクニール・J.R. マクニール『世界史』全二巻、楽工社、二〇一五

升味準之助『日本政党史論』一、東京大学出版会、一九六五

松浦　玲『横井小楠』筑摩書房、二〇一〇

松尾尊兊 編『石橋湛山評論集』岩波書店、一九八四

松尾正人『廃藩置県の研究』吉川弘文館、二〇〇一

松沢裕作『自由民権運動』岩波書店、二〇一六

松本英治『近世後期の対外政策と軍事・情報』吉川弘文館、二〇一六

B. マリノフスキ『西太平洋の遠洋航海者』講談社、二〇一〇

丸山眞男『丸山眞男講義録』七、東京大学出版会、一九九八

水谷三公『王室・貴族・大衆』中央公論社、一九九一

三谷　博『明治維新とナショナリズム』山川出版社、一九九七

三谷　博『ペリー来航』吉川弘文館、二〇〇三

三谷　博 編『東アジアの公論形成』中央公論社、二〇〇四

三谷　博「公論空間の創発」、鳥海靖・三谷博・西川誠・矢野信幸編『日本立憲政治の形成と変質』吉川弘文館、二〇〇五

三谷　博『明治維新を考える』有志舎、二〇〇六（岩波書店、二〇一二）

三谷博・並木頼寿・月脚達彦編『大人のための近現代史』東京大学出版会、二〇〇九

三谷　博「一九世紀東アジアにおける外交規範の変化」、明治維新史学会『講座明治維新　一』有志舎、二〇一〇

三谷　博「『我ら』と『他者』」、同『明治維新を考える』岩波書店、二〇一二

三谷博・李市成・桃木至朗「『周辺国』の世界像」、秋田茂ほか編

著『「世界史」の世界史』ミネルヴァ書房、二〇一六

Mitani, Hiroshi, *Meiji Revolution*, Oxford Research Encyclopedia of Asian History, 2017, http://asianhisitory.oxfordre.com/view/10.1093/9780190277727.001.0001/acrefore-0780190277727-e-84

三谷　博『日本史の中の普遍』東京大学出版会（二〇一八近刊）

『水戸市史』中巻（五）、水戸市、一九九〇

『水戸藩史料』（徳川家蔵版）上編坤、吉川弘文館、一九一五

三宅紹宣『幕長戦争』吉川弘文館、二〇一三

宮地正人『幕末維新期の社会的政治史研究』岩波書店、一九九九

宮地正人『歴史の中の新選組』岩波書店、二〇〇四

村井章介・三谷博 編『琉球からみた世界史』山川出版社、二〇一一

村上陽一郎『技術（テクノロジー）とは何か』日本放送出版協会、一九八六

『明治年間法令全書』（内閣官報局編）原書房、一九七四－

『明治文化全集』（明治文化研究会編）日本評論社、一九六七－七四

母里美和『井伊直弼』吉川弘文館、二〇〇六

茂木敏夫『変容する近代東アジアの国際秩序』山川出版社、一九九七

桃木至朗編『海域アジア史研究入門』岩波書店、二〇〇八

森　震「明治前期の国家財政」、『経営学研究論集』四十一巻、明治大学、二〇一四

S. モリソン『ペリーと日本』原書房、一九六八

森谷公俊『アレクサンドロスの征服と神話』講談社、二〇〇七

守屋　毅『村芝居　近世文化史の裾野から』平凡社、一九八八

文部省『維新史』五、明治書院、一九四一

矢内原忠雄『帝国主義下の台湾』岩波書店、一九八六

山川菊栄『覚書　幕末の水戸藩』岩波書店、一九七四

山崎正董『横井小楠伝』マツノ書店、二〇〇六

K. ヤマムラ『日本経済史の新しい方法』ミネルヴァ書房、一九七六

横山昭男『上杉鷹山』吉川弘文館、一九六八

横山伊徳『開国前夜の世界』吉川弘文館、二〇一三

吉田金一『近代露清関係史』近藤出版社、一九七四

吉田常吉『井伊直弼』吉川弘文館、一九六三

吉田常吉『安政の大獄』吉川弘文館、一九九一

吉田常吉・佐藤誠三郎 編『幕末政治論集』岩波書店、一九七六

吉田伸之 編『日本の近世　九　都市の時代』中央公論社、一九九二

吉田伸之『成熟する江戸』講談社、二〇〇九

『淀稲葉家文書』(日本史籍協会編) 一九二六(復刻　東京大学出版会、一九七五)

E. ルナンほか『国民とは何か』インスクリプト、一九九七

R. ルビンジャー『日本人のリテラシー』柏書房、二〇〇八

L. ロバーツ「土佐と維新」、近代日本研究会『地域史の可能性』山川出版社、一九九七

渡辺　浩『東アジアの王権と思想』東京大学出版会、一九九七

渡辺　浩『日本政治思想史』東京大学出版会、二〇一〇

渡辺美季『近世琉球と中日関係』吉川弘文館、二〇一二

明治维新史主要事项年表

（表中月、日依照旧历）

1755—1763

英法七年战争（英国在北美与印度取得胜利）

1768—1779

英国人库克太平洋探险

1783—1787

俄国人捷李霍夫北太平洋探险

1785—1788

法国人拉·佩尔茨太平洋探险

1791（宽正 3）

老中松平定信发布取缔异国船规程。林子平出版《海国兵谈》，强调水战的重要性

1792（宽正 4）

俄国拉库斯曼与船舰来到虾夷地根室，要求通商

1793（宽正 5）

松平定信在巡视相模伊豆海岸之后被解职

1801（享和 1）

志筑忠雄著述《锁国论》

1804（文化 1）

俄国雷萨诺夫与船舰来到长崎，要求通商

1807（文化 4）

俄国海军士官袭击择捉、桦太

1808（文化 5）

英国军舰费顿号入侵长崎湾

1810（文化 7）

首次在江户海口布置海防体制

1811（文化 8）

在对马岛接待朝鲜通信使（最后一次）

1813（文化 10）

交换被俘的高田屋嘉兵卫与俄国戈洛夫宁。之后，日俄紧张关系得以缓和

1825（文政 8）

发布异国船驱逐令。会泽正志斋写作《新论》(主张尊皇攘夷)

1837（天保 8）

德川家庆就任将军。命令巡视江户近海

1838（天保 9）

古贺侗安开始写作《海防臆测》。翌年，蛮社之狱发生

1839（天保 11）

鸦片战争爆发（—1842 年，英国在香港设置据点）

1841（天保 12）

幕府以老中水野忠邦为核心开始天保改革

1842（天保 13）

在江户海口设置警备体制。撤回异国船驱逐令

1843（天保 14）

水野忠邦被免职。阿部正弘就任老中

1846（弘化 3）

法国在琉球，美国在浦贺要求通商。研究恢复驱逐异国船

1848（**嘉永** 1）

美国将美洲西海岸编入领土。翌年，淘金热

1849（**嘉永** 2）

幕府发布御国恩海防令

1851（**嘉永** 4）

美国决定向日本派遣使节

1852（**嘉永** 5）

荷兰预告美国使节将到来

1853（**嘉永** 6）

6 月　美国佩里舰队来到浦贺

1854（**安政** 1）

3 月　缔结《日美亲善条约》。与英国、俄国签订开港条约

1855（**安政** 2）

荷兰赠送观光丸。在长崎开始海军传习

1856（**安政** 3）

8 月　转变为通过通商富国强兵的对策。堀田正睦再任老中。
中国与英法爆发第二次鸦片战争

1857（**安政** 4）

3 月　堀田决定通商、建立外交关系的政策

8、9 月　与俄国、荷兰签订追加条约，规定了通商

11 月　美国哈里斯在江户城谒见将军。越前桥本左内、萨摩西乡隆盛向大奥劝说以一桥庆喜为将军继位人

1858（**安政** 5）

2 月　堀田为获得对美国条约的敕许，进京。水户阴谋论登场

3 月　孝明天皇命令再次咨询大名之后再行上奏

4 月　井伊直弼就任大老

6 月　签署日美修好通商条约。德川齐昭、松平庆永等人临时进入江户城。宣布德川庆福为将军嗣子

7 月　大老处罚违规进入江户城的全部相关人员（安政五年政变）

与荷兰、俄国、英国、法国（9 月）签订修好通商条约

8 月　天皇向水户发出批评幕府政治的敕命（戊午密敕）

9 月　在京都开始逮捕尊攘志士，关白九条尚忠的地位动摇

10 月　德川家茂就任将军

12 月　天皇了解条约一事，推迟撤销亲善条约

1859 **年**（**安政** 6）

2 月　左大臣近卫忠熙以下的廷臣辞官、剃发、禁闭

7 月　横滨、长崎对条约国开始开港通商

8 月　幕府判处德川齐昭终身幽禁。松平庆永、德川庆胜、一桥庆喜隐退、闭门思过。山内丰信闭门思过。堀田

正睦等人闭门思过。岩濑忠震、永井尚志等人免职、闭门思过。水户安岛带刀等人死刑。其他多人被流放远岛、放逐

10 月 桥本左内死刑。长州吉田松阴死刑（以上为安政大狱）

11 月 萨摩岛津忠义要求大久保利通等“诚忠组”保持镇静

12 月 幕府向水户传达朝廷要求归还敕命文书的意旨

1860 年（万延 1）

1 月 遣美使节为交换条约批准文书出发赴美。咸临丸号一道赴美

3 月 水户浪士暗杀井伊大老（樱田门外之变）

6 月 岩仓具视向天皇上书，进言以王政复古为长期目标，以撤回条约为条件许诺和宫下嫁

12 月 幕府与普鲁士签订修好通商条约

1861 年（文久 1）

2 月 俄国军舰占领对马岛的一部分（至 8 月）

5 月 长州长井雅乐以航海远略策开始斡旋朝廷与幕府关系

水户浪士袭击英国领事馆的东禅寺

1862（文久 2）

1 月 老中安藤信正在坂下门被袭击，负伤

2 月 举行德川家茂与和宫的婚礼

4 月 岛津久光率领藩兵一千余人进入京都。寺田屋事件

5月 德川家茂宣布改革。开始引入西洋军制的改革

7月 长州把藩的方针从航海远略调整为破约攘夷

幕府根据敕使的要求，任命一桥庆喜为将军监护人，任命松平春岳为政事总裁

8月 萨摩武士手刃冲撞行进队列的英国商人

闰8月 任命松平容保为京都守护职。放宽参勤交代

9月 将军决定前往京都

11月 幕府处罚与井伊政权相关者。大赦安政大狱受害人员，恢复其名誉

敕使与将军就座于上座，会面。幕府公开约定攘夷

12月 朝廷设置国事御用挂。翌年2月，设置国事参政、国事寄人

1863（文久3）

2月 一桥、春岳、容保、山内容堂、伊达宗城等人集结于京都

尊攘浪士对等持院的足立氏塑像实施斩首

3月 将军参拜皇宫，获得委任庶政的敕命。天皇行幸贺茂神社，将军随行

4月 天皇行幸石清水。将军向天皇奉答，将攘夷期限设定为5月10日

5月 支付生麦事件的赔偿金。长州在关门海峡炮击美国商船

6月 将军出发返回江户。真木和泉进入京都，主张天皇亲征攘夷

长州藩主向家老交付了攘夷亲征的黑印状

7 月　在鹿儿岛湾发生萨英战争（旋即讲和）

8 月　天皇发布行幸大和的敕诏。中山忠光在大和举兵

发生宫廷政变，攘夷派退出京都（八月十八日政变）

11 月　天皇向进京的久光表明回避战争与委任关东的意向

12 月　幕府向欧洲派出通知锁港的使节

天皇任命二条齐敬为关白，任命中川宫、山阶宫为国事挂，任命庆喜、春岳、容保、久光、宗城为朝议参与

1864（元治 1）

1 月　天皇向将军发出亲笔信函。命令推迟攘夷，给予参与待遇

幕府对任命春岳、久光等人为朝议参与一事进行反击

2 月　久光等人在御前会议上反对横滨锁港

天皇向会津容保发出亲笔信，表明希望合作

3 月　废止朝议参与。春岳、久光等人返回领国

水户天狗党在筑波举兵

4 月　天皇向将军发出委任庶政的诏书。公武合体体制成立

5 月　长州为夺回京都发出出兵命令

6 月　新选组突袭尊攘志士（池田屋事件）

江户城陷入政治空白状态（至 6 月下旬，维持条约论者返回政权中心）

7 月　长州进攻京都，但归于失败，成为朝敌（禁门之变）

8 月　四国联合舰队攻击下关炮台。长州讲和

天狗党之乱扩大（11 月，半数逃走。12 月在敦贺投降）

9 月　尾张德川庆胜接受委托担任征长总督。起用西乡隆盛

担任参谋

11 月 长州处死三名家老，交出首级

12 月 高杉晋作在功山寺举兵

庆胜解散征长部队，提出把最终处分交给大大名会议的建议

1865（庆应 1）

2 月 朝廷谴责进京的阿部正人、本庄宗秀。要求将军进发长州尊攘派夺回政权。5 月木户孝允返回领国。进入“待敌”状态

4 月 幕府，发布将军进发公告（闰 5 月，将军常驻大阪）

闰 5 月 中冈慎太郎计划与木户、西乡会谈，但未成功

7 月 萨摩在长崎为长州购入武器斡旋

9 月 四国舰队在兵库湾要求发出条约敕许。天皇发出再次征讨长州的敕许

10 月 将军赌上将军职位获得条约敕许。大久保召集大大名会议的努力归于失败

1866（庆应 2）

1 月 萨长盟约成立（坂本龙马为证人）。朝廷敕许长州处分方案

6 月 幕府与长州开战

7 月 家茂病死。德川庆喜主张继续战斗

8 月 庆喜继承德川宗家。解散兵员。松平春岳摸索向公议政体过渡

大原重德等人在宫中列参，弹劾二条关白、朝彦亲王

10 月 处罚列参相关人员

12 月 德川庆喜就任将军

孝明天皇死去。翌年正月，明治天皇践祚

1867（庆应 3）

2 月 萨摩邀请越前、土佐、宇和岛进京

庆喜就兵库开港一事向大名咨询

3 月 庆喜在大阪城接见英国公使等

5 月 召开四侯会议，四侯围绕赦免长州与是否先议兵库开港一事与庆喜对立，朝廷裁定同时解决两个问题

萨摩决定进行武力动员，开始考虑和长州结盟

6 月 土佐后藤象二郎提出王政复古与大名会议。萨土盟约

9 月 后藤获得容堂的承认，返回京都，开始策动奉还政权

大久保在山口缔结举兵盟约，艺州也参与其中

10 月 萨摩获得中山忠能的配合，准备讨伐幕府的旨意

庆喜上表，表明奉还政权（14 日。翌日，敕许，召集大名）

萨摩小松带刀、西乡、大久保等人临时返回鹿儿岛

11 月 岛津忠义率兵进京（途中与长州再度确认出兵盟约）

萨摩转向实施政变，大久保与岩仓制定方案

12 月 5 日 后藤从萨摩方面听到政变计划，通知越前与庆喜近臣

9 日 赦免长州。王政复古。决议要求庆喜降官纳地

12 日 庆喜率领旗本与会津、桑名方面人员前往大阪

14 日 宣布王政复古。委托尾张、越前与庆喜周旋

20 日 长州兵移动至京都南郊的东福寺

24 日 压低了庆喜的要求，庆胜、春岳前往大阪
命令长州藩主父子进京

25 日 江户萨摩藩邸被庄内藩势力烧毁

30 日 尾张、越前人员返回京都。庆喜提交保证书，确定就任议定一职

1868（**庆应** 4，**明治** 1）

1 月 3 日 鸟羽伏见之战爆发

7 日 发出追讨庆喜命令

17 日 新政府发出对外亲善公告

2 月 3 日 新政府发出天皇亲征庆喜公告

4 月 11 日 江户城开城

闰 4 月 21 日 公布《政体》（规定可录用庶民担任二等官以下职务）

5 月 3 日 奥羽越列藩同盟形成

15 日 上野彰义队溃灭

24 日 德川宗家移封静冈（70 万石）

9 月 22 日 会津若松投降。翌年 5 月，箱馆榎本武扬投降

1869（**明治** 2）

1 月 20 日 萨摩、长州、土佐、肥前四藩主上表奉还版籍

3 月 7 日 公议所开局

5 月 22 日 召集诸侯，咨询任选知藩事一事

6月17日　天皇听取并批准版籍奉还一事

25日　通知变革庶务

1870（明治3）

1月　萨摩、长州、土佐三藩献兵。长州发生脱藩骚动

5月　将“藩制”方案下达至集议院。9月公布藩制

11月　土佐解除士族的职位，归于平民

12月　云井龙雄等人以谋反罪被处刑。翌年3月，逮捕外山光辅等人

1871（明治4）

2月　萨摩、长州、土佐三藩献兵，组成亲兵（后改为近卫兵）

7月14日　召集诸侯，下发废藩置县的诏书

8月28日　废止秽多、非人，归于平民

8月　国际电信线敷设至长崎

11月12日　岩仓具视全权大使等人出发前往欧美

1872（明治5）

8月　制定学制

11月　发布征兵诏书

1873（明治6）

5月　修改太政官制。参议的大半为萨摩、土佐出身者

10月　征韩论政变。西乡等人下野。萨摩、土佐出身的士兵

返回原籍

1874（明治 7）

2 月　佐贺之乱爆发

4 月　出兵台湾

1875（明治 8）

3 月　木户、板垣重新进入政府。诏敕逐步建立立宪政体

1876（明治 9）

2 月　签订日朝修好条约

3 月　公布废刀令

8 月　废止士族家禄、赏典禄，置换为公债

1877（明治 10）

2 月　西南内乱爆发（至 9 月平息）。板垣等人放弃使用武力镇压

1881（明治 14）

政变。大隈重信下野。公约十年后开设国会

1890（明治 23）

第一届帝国议会开会

事项索引

关于事件，请参照“明治维新史主要事项年表”。

さ行

た行

な行

は行

ま行

や行

ら行

わ行

人名索引

あ行

か行

さ行

た行

な行

は行

ま行

や行

ら行

わ行

后记

终于完成了，这是本书全稿搁笔时的感想。

本书是《十九世纪日本的历史》(日本放送大学出版振兴会，2000年）的修订版。原著是与山口辉臣的共著，明治时期部分全部由山口氏执笔，本书则从始至终均为笔者独立完成，内容方面也做了大幅增减，可以说是全新的一部著作。

原著作为放送大学的教材出版之后，原本是预定于两三年后出版改定版的，但一直至十余年之后才得以完成。不过，这期间笔者并非一直闲着。如何解释如明治维新这样找不出特定明显原因的变革？为了解决这个问题，笔者研究了包括复杂系统在内的相关理论（详见《思考明治维新》初版，2006年），还进行了东亚历史中“公论”的比较研究（《东亚的公论形成》，2004年），这一研究的成果成为本书重要支柱之一。之后还探讨了东亚地域历史与历史认识问题（与刘杰、杨大庆共著《跨越国境的历史认识》，2006年），还出版了《面向成年人的近现代史》(与并木赖寿、月脚达彦共著，2009年）。这些著作涉及多个领域，一旦着手，便一时难以从中脱身。2013年完成了《爱国·革命·民主》一书之后，终于可以安排时间来解读明治维新史的史料了。不过，之后的史料研读过程也进展缓慢。

本书中有关幕府史的大部分内容是基于笔者执教于学习院女

子短期大学时的授课讲稿写成的，当时是研读了《德川庆喜公传》和越前松平家史料，再参考了吉田常吉与佐藤诚三郎编《幕末政治论集》(1976年)之后完成的，这已是距今三十年前的事了。之后又在东京大学教养学部反复使用这一讲稿，因此对于笔者而言，其中的解释已是烂熟于心。不过，一旦公开出版，对于大多数读者来说，或许是全新的观点。本书的前身著作出版后，部分学生反映说读不懂。于是写作本书时，笔者就尽量展开，尽可能作详细解说。相对于上述部分，笔者对幕府末期的历史就需要重新学习了。这一部分内容中，参考借鉴了久住真也氏有关将军家研究的不少成果。对笔者而言，水户以及长州尊皇攘夷运动也是未知的领域，而收录于《水户市史》中横山伊德氏有关水户天狗党之乱的论著成了极佳的导读作品。然而，完成这一部分后，笔者就停笔了。尽管维新当中总体的死亡者人数不多，但骚乱的每一个事例与内战的场景仍然十分惨烈。一边写作，一边联想起笔者在二十世纪六十年代末考入东京大学后在校园里目击到的语言与肢体暴力冲突的情景，不禁怅然。一想起下面还要写长州战争和西南内乱，就无论如何也难以继续写作下去。在这之后的蛮长一段时间内，写作了有关维新与全球化之间的关系的内容，或者与其他人讨论这一话题，大约经过了八个月，才终于能打起精神来继续写作幕末与维新的问题。

笔者对幕府末期最后年代的历史曾作过一些实地考察。写作本书时，一边重新阅读《鹿儿岛县史料　玉里岛津家史料》等基本史料，一边完成了幕末和维新的关联与跨越问题的写作。至于之后的部分，笔者则开始了自学生时代以来久违的学习与研读。首先研读了前辈学人的著作，然后又阅读了有关幕末土佐的领导者们的史料。依靠这些著作与史料，笔者才能从全新的视角出发写成了明治初期十年的历史。不过，受笔者学识所限，本书中如有错漏之处，还望多予批评指正。

写完了西南战争，已觉力竭。作为政治史，如果不一直写到国会开设为止，就不算完整的明治史。另外，本书也未能充分吸收近年来出版的社会史与量化经济史领域的成果。不过，完整论述幕末与明治政治的著作也实在不多见。经济史已经揭示了维新前后的连续性，重新阅读政治史，可以加深对历史的断绝与飞跃这一问题的理解。明治维新是在外部压力作用下开始的，但其过程的大部分是围绕基于国内问题设定的课题与解决这些课题的努力而展开的。进入明治之后，日本引入了大量的西洋文化与事物，对其后来的发展道路产生了重大影响。而对这些外来文化与事物的选择取舍，则是基于在维新过程中发现的课题作出的。本书将有助于回到幕末历史理解明治维新的内部过程。

本书中使用的史料完全仰仗于前辈学人编纂的史料集，在记述的史实与解释方面，也多有参照涩泽荣一《德川庆喜公传》（1918 年）和末松谦澄《防长回天史》（1921 年）之处。这些著作的作者都在实业界与政界取得了卓越成果，他们委托经历过维新的遗老以及刚出大学校门的新进学者搜集整理资料并写作底稿，最后在此基础上亲自执笔完成了著作。因此，这些著作都是兼具了史料的可信性与切实公正的解释等优点的名著。与这些名著相比，这本小书实在难以望其项背。然而，本书仍有后世学者才能完成的独到之处。首先，本书参照了前辈学人与当代研究者的研究成果，其次还把日本置于全球化背景下加以重新审视。今后必定会有更完整的维新通史问世，本书中的观点如能对原有的学说提出有价值的疑问，则深感荣幸。

本书在完成阶段得到了多位同事学友的帮助。坂田美娜子、池田勇太与盐出浩之三位在百忙之中抽出时间阅读检查了本书初稿，吴永台、藤泽匡树与王琪颖三位协助笔者作成了索引。本书中如有错漏之处，则为笔者的责任。

本书的出版，还要衷心感谢 NHK 出版社的仓园哲氏。笔者在朝日文化中心举办讲座时，仓园哲氏专门安排时间前来听课，前后持续了一年。在这一基础上，他提出希望出版本书。笔者着手写作后，他不时提醒与催促，在最后阶段还仔细阅读了书稿，并提出了不少修改建议，使本书增色不少。有了他的鞭策，本书才得以完成，仰仗了他的帮助，笔者才能于本文起首处写下“终于完成了”这句话。

笔者　谨识

译后记

日本当代著名历史学家、东京大学名誉教授三谷博先生的代表作《明治维新史再考》中文版出版了。我作为本书的翻译者，首先要感谢本书作者三谷博先生对我的信任，同时也要感谢上海人民出版社张晓婷等各位编辑的不懈努力，他们精益求精的专业精神与认真细致、一丝不苟的工作态度保证了本书的质量。三谷博先生主要从事日本幕府末期与明治维新前后时期的政治外交史研究，他在该领域孜孜不倦辛勤耕耘了数十载，著有多部著作，其中《黑船来航》(张宪生、谢跃译）于 2013 年在我国翻译出版，在学术界与读书界产生了一定影响。三谷博先生广泛涉猎并精研相关史料，在方法论上不断探索创新，对学术界原有学说提出质疑，更提出了许多有影响的创见与论断。这一点也充分反映在本书中对幕末政治与社会变动过程，以及对明治维新政治变革过程的考察与思考部分中。日本学者一般都注重对史料的仔细研读与细致考证，三谷博先生也是如此。他充分依据史料对幕末与明治维新的历史事件与背景探微钩沉，重构了幕府末期与明治维新过程中一幕幕生动的历史画卷，对活跃于其中的历史人物的动机与心理所作的揣摩与体察也可谓达到了极致，反映了他作为历史学家的深厚学术功力。与此同时，三谷博先生还主张把历史事件置于更广阔的视野中、从宏观视角出发加以考察，思考其中蕴含的普遍性意义。本书中把明治维新置于东亚与世界历史语境中加以考察定位就是这样一个例子。三谷博先生的这一做法在日本学者中是颇为独特的。三谷博先生多年来与我国学术界交往颇多，他也一直关注着中日两国关系的走向。相信《明治维新史再考》一书的出版将为我国学术界与读书界贡献一本有分量的作品。翻译本书时正值新冠肺炎疫情反复施虐期间，与所有经历过这一段非常时期的人们一样，疫情的纷扰对人的身心造成的压力给译者留下了无法磨灭的记忆。扛过了这一段艰难时光，完成了本书的翻译并看到出版，对于译者而言是一件值得庆幸的事。

张宪生　谨识

2023 年 5 月

于广州时代依云小镇家园

图书在版编目(CIP)数据

明治维新史再考:由公议、王政走向集权、去身份化/(日)三谷博著;张宪生译. —上海:上海人民出版社,2023
ISBN 978-7-208-18274-5

Ⅰ.①明… Ⅱ.①三… ②张… Ⅲ.①明治维新(1868)-研究 Ⅳ.①K313.41

中国国家版本馆 CIP 数据核字(2023)第 077539 号

责任编辑 张晓婷
封面设计 苗庆东

明治维新史再考

——由公议、王政走向集权、去身份化

[日]三谷博 著 张宪生 译

出　　版 上海人民出版社
　　　　(201101 上海市闵行区号景路 159 弄 C 座)
发　　行 上海人民出版社发行中心
印　　刷 上海商务联西印刷有限公司
开　　本 890×1240 1/32
印　　张 12.25
插　　页 2
字　　数 265,000
版　　次 2023 年 9 月第 1 版
印　　次 2023 年 9 月第 1 次印刷
ISBN 978-7-208-18274-5/K·3282
定　　价 68.00 元

ISHINSHI SAIKOU: KOUGI OUSEI KARA SHŪKEN DATSUMIBUNKA HE

by Mitani Hiroshi

Original Japanese edition published by NHK Publishing, Inc.

This Simplified Chinese language edition published by arrangement with NHK Publishing, Inc., Tokyo in care of Tuttle-Mori Agency, Inc., Tokyo through Pace Agency Ltd., Jiang Su Province.

上海人民出版社 · 独角兽

"独角兽 · 历史文化"书目

[英]佩里 · 安德森著作
《从古代到封建主义的过渡》
《绝对主义国家的系谱》
《新的旧世界》

[英]李德 · 哈特著作
《战略论:间接路线》
《第一次世界大战战史》
《第二次世界大战战史》
《山的那一边:被俘德国将领谈二战》
《大西庇阿:胜过拿破仑》
《英国的防卫》

[美]洛伊斯 · N.玛格纳著作
《生命科学史》(第三版)
《医学史》(第二版)
《传染病的文化史》

《社会达尔文主义:美国思想潜流》
《重思现代欧洲思想史》
《欧洲文艺复兴》
《欧洲现代史:从文艺复兴到现在》
《非洲现代史》(第三版)
《巴拉聚克:历史时光中的法国小镇》
《语言帝国:世界语言史》
《鎏金舞台:歌剧的社会史》
《铁路改变世界》
《棉的全球史》
《土豆帝国》
《伦敦城记》
《威尼斯城记》

《工业革命(1760—1830)》
《世界和日本》
《激荡的百年史》
《论历史》
《论帝国:美国、战争和世界霸权》
《法国大革命:马赛曲的回响》
《明治维新史再考:由公议、王政走向集权、去身份化》